谁在世界的中央

古代中国的天下观

梁二平 —— 著

上海交通大学出版社
SHANGHAI JIAO TONG UNIVERSITY PRESS

内容提要

本书通过解析古汉字中的方位字词、古代的天经地义、早期的方国形成、后来的天下一统，以及交通穿越与军事防线……讲述古代中国天下观的文化来源；通过"王在世界之中"到"西方传教士入华"的历史演进，描绘中国与世界的主动与被动的接触，分析封建王朝在历史关口"关门大吉"式的应对，和后来的"师夷长技以制夷"的"体用"攻略；展现了由于对自身的错误认识和对世界的错误判断，中国被一步步拖入挨打、割地、赔款的可悲境地的历史脉络。本书从人文地理的角度，以文化随笔的形式，在普及知识的过程中融入文化上的反思，实为一部别样的古代中国的成长史。

图书在版编目（CIP）数据

谁在世界的中央：古代中国的天下观／梁二平著
. —上海：上海交通大学出版社，2018
ISBN 978-7-313-18114-5

Ⅰ.①谁… Ⅱ.①梁… Ⅲ.①中国历史—古代史—通俗读物 Ⅳ.① K220.9

中国版本图书馆 CIP 数据核字（2017）第 235937 号

谁在世界的中央：古代中国的天下观

著　　者：梁二平
出版发行：上海交通大学出版社　　　地　　址：上海市番禺路 951 号
邮政编码：200030　　　　　　　　　电　　话：021-64071208
出 版 人：谈　毅
印　　制：上海盛通时代印刷有限公司　经　　销：全国新华书店
开　　本：710mm×1000mm　1/16　　印　　张：23
字　　数：281 千字
版　　次：2018 年 3 月第 1 版　　　　印　　次：2018 年 3 月第 1 次印刷
书　　号：ISBN 978-7-313-18114-5/K
定　　价：78.00 元

修订版序言
重回世界的中央

  中国正在重回世界的中央，之所以说"重回"，是因为我们至少已经有过一次位居世界中央的经历，那就是大唐盛世。如今，盛世又一次向我们走来。

  中华文明虽然有过盛衰起落，但文明之流从未中断。同一个族群（尽管不断汇入新鲜血液），使用同一种语言（尽管有方音的差异），书写同一种文字（尽管有字体的演变），持续数千年之久，这在人类文明史上是唯一的个案。历史学家汤因比早在 20 世纪 50 年代就不止一次预言中国终将崛起复兴，但他的理由出人意表，竟是因为"中国拥有历史"！几千年的历史，在汤因比看来不是负担和包袱，而是崛起复兴的资源和原因，在这一点上，汤因比真是帮助中国人重塑文化自信的优秀外籍教师。

  重塑文化自信，当然需要重新界定自己在世界文化中的位置。正值此时，有人为我们提供了一本特别有利于"温故知新"的好书《谁在世界的中央：古代中国的天下观》。此书初版于 2010 年，数年来作者勤加修订，面目焕然一新。

本书作者梁二平本为报人，却有强烈的学术追求，笔耕不辍，著述源源不断，实属报人中的异数。他长期关注海洋文化，多年来行走四方，足迹遍至中国全部省份，向外远涉40余国。行走远方虽在报人也不少见，但梁二平好学深思，多年来将自己修炼成了一个中国海洋历史方面的合格研究者，他和供职于著名大学或高端科研院所的学者们坐而论道，同坛讲学，全无"民科"或"民历"的拘执、偏狭、自卑、急切等情状，而是从容淡定，俨然大家——当然不是装出来的，我混迹学界垂40年，装不装自谓还是一眼就能看出的。我和他交往多年，这是他给我印象最深刻的地方。

若言梁二平的著述，突显报人文笔自不待言，他已经出版了好几种有影响的著作，较著名的有《谁在地球的另一边》《谁在世界的中央》《败在海上》等。这些著述从文本形式上看，大致相当于传统学人在撰写了一堆"学院派"学术文本的基础上所写的"雅俗共赏"之作。不出意料的是，梁二平当然没有写过一堆"学院派"学术文本——作为报人，我估计他也不屑于写这种东西。

但梁二平跳过了这个学术训练和积累阶段的表现，并不意味着他没有实际经历过这样的阶段。因为他是自学成才的，不会面临学术体制内的刚性要求——发表一堆"学院派"学术文本的目的，不就是为了证明自己成功经历了学术训练和学术积累的阶段吗？最终的学历和学位证书就是对这种成功经历的证明。而梁二平已经不需要这些东西了。

以前我曾将爱因斯坦说成"超级民科"，更多的是一种修辞策略，梁二平却是我们生活中一个真正成功的"民科"案例。在这个案例中，他没有遭遇到通常在这类事情上表现保守的"专业"学者的轻慢、嘲笑和拒绝。

成功的"民科"与通常"民科"的差别，主要表现在他们是否愿意遵从主流学术共同体的学术规范。如果遵守了这个规范，通常就不会遭到主流学术共同体的拒斥，梁二平就是这样的例子。他虽然没有"历史学博士"之类的头衔，但他会被主流学术共同体视为自学成才。反之，如果对主流学术共同体的学术规范不屑一顾，虽然如今也可以玩得很爽，甚至颇受媒体的宠爱，但仍然难免主流学术共同体的拒斥或轻视。绝大部分不成功的"民科"，问题都在这里。

梁二平研究海洋历史文化，早在"一带一路"之议提出之前好多年就一直在辛勤耕耘了。事实上，他的一系列著述可以作为一个成功的范例：学者坚守自己选择的园地，不忘初心，辛勤耕耘，不管它热还是不热。万一有朝一日它居然热了起来，比如"一带一路"成了国家政策，各种攀龙附凤的"学术研究"蜂拥而来，那也不是梁二平刻意等待的时刻。我经常喜欢用庄子的话来描述这种精神境界——"举世而誉之而不加劝，举世而非之而不加沮"，这是学者在学术追求上的至高境界。

现在这本《谁在世界的中央：古代中国的天下观》的修订版中，梁二平将视野从海洋转向了大陆。

他从探讨中国古代方位观念的建构入手，将中国古代的天下观归结为一种"文化金字塔"式的天下观：越是高端的文化，就越是位于金字塔的上层（贵），同时也就越是位于天下的中央（华的位置）。

这样的观念当然有自大的成分，但也有着人道和公平的色彩。梁二平精辟地指出："自大不是古代中国独有的毛病"，但问题是其他自大的国家，率先用炮舰来丈量世界，用罪恶的黑奴贩卖和鸦片贸易来帮助开拓殖民地，西方列强一度在世人面前羞辱了曾长期居于高端的华夏文明，使中国人也不得不跟着西方信奉起"优胜劣汰适者生存"这种弱肉强食的低端丛林法则了。

如今，汤因比预言的伟大时刻已经临近，中国人将用新的历史向世人表明：即使西方列强借助昔日的船坚炮利将"优胜劣汰适者生存"的低端丛林法则强加给了全世界，华夏文明也可以在这丛林中成为优胜的"适者"——尽管在我们看来，适应弱肉强食这种低端的丛林法则并不会给华夏文明带来什么光荣，我们终将以新的力量重新光大华夏文明"和谐万邦"的传统理念。

江晓原

2018 年 1 月

自序
中央之国的文化由来

　　世界地图是依据什么观念绘制的？思索这个问题，促成了我的《谁在地球的另一边——从古代海图看世界》。但还有一个问题仍缠绕着我：古代中国是怎样将自己设定为"天下之中"，它对古代中国的历史进程有何影响，这些问题的思考促成了这本书的写作。

　　人类自从有了方位感，就有了空间的人为设定。这种定位留下的历史痕迹，仍可在历史悠久的汉字中找到。所以，这本书首先从古汉字入手，研究古人的方位认知。比如，东、西、南、北、中。这个排列与说法，更是"中"在方位里的核心地位的传统表达。这个"中"似乎属于方位，但又像是纯粹的观念，它好像不实际存在，而是由"东西南北"诸方位围绕而成的观念。另一方面，"中"又像是一种观察"东西南北"的视点，是本体、是自我；"东西南北"是视线所及，是外在的处境。那么，是先有存在，还是先有意识，是先有"中"，还是先有"东西南北"，可以留给玄学家接着探讨。

　　《书》云："人心惟危，道心惟微，惟精惟一，允执厥中。"舜帝告诫大禹说：人心是危险难测的，道心是幽微难明的，只有自己一心一意，精诚恳切地秉行中正之道，才能治理好国家。这里的"中"字，已将中庸哲学最初的意思含在里面：不偏谓中，不易谓庸。中者，天下之正道；庸者，天下之定理。中立而不依，无过而无不及。此时的"中"，已由确立方位提升到处世立场，进入了价值观的层面。

接着本书由字而词，在方位词中继续寻找先人的空间定位与地域分割。比如，甲骨文中提到的"方国"，《禹贡》中提到的"九州"。在"由家而国"和"化国为家"的天下一统的过程中，渐渐有了"华夷贵贱"的意识形态对空间认知的强力介入，也有了"蛮夷"对大中华"郁郁呼文哉"的融入与认同……古代中国对天下、对世界的认识，就是这样一步步走过来的。

在相当长时间内，古代中国世界观是独立于世界之外而自成一体。如，"溥天之下，莫非王土，率土之滨，莫非王臣""帝王居中，抗驭万国""恩威四海""万国来朝"——虽然，古代中国长期以"王即天下"来看待世界，但它无法阻挡中国与世界的联系，或者说，开放的世界不会因此而不与中国发生关系，或产生冲突。比如，"张骞通西域""郑和下西洋""英使马戛尔尼访问大清"……所以，古代中国的天下观，也在变化中演进，在演进中碰撞出中国与世界的关系。

对世界的认知，除却文字之外，还有地图。地图是空间表达的直观反映。虽然，《史记》中有"图穷匕首现"的故事，可遗憾的是我们不仅无法见到那幅燕国地图，连秦一统天下后的"全国地图"也见不到。我们能见到相对完整的"全国地图"是宋代地图，而古代中国的"世界地图"则出现得更晚。元朝是中国历史上极力追求扩张的一朝，但元朝的"世界地图"也仅描绘了亚洲的西部以及靠近这一区域的非洲和欧洲的一小部分。

真正的世界地图自西方传来，即意大利传教士利玛窦为大明绘制的世界地图——《坤舆万国全图》。利玛窦使中国学者，甚至皇帝，认识到中国只是世界的一小部分；但与此同时，这位传教士也以地图的形式迎合了中国在世界中央的帝国心理，并成为延续至今的中国版世界地图的定式。

其实，以版图而论世界的中央，是一个伪命题。因为地图是一个文化的产物，它反映的不是自然，而是对自然的一种归纳；更多的时候，它呈现的是政治现实，即权力现实。在帝王的眼里，地图甚至是流动的，每每构成新的延伸，给世界一个必须接受的现实。

恺撒时，罗马的版图最大，天下是罗马的。

成吉思汗时，中国的版图最大，天下就在蒙古人的马蹄之下。

大航海时，葡、西两国的版图最大，地球一分为二，他们各取其一。

拿破仑时，法国的版图最大，炮弹落到哪里，哪里就归了小个子的帝国。

维多利亚时期，英国的版图最大，有太阳的地方就有大不列颠的米字旗。

"王即世界"是所有帝国的世界观，并非中国独有。正如我国台湾学者傅佩荣教授说：文化有四个特色，其中一个就是以自我为中心。一个民族不认为自己是文化的中心，而是边缘，这个民族存在的理由就困难了。几乎每一个国家都有这种文化倾向，要肯定自己在天地之间生存的价值。

从世界地理史看，公元前7世纪的巴比伦泥板地图，即将两河流域描绘为世界的中央。古罗马，没说自己是世界的中心，但却说"条条大路通罗马"。欧洲许多小国，都不以本国为世界的中心，却以欧洲为世界的中心。如，近东、中东、远东之说，就是以欧洲为中心来命名的。

自大不是古代中国独有的毛病，而且，在千余年的时间里，中国不论在地域上，还是在经济文化上，都是世界一流的大国，是世界敬仰的大国，"万国来朝"在相当长的时期内，是一个世界认可的现实。只是古代中国在这种自大与现实中，止步不前。当其他自大的国家，开始信奉"优胜劣汰，适者生存"，开始用炮舰丈量和拓殖世界时，在中国人仍以"华夷贵贱"来区分文明的高下，仍躺在"万国来朝"的旧梦中不肯醒来。

最要命的是大清王朝，她不是不知道世界是什么模样，而是害怕和无法应对新观念和新世界对帝国的颠覆。中国皇帝一直以旧的天下观为封建统治的保证和靠山，这是古代中国与世界相处的基本态度。所以，"开眼看世界"也好，"师夷之长技以制夷"也罢，这些皮毛之变，都没能让这个封建王朝摆脱挨打的境地。

世纪之交时，有新锐地理学者拟将中国从世界地图中央移开，构建新的中国版世界地图，后来没有付之现实。因为，各国的本国版世界地图都是将本国放在中央，这是通用的读图方式，它便于观察本国与他国的空间关系。那种以东西半球为描绘基准的世界地图，通常是作为国际版世界地图来使用的。当然，观察世界空间关系的最佳工具是地球仪，转动它就会明白，我们该怎样与这个世界相处。

目录 | CONTENTS

第一章 远古方位，天经地义

第二章　方国天下，华贵夷贱

第三章　山河湖海，王道地德

第四章　故国都城，天下之中

第七章　蒙元扩张，东学东来

第八章　恩威四方，西学东进

第九章　认知世界，师夷长技

◇第一章

远古方位，天经地义

遥远的地平线

近代的符号学家说:"人不仅是理性和道德的动物,也是符号的动物",人以符号的形式描绘世界,又用符号创造了新的世界。那么,先让我们从最简单的符号,来看一看我们的祖先对这个世界的并不简单的描述。

祖先用"一"横,描绘的是什么呢?

世界最早的符号刻记,多数都留在陶器上,距今至少有8000年的历史。由于陶符陶文多是以单体形式出现,让人们很难确信它是文字,只能猜想它所表达的某种可能。

汉字,恐怕只有"一"这个字,出生之后就再没有改变过。从陶符陶文、甲骨金文,再到大篆小篆、隶书楷书……"一"字的形体没有丝毫改变。"一"是符号与文字的高度统一,以至我们无法比附它的前世,也很难知晓它是为何而造的。汉字是中国文化的构成因子,只有进入汉字的内部,才能对民族文化有所认知。

"一"是符号之源,是刻划记忆之物,"一"也是造字之始。它是原始人以简单应对复杂,以简单符号概括复杂生活的表现。后来,原始人越来越聪明了,面对的世界也越发复杂了,要表达的东西更多了。符号转而升级到文字,文字也越来越复杂,越来越像一幅画了。

无论是中国的"两河流域",还是西亚的"两河流域",其出土的远古陶器上都有众多的"一"的单体符号。我猜，横的"一"除去人们猜想的计数的作用外，更早的时候该是祖先对方位的表达与思考。

西方人认为字母出自陶文或泥板，东方亦认可汉字与陶文的渊源。

我曾蹲在玻璃展柜前，仔细观看国宝"人面鱼纹"陶盆。这件新石器时代的陶盆，是半坡先民绘画与符号的经典之作。人们对"人面鱼纹"的含义有30多种猜测，但我更想弄清楚陶盆边上刻着多种符号，其中就有那神秘的"一"（见图1.1）。

蒙昧初开的先人，面对这个世界与自己的存在，他们用什么来确定自己的所在，用什么来区别空间所属？在神产生之前，他们只能自己为所处的环境命名。大千世界，祖宗最先命名了哪个方位？答案就在"一"的刻画中。它既是天，也是地，更是天地之间那条缝——地平线——的精彩概括。

祖先造"一"的时候，略去了地上的树木，也不管天上的白云，世界简而约之为一条横线。如果我们用西方语言学来分析，"一"的能指，它概括了世界的表象；而"一"的所指也进入了世界的本质。在这个意义上，可以说"一"是表位的，是表数的，是物理的；更是说理的，甚至是精神的。

图1.1 新石器时代的"人面鱼纹"陶盆，是半坡先民的绘画与符号的经典代表，盆上除了图画，还刻了多种符号，其中就有神秘的"一"

许慎在《说文解字》中，谈了他对"一"的体会："一，惟初太极，道立于一。造分天地，化成万物。"刘安在《淮南子·诠言》中说"一也者，万物之本也。"当然，说得最透的还是老子："曲则全，枉则直，洼则盈，敝则新，少则得，多则惑。是以圣人抱一而天下式。"老子心中"一"即是天理，他认为"道生一，一生二，二生三，三生万物"。所以，中国人以"天人合一"为最高哲学。

汉字的高妙之处，在于它不像字母文字那样，字母与意义是分开的；汉字的字，甚至是字中的一个笔划，都有意义；字形与意义完全是一体的。此外，汉字还是向外不断扩散的，一个字会变出另一个字。我们说它是"一"，它不仅仅是"一"，这伟大的一横，代表的是天地方位的原点，它是原始部首之首，有着无数可能：一生"上"、一生"下"、一生"土"、一生"天"……"一"孕育着诸多方位和诸多意义的表达。

一生万物，万物归一。

头顶一片天

汉字是最具哲学意味的字，就说人间最崇高的词——"天"的创造吧，其象形意味与哲学思想的融合，真是妙不可言。

甲骨文的"天"字有两种：一种是，大字上面有个人头的大头人形象。另一种是，大字上面有一横，近于头顶蓝天的形象。金文继承了甲骨文的这两种写法，稍有变化。小篆将这两个字合二为一，演进为"从一从大"的"天"字。

"天"是个又具象又抽象的字，表达的意思，也是一步步统一的。

最初的"天"字，指的不是天空。殷墟卜辞中的"天"，是人体之"天"，也就是脑袋。如，"疾朕天"，直译即"病我头"。甲骨文中，虽然没有直接表示天空的"天"字的用法，但却有表现降水的"雨"字。其字以"一"代天，下面是一串串"雨滴"。那个"一"表明了商朝人对天空的认识，并有了明确的表达。这"一"横，看上去很简单，实是伟大的定位。人们开始了对天的追问——甲骨文几乎所有的问题都是"天问"。

金文中的"天"，已经有了天空意思，但所表达的是"上天"与"天命"的抽象概念。

公元前1000多年时，周王朝处在上升期，风头正劲。康王封赏武将盂，告诫他要头脑清醒，少喝酒。为了纪念此事，盂铸了一尊今天看来是西周最大的鼎——大盂鼎，上面铸有291个字的"长篇"文章（商朝青铜器铭文很短，西周有所增加）。其铭文在赞美先王时，使用了"文王受天有大命"的说法。这里的"天"是最早的"天命"表达。在传世最长铭文（497字）的西周毛公鼎内壁铭文中，还可以见到关于"皇天"一词，其清晰的"天"字的第一笔仍是象征人的头部的圆点，"人"与"天"联系紧密（见图1.2）。纯粹描绘自然天空的"天"，其用法还要更晚一些。

对天的定位，显示了祖先的高超智慧。以头为天，这个认识很高；头上有天，这个认识更高；天人合一，则成就了中国哲学：

有物混成，先天地生。

寂兮寥兮，独立而不改，周行而不殆，可以为天地母。

吾不知其名，强字之曰道，强为之名曰大。

大曰逝，逝曰远，远曰反。

故道大，天大，地大，人亦大。

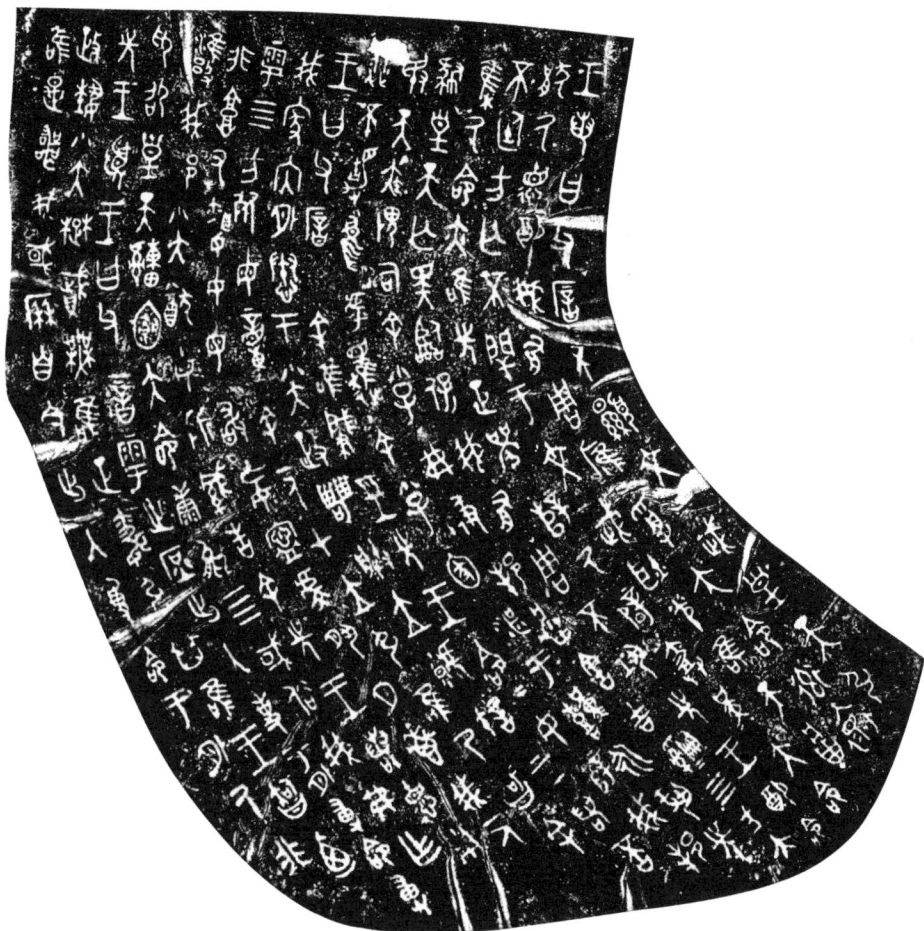

图1.2 西周晚期的毛公鼎内壁铭文中，第一行末尾"皇天"的"天"字，第一笔就是象征人的头部的圆点

> 域中有四大，而人居其一焉。
>
> 人法地，地法天，天法道，道法自然。

"大"是老子给"天"勉强取的名和字，"四大"的次序"人法地，地法天，天法道，道法自然"——则表达了中国人的古代世界观。所以，后世将"天、地、人"谓之"三才"，作为古代地理学的基础理论，而"地

理"作为一门专学，也在这一时期形成。在《周易》中我们可以看到"地理"一词的最早使用情况，也与"四大"理论相近，"易与天地准，故能弥纶天地之道，仰以观天文，俯察于地理，是故知幽明之故"。

我们还是猴子时，哲学上的"自我"观念还没有形成。成为有思想的人之后，才有了"是、有、在"的概念，知道了"自在"和"自然"的时间与空间的存在。这种认识到了庄子时代，有了更高明的表述。在《齐物论》《让王》《列御寇》中，庄子率先使用了"宇"和"宙"这两个超大的时空概念，"宇"是横无际涯的空间，"宙"是无始无终的时间。古圣先哲们通过敬"天"，有了天地时空的认识。而更准确更细腻地表达它，还要一步步地加以区分与标识，世界在此过程中成为可以科学描绘的对象。

双凤朝阳

"所有的时间问题，说到底都是空间问题"——我相信这样的说法。因为，对于"我们从哪里来，要到哪里去"那样宏大的命题，这句话更像地下车库里的箭头，让人实实在在地感到出口的存在。

最佩服当年没有手表的农民，他们看一眼太阳就能说出现在是几点钟。先祖的原始时间概念，想必是来自空间。人类认识了空间，才找到了自身的存在。而人类对空间的认识与占有，亦最适用那个著名的句式——"这就是历史，这就有几千年的文明史"。

1953年，西安人在城外兴建电厂时，无意间触到了黄河文明的重要神经——半坡遗址；20年后，人们又发现了长江文明的重要遗址——河姆渡。南北两个文化遗址完整地保存着 6000 多年前的黄河人与长江人运用的符号和图画。我倾向于"符号不是文字",但我愿意相信"符号与图画是文字的前生"。至少,它透露了先人的生活信息。

比如在浙江,我看到的河姆渡出土的 6000 多年前的"双凤带日""双凤朝阳"等骨器(见图 1.3),其刻画清晰意思明确的图纹都表达了明确的朝向——日。那应该是先人最初的方向感和最为神圣的生存方位。如果地平线是秤杆,那太阳就是定盘星。以天定地是先人探索自然法则所表现出来的聪明才智。

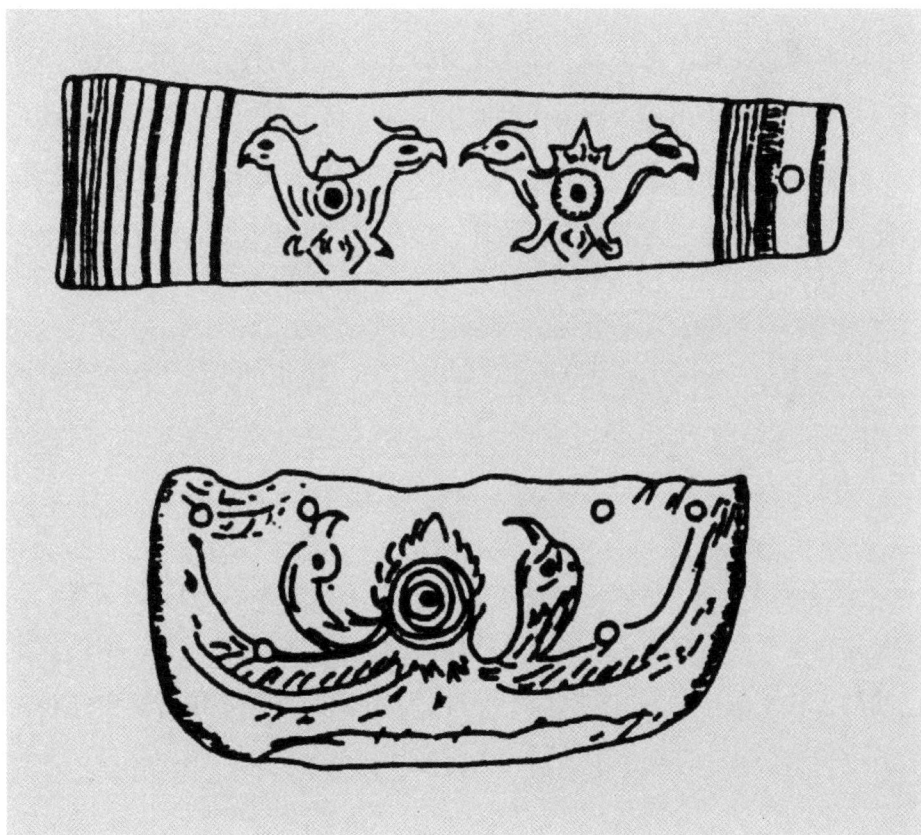

图 1.3 上为河姆渡骨匕上的双凤带日图。下为河姆渡蝶形骨器上的双凤朝阳图

陶器在收藏界是不值钱的，但有了图案，意义就大不一样。山东龙山文化遗址，出土一个新石器时期的陶罐，上刻有"日、月、山"三个图形合一的符号，它不仅是古人的信仰表达，也是对环境认识的一种概括。

三国时的魏国术士管辂，在其所著《管氏地理指蒙》中，特别强调天象与山岳的关系："天尊地卑，其势甚悬，山岳乌乎而配天？盖日月星辰光芒经纬之著，皆精积于黄壤，而象发于苍渊。"在古代的堪舆家看来，天尊地卑，地上火水石土与天上的日月星辰的气脉经络是相通的，所以有"仰以观于天文，俯以察于地理"的说法。

古文献都说"殷人尚鬼"，其实，不仅在殷人那里，在此前与此后相当长的时间里，日、月、星，都是我们的先人要拜的神。因而，"日、月、星"是甲骨刻辞中出现次数最多的时空字词，每个字至少出现过 1 500 多次。细观问卜之道，就会发现商人为后人留下不少关于空间的可贵探索。因此，我们有必要把古书中出现的日、月、星，都看作是古人的最为重要的方位词。

先上后下

"先上后下"这里说的可不是挤公共汽车"潜规则"，而是要讨论：古人是先知上下，还有先定左右？这问题看似简单，却简单到无法回答。在已知的古代文献中，"上下左右"这四个字，同时存在于甲骨文中。我只能自以为是地认定：先上下，后左右；而且，上下二字，上为先诞，下为后生。

最初的"上"，造得很像个"二"。只是一短一长的两横都略向上弯。

那长横显然是作为基础面——地面——出现的，而短横则是标示位置的。在饶宗颐先生的《吴城字符表》中，我们可以看到江西吴城出土的商代陶器符号中，已经有一些符号有了某种"上下"的意思（见图1.4）。祖先最初的"上"，近于广东人今天还在说的"上位"。

接下来，似乎不用说"下"字了，它刚好是一个翻过来的"二"，一长一短的两横略向下弯。意思显而易见。上下二字，在金文向小篆过渡时，为了不与计数的"二"相混淆，增加了一竖，上下二字就此改造成近于今天的样子。

从一出生，"上"就不是纯粹的指事字。"上"的位置，很快被表现为层级文化。上是一个好的位置，在甲骨中它就很是"上位"。商人将其先公列为"上甲"，其甲字上加一横，或两横。金文中的"帝"字，上面的"点"原也是"一"横。"上帝"与"上甲"表示的都是上和初的意思。上是个好位置，于是成就了许多好词。上进、上升、上层，上级、上流……

与上相比，下就不是一个好位置，很少有客观的下。下在层级文化中，被描绘为谦卑的身份和命运的可怜。如，在下，下级，下层、下乡、下岗、下人、下流、下贱……

上与下定位清楚，贵贱分明。不清不楚时，就全靠自己体会了。比如，领导对你说"能上能下"时，多半是要让你下去。而说"上不去也下不来"时，那注定是难言的尴尬。说"上上下下的享受"时，那是某电梯借暧昧意味在做广告。当然，把空间位移化作娱乐与调侃，那是人们消解痛苦的智慧："寡妇睡觉，上面没人""李莲英讲故事，下面没了"。

现存甲骨方位词中，"上"字出现500多处，"下"字也出现500多处，它们是甲骨方位词中出现次数最多的两个词。"上"与"下"看上去是最简单的位置标示，演绎的却是最复杂的世界与人生。

编号	摹文	编号	摹文	编号	摹文	编号	摹文
1		15		28		41	
2		16		29		42	
3		17		30		43	
4		18		31		44	
5		19		32		45	
6		20		33		46	
7		21		34		47	
8		22		35		48	
9		23		36		49	
10		24		37		50	
11		25		38		51	
12		26		39		52	
13		27		40		53	
14							

图 1.4 江西吴城出土的商代陶器，其符号已经有某种字的意思，"上下"的标示，在饶宗颐先生的《吴城字符表》中也略露一二

左右逢源

甲骨文中"左右"二字最好认。不用大师们来破解，一般人都认得出，那画得像广东早茶中的凤爪似的，就是左右两只手，也猜得出"左右"两个字应是同时造的，因为人同时拥有左右两手（见图1.5）。"左右"二字在甲骨卜辞中，除了表示为左右手之外，还借左右手形以表左右方位，并演化出更多的意思。如，卜辞中右字既是左右之右，还是有无之有、福佑之佑、侑祭之侑、再又之又的意思。

现在，我们应用的"左右"这两个字，下面多了一个"工"和一个"口"，是金文改造后的字。"左"字加"工"表示用工具劳动。"右"字加了"口"表示以手助食。所以，"左右"二字后来又生出的"佐佑"二字，都有辅助的意思。"左右"生出"佐佑"等字后，就专门表示位置与方位去了。

方位是由人来命名的，自然融入人的主观意识。左右在不同的历史时期，也表达了不同的风尚。商人刻的卜辞中，在言及方位之时，左右方向已含有贵贱之分了。后世的学者据此得出"殷人尚右"一说。

据统计，现存甲骨文献中，有68个"右"字，有60个"左"字。当然，专家也不会仅仅以此为例，证"殷人尚右"。人们还发现，祈福卜辞中常见"受有佑"，殷人以为吉。另外，商代服饰也是以"右衽"为常，而考古资料中的殷商宫室、城建、墓葬、车马坑等的排列现象也无不佐证商代重右的观念。

至于殷人为何尚右，有人从地理上找因由：殷之先人兴于今天的京津地区渤海湾一带。殷后人北面祭祖之时，东北方向正在右上方。此说如果成立，如果人们面南而祭，则左右的定位则反了过来。中国位于北半

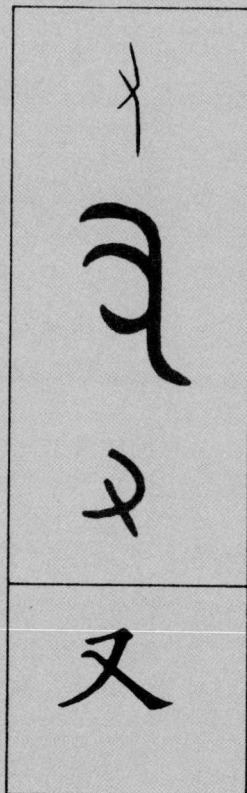

图 1.5　甲骨文中的左右两个字，画的就是左右两只手

球，古人一直以北极星定位，以北为上，坐北面南时，左手方向自然成为东的方位，崇敬太阳的族群，则会尚左。所以，朝代更迭，尚左尚右也变化不定。

周灭商后，改朝换代，风尚也出现了明显变化。周人一反殷人尚右的风俗，转而尚左。这一点在金文的文辞中已有明显表现，如以"左右"为序。春秋战国时，天下大乱，方位秩序更加乱。中原各国尚右，楚国、秦国尚左，但总的趋势是尚左。如《老子》"吉事尚左，凶事尚右""君子居则贵左，用兵则贵右。兵者不祥之器，非君子之器"。汉代暴秦，汉初又改为以右为尊。汉太尉周勃统兵废除吕氏时，说"为吕氏右袒，为刘氏左袒"；支持造反的皆袒左臂拥护刘氏，后世的右派和左派是不是由此而来，不得而知，能够大体查明的是，汉之后历朝多以左为尊，除了元蒙一朝。古代官制常常是同一官职分为左官与右官。唐宋都是左官比右官高一等。但元蒙一朝反其道而行之，以右官居上，科考取士也分右榜、左榜，蒙古人列入右榜，汉人则在左榜。不过元亡之后，明清两代，又回归尚左。

历史就这样忽左忽右地折腾了几千年，这种变来变去的风尚，到底有没有一个可以服人的理由？其实，此中的奥秘，早在两千多年前已被古圣先贤点破：

左之左之，君子宜之；
右之右之，君子有之；
维其有之，是以似之。

这种该左就左，该右就右，君子无可无不可的聪明话，出自《诗经·小雅·裳裳者华》，后来，它又被总结为成语"左宜右有"，用来形容才德兼备，则无所不宜，无所不有。

不识东西

很显然，远古先民对太阳的崇拜，隐含着方向的确认。以"日出而作，日落而息"的人类生活规律推而论之，日出的方向，应是方位之首。至今，我们中国人仍然爱用"东、西、南、北、中"这种说法，进行方位排序。

以东为首，以东为重，完全是以太阳初升的方向为标志的。但"东"的古字，其原始意义是不是指东方，至今没有定论。很多专家倾向于"东"是从东西（物品）转借而来的。因为，甲骨上刻划的"东"字，极像一个两头扎口的口袋，而口袋是装东西的。所以，专家推论它是表物之东西。但又找不到它表物的用句，或疑为祭名。

我比较倾向于许慎的说法。《说文》解释，"东"是木与日结合而成的，日升到树腰，即表示东方。从表意的角度看，也很接近事实。因为，在殷墟卜辞中，我没找到"东"作为物品的用法，而作为方位词，却被专家查出345处。说明至少在商时，它已指示方位了。

如，"贞：东土受年""甲子卜，其祷雨东方"。即，向东方之神，求丰年，求风调雨顺。同样的用法，也用于"西"字。如"甲午卜，宾贞：西土受年"。"西"作为方位词，和"东"字一样在殷墟卜辞中被广泛使用。

"西"的本字，也很难讲，看上去像个鸟巢。许慎沿着解说"东"的路子说:"西,鸟在巢上,象形,日在西而鸟栖,故以为东西之西。"甲骨上的那个西字,到了小篆时,那"小巢"上又加了个鸟一样的曲线。所以,这个字还有栖息的意思。借此言"西方"也比较贴切。也有人解,西是陶缶,泛指东西之西。东西一词,来自陶缶和口袋,用以泛指物品之东西。可能更古时候就有此意思(见图1.6)。

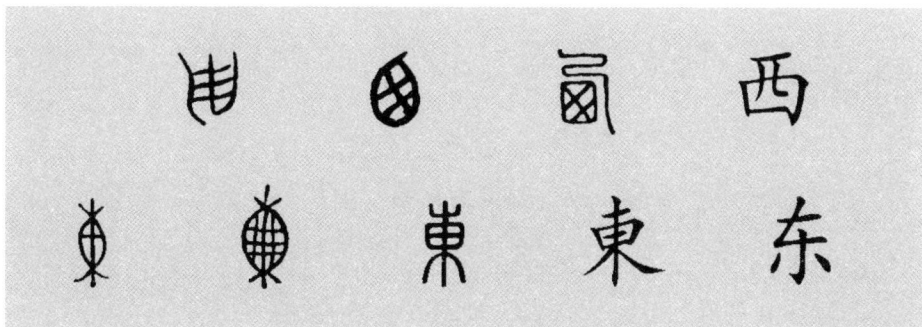

图 1.6　甲骨文中的"东"与"西"两个字的形象

人们确立方位,最初与神灵有关。四方大神,掌管命运。人进化了,用方位于日常生活。商人尚鬼,甲骨文中方位词多与神相联。到了周代,方位词多进入日常生活。如《诗经·齐风》中的"东方未明,颠倒衣裳"。后来,人们又用它创造秩序。周人尊礼,以主为东客为西,所以,后来又有"西席""西宾"代指客师。因为主人之位在东,所以,称主人为"作东""东家"。

三国时,曹操搞吏治改革,有些品行不端之人想借此机会,把不徇私情的东曹掾毛玠裁掉,上书朝廷说:"从前西曹为上,东曹为次,应当撤销东曹。"曹操何等聪明,早知这些人想借此机会裁毛玠,于是,巧借方位之说,保东撤西:"太阳从东方升起,月亮在东方明亮,凡是人们说到方位,也先提到东方。东方为上,怎么能撤销东曹呢?"结果,自然是撤销了西曹。

东与西就这样一点点成为了礼数，礼数后来就成了规矩。这些都是向后看的故事，我们一清二楚。但向前看，线索就断了。作为方位的东西与甲骨、金文的原始含义，完全链接不上。东不是东，西也不是西。想想，那么多大师都"不识东西"，我辈也不强解了。

南北贵贱

"南"字的甲骨造型，像个倒置的瓦器，上边悬一绳索，很像古代的一种瓦制打击乐器。由此分析，"南"是后来被借作方位词的，但也没有什么形意线索可寻。方向这玩意太抽象。我猜，"南"是在祭祀中，先变成方神，后代为方位。在甲骨文献中，连成句的"南"字，多用于方位表达，如"王于南门逆羌"。

"北"字的甲骨造型，是两个背对着的人。甲骨文用"人"造的字有很多，两个"人"步调一致都向左叫作"从"。两个"人"意见不合，一"人"向左，一"人"向右，叫作"北"，很像那个运动名牌 Kappa——背靠背。古汉语中"北"与"背"二字相通。有学者认为，如果"北"即"背"，那么，"南"则为向、为正、为面。由此可以推论，"北"是由"南"来定义的。

再进一步说，"背"即"北"，有离开之意，如果"南"为家，那么"北"则为离乡背井。《史记·乐书》：北者败也，"败北"一词似乎为强者居南，败者往北这一历史所留下的记号。

古人崇拜祖先，以南方为尊位，祭祀祖先时面南行礼。《礼记》说，圣人南面而立，而天下大治。"南面"一词后多作统治讲，但从词源来看

"南面"即敬祖。可见创字人以"南"为尊、为祖、为根，以"北"为别，为败。

　　我曾观察过半坡遗址中那些被解说成"房屋"的地洞，45座遗址的"门"差不多都是朝南开的。这或许能说明，早在6000年前，居住在北方的祖先们已经由向阳而居，引申出向南而居的方向感。南在方位中，因其代表光明而有了老大地位。而夏商周三代，王朝也皆处北方，其建筑多是背靠北而面朝南。"南"与"北"的贵贱，或许就这样形成了。在马王堆汉墓看了那张画于帛上的"南上北下"地图，我更相信，南北尊卑是有传统可寻的。

　　有人说《诗经》中"维南有箕""维北有斗"的描述，是我国关于南北方位的最早记载，这显然不够准确。在甲骨典籍中"南"出现了230次，北出现了260次。这个统计不仅表明，南与北的使用频率之高，而且还引出了一个问题：在以南为尊的远古，为何"北"的卜辞会略多一些？我以为，在难断方位的远古，我们的祖先习惯于白天以日定位（东），晚上以星定位（北）。因为，即使在今天，中国的绝大部分土地都在北回归线以北，先民们很容易看到北斗星，而基本上看不到南回归线的星星，更不可能看到南极星，所以，选择了北斗作为方位的定盘星。以至于到今天我们还说"找不到北"，而从来不说"找不到南"（见图1.7）。

图1.7　山东嘉祥武氏词中的东汉画像石北斗图

汉语中的南北关系，也是以中国所处的地理位置来确定的——南面称帝——这是一种北半球说法。我在南纬55度的火地岛旅行时，就见到正午的太阳高挂在正北边的天上。这里的人是不是要——北面称帝呢？

南与北的贵与贱，都是人为定位，这之中有自然的因素，也有政治经济的因素，就看话语权在哪一方了。就目前的经济地图来看，大部分发达国家刚好在北半球，而发展中国家大都分布在南半球。南北国家由此成为发展中国家和发达国家。于是，又有了所谓的"南南合作""南北对话"，说着说着，就有了拯救南方的意思。

插旗立中

"东、西、南、北、中"这五个字的前四个字，在造字之初都与方位毫无关系，唯有"中"字是个例外。"中"的古字形状就是立在地上的一面流苏飘飘的旗帜。卜辞中多有"立中"之句，即插旗定位的意思，也是聚集士众的号令。

"中"字也因此有了中央与核心的意思（见图1.8）。如，"丁酉贞，王作三师，右、中、左。"右师、中师、左师，要害在中师。《孙子兵法》云"击其中则首尾具至"。而"东、西、南、北、中"这种排列与说法，更是

图1.8 "中"的古字形状就是立在地上的一面流苏飘飘的旗帜。卜辞中多有"立中"之句，即插旗定位的意思，也是聚集士众的号令。"中"字也因此有了，中央与核心的意思

"中"在方位里的核心地位的明确表达。这个"中"似乎属于方位,但又像是纯粹的观念,它好像不实际存在,而是由"东西南北"诸方位围绕而成的观念。而另一方面,"中"又像是一种观察"东西南北"的视点,是本体、是自我;"东西南北"是视线所及,是外在的处境。那么,是先有存在,还是先有意识?是先有"中",还是先有"东西南北"?可以留给玄学接着探讨。

"中"不仅在空间定位里地位显要,精神层面的"中",也深刻地影响着我们这个民族。最早表述"中"的思想的是《尚书》,在《大禹谟》一章里,即有"人心惟危,道心惟微,惟精惟一,允执厥中"。这句话的意思是:人心危险难测,道心幽微难明,惟有一心一意,诚恳地秉行中正之道。"允执厥中"是舜帝告诫大禹的修心之法和治国之道,这里的"中"字,已将中庸哲学最初的意思表达出来。

春秋之时,天下大乱,一心"复礼"的孔子,在他的传道授业之中讲到舜帝告诫大禹的故事:"尧曰:咨,尔舜。天之历数在尔躬,允执其中。四海困穷,天禄永终。"这句话的意思是,依照天的历数,帝位当在你身上。你要诚实地执持其中道。要为四海之内的人民解除困穷之苦。天所赐予的禄位,长享于终身。这段话收录在《论语》最后一章《尧曰》中。后来在《中庸》里,孔子又把它明确地表述为:"舜其大知也与,舜好问而好察迩言,隐恶而扬善,执其两端,用其中于民。"这里孔子已不是客观陈述舜对禹的教导,而是把它作为祖先的睿智来赞美和推崇。

此时的"中"至少有三层意思:一指中间,二指合适,三指人心。前边两层意思好理解,它是中的表相;最后这一层,是中的根本,解说也比较玄。道家解释,人有三心:一是道心,二是人心,三是血肉心;心是执中的根本。《易经·文言传》说"君子黄中通理,正位居体,美在其中,而畅于四肢，发于事业，美之至也"。所谓"黄中"的集中点即是上丹田，位居人的中央所在地。

虽说，后世将中庸理论归功于孔子，但孔子活着的时候，并没有把他推崇的"中"完善成一个哲学体系，而《中庸》成文，也是他的身后多年之事。《中庸》出自《礼记》，即西汉礼学家戴圣编纂的《小戴礼记》，据传是孔子的孙子子思编纂。南宋朱熹把《中庸》和《大学》《论语》《孟子》并列称为"四书"之后，《中庸》成为学校官定的教科书和科举考试的必读书，才将这种哲学推向影响后世千年不衰的极致。

中就这样成了中庸，中庸就这样成了中国人的世界观或方法论：不偏谓中，不易谓庸。中者，天下之正道；庸者，天下之定理。中立而不依，无过而无不及。中的概念，由确立方位到处世立场，最后升华为一个哲学的表达，和追求中常之道，内外协调，保持平衡，不走极端，这样一种稳健笃实的民族性格。

如今到故宫参观的人，看过太和殿，接着向北走入中和殿，就会看到这个大殿的正上方，有一生爱好书法的乾隆皇帝题写的"允执厥中"匾额，那高高在上的四个金字，是当朝皇帝向三代先王致敬，也是在光大"中"的哲学传统。

十面埋伏

数字，存在于每种文明之中。各国的初文，都有关于数字的伟大创造。至少在商之甲骨里，我国已经有一、二、三、四、五、六、七、八、九、十和百、千、万等字，最大记数已达到二万多。这庞大的数字体系多用来计算战俘或羊群，其文明程度可见一斑。

整合数字的方法，各国不同。有十二进制的，有二十进制的，还有六十进制的。有专家说，现在全球统一使用的"十进制"是中国人发明的。它的开创性使得它应该和中医中药、赤道坐标系、雕版印刷术，一起构成中国古代的"新四大发明"。

"十"是一个很重要的字。有意思的是许慎对这个字有多重解释："十，数之具也"这是说它表数；接着许慎又说，"'一'为东西，'丨'南北，则四方中央备矣。"有专家说，许慎只是依据小篆"十"的臆测，不足为信。因为，十在甲骨文中是"丨"，中有一圆点。小篆时那圆点变为一横，才写成"十"。但我觉得许慎也有他的道理。

因为，"十"在甲骨文之前，已经作为单体的符号存在几千年了。在8000多年前的甘肃大地湾彩陶上，就有"十"字符号。大家熟悉的6000多年前的半坡人陶器上，也有"十"字符号。同一时期的西亚陶器上，也存在大量的"十"字单文。这些符号，可能是陶器上的装饰，也可能表示某种意思，不论怎样都跟文字有密切的关系。

饶宗颐先生在他的《汉字树》中说，东西方的这些"十"字，还有变化的"卍"字符，早期都是代表吉祥的符号。与饶先生的观点有些接近的是，内地甲骨文专家多认为，甲骨文中的"十"字是巫术的"巫"字。

我没资格反对专家们的这些说法，只是觉得这两种说法，与许慎的"十"为"东西南北"四方的说法，并不矛盾。图形是物象，符号是指事。"十"是符号，其指事意义鲜明。"卍"字符，本身就有"东西南北"的指向与轮回。而"巫"，更是讲究方位的，请四方神仙，保四方平安。"十"怎么就不能是方位的化身，或集方位与巫于一字呢？比如，河南偃师二里头出土的夏代青铜器——镶嵌十字纹的方钺（见图1.9）。

图1.9　河南偃师二里头出土的夏代青铜器——镶嵌十字纹的方钺

事实上，商朝人运用甲骨文指事达意时，还没有创出表达东西南北四个方位的专字。甲骨文中的东西南北四个字，在当时都不是表示方位的。它们作为方位词是很久以后的借字。由此，我们更可以相信，许慎所说的"十"集合了四个方位，它是一个高度概括的符号或文字。

说到这里，忽然想起"十面埋伏"这个词，那个"十"或许就是"东西南北"，也就是"全方位"包围的意思吧？

风神统帅的四方

"扬州八怪"皆盖世奇才，总有人想见识一下。那天，一位朋友对善于画松竹的李方膺说："世上什么东西都好画，唯有风画不了。"李方膺二话没说，转眼之间即把"风"画了出来。于是，有了现藏于荣宝斋的那幅传世名画《风竹图》。人们评说李方膺的《风竹图》，"不仅把风画出来了，而且，把风声也画出来了。"

我想，祖先创造"风"字时，或许也有相同的故事。

甲骨文中"风"字，实际上就是画了一只凤凰。古人借"凤"言"风"，两字相通。甲骨文中的"大凤"就是"大风"，"小凤"就是"小风"，"不凤"就是不刮风。小篆时代，造的字多了，遂将"凤"字还给了"凤凰"，转而创造了那个繁体的"風"字。《说文》解小篆的"風"为："风动虫生"，这一回是借虫言风了。

一方水土，养一方人；一方水土，成就一方文化。毫无疑问，能将"风"与"虫"连在一起的，必是北方人。北方人对风的感受与南方人是大不同的。四季分明的北方，对风的需求，也比南方要大得多。风在需求中，被尊为了神；又在需求中，指代了四方。

商遗址出土的甲骨文中，有一片非常著名的"四方风"牛肩胛骨（见图1.10）。这片武丁时期的刻辞，不仅刻记了东南西北的四方风神之名：如"东方曰析""南方曰夹"；而且，还在风神的名字后面，根据四方风不同时节的特征，对各方的风做了命名:如"东方曰析，风曰协;西方曰夷，风曰彝……"

这种根据风向的"内容"，将风标上记号的传统，到了西周以后，被进一步光大。《尔雅·释天》以《诗》为据，诗意地解说了四方之风。"南风谓之凯风，诗曰：凯风自南；东风谓之谷风，诗云：习习谷风；北风谓之凉风，诗云：北风其凉；西风谓之泰风，诗曰：泰风有隧。"

在人类的意识尚不足以认识天地之时，天地之间自然是"百神之所在"，天理地理都是神的道理。风，既然是神，就不光负责今生，还管得着死后。晋代郭璞传古本《葬经》谓："气乘风则散，界水则止，古人聚之使不散，行之使有止，故谓之风水。风水之法，得水为上，藏风次

图 1.10　商遗址出土的甲骨文中，有一片非常著名的"四方风"牛肩胛骨

之。"占卜术士将"风水"与方位融为一体，为生生死死又添了一分妖术之气。

风是空气的流动，本是空气的一种生命方式，但和人类生活产生联系后，风就变得不那么纯然了。总结出风的规律是人类的一大进步，而将风与方位之学神玄化后，不仅方位之学失去纯真，风也被妖魔化了。所以，在谈论古代科学时，要特别警惕术士挖的"风水"之坑。

以天分地的天经地义

"天下"这个词，看上去是讲家国权力的，其实，表达的也是古人的地理逻辑，即，地理在天。古人发现天上的恒星是不动变的，利用天上的恒星做标记，如日、月、金、木、水、火、土七星，就可以确立基本的空间关系。随着人们对自然的认识提高，又有了"仰以观于天文，俯以察于地理"（《易经·系辞上》）的对天地关系的概括。

远古观天是即重要又具体的大事，天官往往是由"三皇五帝"这样的部落首领来担当。所以有"天子观星，知民缓急，敬授民时"之说。天象万千，似神似兽，中国的先民与外国的先民一样都将星星做了形象化处理。在华夏文化中，至少在新石器时代就已有"象"的萌芽。1987年仰韶遗址即出土了有东龙、西虎"二象"墓葬；而"四象"之形，在周初的青铜器上，已有成组了的图案形了。

古人心目中的天，是神的代言，所以，在很长时间里，古人是把天文与地理"混为一谈"的。其中，对地理影响最深最广的即"四象"理论。古代的天文学家，把满天的恒星划分成为"三垣"和"四象"七大星区。

所谓"垣"就是"城墙"的意思。"三垣"之中,"紫微垣"居中央,是天帝住的宫殿(故宫之所以叫紫禁城,其"紫"取的就是"紫微垣"的意思);"太微垣"象征行政机构;"天市垣"象征繁华街市。这"三垣"环绕北极星呈三角状排列。所谓"四象":即"三垣"外围分布的"东苍龙、西白虎、南朱雀、北玄武",也就是说,东方的星象如一条龙,西方的星象如一只虎,南方的星象如一只大鸟,北方的星象如龟和蛇。

但天空远没有"三垣""四象"那么简单,古人还发明了与"四象"相配的"二十八宿"。古人在黄道赤道附近,选择了二十八个星宿为坐标,借此定位大地空间。目前,考古为我们提供的"四象"与"二十八宿"相配的最早证物,是湖北曾侯乙墓中的战国漆箱盖,上面画着二十八宿和苍龙、白虎(见图 1.11)。

二十八宿是古人观测天象的基础,按方位划分为——

东方苍龙七宿:角、亢、氐、房、心、尾、箕;

南方朱雀七宿:井、鬼、柳、星、张、翼、轸;

西方白虎七宿:奎、娄、胃、昴、毕、觜、参;

北方玄武七宿:斗、牛、女、虚、危、室、壁。

复杂的星象,不仅为了分割群星,还有更广泛的用途:天文家利用它,以正四时;舆地家利用它,以辨九州;军事家利用它,以定方向。

《周礼》曾记载,星官"以星土辨九州之地",每块分封之地,都有二十八宿之星名。《史记·天官书》也说"天则有列宿,地则有州域",可见古人以天经对地义,已具体到了星宿与州域相对具体的地理应用。如二十八宿之——角亢氐、房心、尾箕之东方七宿……对应九州之东的——兖州、豫州、幽州……《汉书·地理志》也是用星宿的分界,定地面州与州的分野。如"秦地,于天官东井、舆鬼之分野",以天分地,是古代天

图1.11　湖北曾侯乙墓中的战国漆箱盖，上面画着二十八宿和苍龙、白虎

经地义的事。

那么，古人为何要依据天空，来给大地定位呢？这就是古人的大智慧，因为地面上的山川河流，只能提供相对方向与地面标志，而宇宙间的天体，如太阳、月亮、北斗星……则能提供绝对方位。所以，不仅古人以天定地，就是在今天，最准确的定位系统——卫星定位——也来自天上。

细分方位的二十四向山

杜牧是位"一句顶一万句"的大诗人，他说"牧童遥指杏花村"，山西、安徽几个省都争"杏花村"。他说"二十四桥明月夜"，后人就千年论证：二十四桥是一座桥，还是二十四座桥？

在扬州游瘦西湖时，我找到了"二十四桥"。但此桥是不是彼桥，没人能说清。其实，对于我来讲，它到底是不是杜牧说的那个桥，意思并不大。有意思的是，它让我想起了中国文化为何这么偏爱"二十四"这个数字呢？二十四桥、二十四孝、二十四史、二十四番花信、二十四向山——对了，三八——二十四，占盘中的二十四向山，或许，就是这个奇妙数字的源头吧？

河洛之学，藏着数字的阴阳变化。这些数字又被古人以方位之名镶在古老的罗盘之中。看似在破解一个八卦阵，实际又布下了一个迷魂阵。我们看一看占盘，就会发现单纯方位，被占卜者延展出诸多风水的"附加值"。占盘的中央是天池，内置指南针。外面是活动转盘，内盘是一圈一圈的，每圈叫做一层。最外是一个方形盘身，叫外盘或方盘。内盘之中，有一层是二十四山，即以八干四维加十二支，用来指占盘上的二十四个方位，即，甲、卯、乙、辰、巽、巳；丙、午、丁；未、坤、申；庚、酉、辛；戌、乾、亥；壬、子、癸；丑、艮、寅。每个方位占十五度，正好三百六十度。

世界上用于测方向的罗盘，基本上分水罗盘和旱罗盘两种（后有高科技的，另论）。精细地表示所在与天地间的相互关系。但中国风水师门派众多，其罗盘种类无数，三元盘、三合盘、三元三合两用盘、易盘、玄空盘及各派所用的独特盘。西人只辨方向，鲜论凶吉。中国人则沉于凶吉，醉于迷失。

二十四向罗盘与八卦宫位，又有所不同。罗盘以"卯"代表东方，以"午"代表南方，以"酉"代表西方，以"子"代表北方，以"巽"代表正东南，以"坤"代表正西南，以"乾"代表正西北，以"艮"代表正东北。此外，每个宫又管三个山，如，巽管：辰巽巳三山。"巽"为正东南，而"辰"属东南内之偏向东方，称为东南偏东，而"巳"属东南内之偏向南方，称为东南偏南。二十四方位就是这样分配的，壬子癸、丑艮寅、甲卯乙、辰巽巳、丙午丁、未坤申、庚酉辛、戌乾亥等。

中国应当是世界上最早把方位做精细划分的国家，但精细的方位分配，却游于占卜者的卦象风水之中（见图1.12）。

"天人合一"是中国人认识自然与人相互关系的一大进步，但"天人

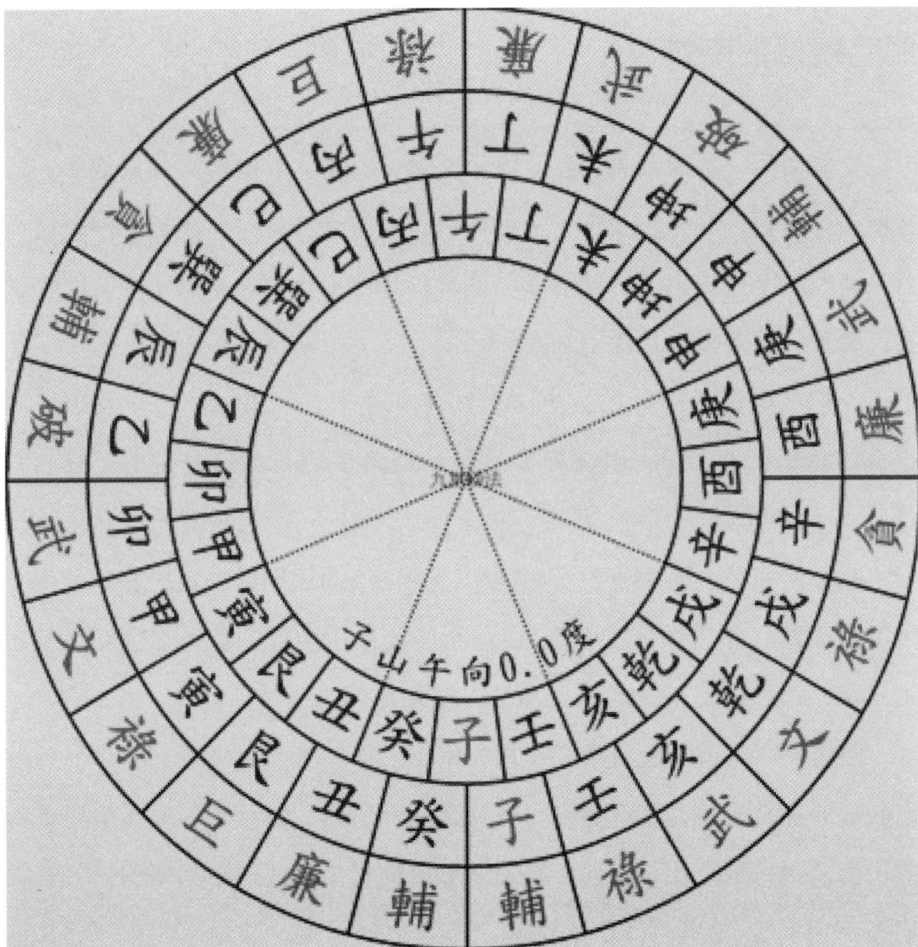

图1.12　古代中国的风水盘

合一"也是占卜与迷信的核心。古老的伦理观念是由天伦开始，而后进入人伦的。天伦有天命的含义，也有王命的含义，人在这个理论框架中，其位置是无法独立的。在这样的理论中，地理之学，即是天的哲学，命运的哲学。所以，传统的地理学，看似很玄妙，其实很单薄，也很幼稚。包括号称"四大发明"之一的指南针。

司南疑似指南物

先秦诸子，各为其主，参政议政，能言善辩。其政经方面的成果，为后世引为经典。其中，少不了旁征博引，左右逢源之论，不经意间，还为后人研究科学史提供了一些蛛丝马迹。科学方面大家公推墨子为最能，其实，管仲、韩非也不是等闲之辈。

人们在溯源指南针的历史时，发现《管子》一书，不仅涉及了地图学，还兼论了地矿学。其《地数》最早透露了磁石的信息"山上有慈石者，其下有铜金"。春秋初期，铜铁界线不清，美金（铜）铸剑戟，恶金（铁）制农具。而关于磁石吸铁的特性，战国后期的《吕氏春秋》已有了准确表达"慈招铁，或引之也"。而最接近指南针的叙述，则在《韩非子·有度》之中，"故先王立司南，以端朝夕。"

但他们毕竟戴不起科学家这顶大帽子。那些关涉科学的文字多是为政论服务的片言只语，细究起来，往往又不知所云。比如，韩非子最早提到的司南，到底是个什么东西？是司职方位的官员，还是个指南的器具？人们找不到下文。《鬼谷子》中也有"郑人之取玉也，载司南之车，为其不惑也"的记载。大约 400 年后，在东汉的《论衡》中，我们又见到王充的

"司南之杓，投之于地，其柢指南"的简短记述。

司南好像是个指南物，但怎么指也没说清。唯一的图像证物是河南南阳出土的东汉石刻：一个小勺子放在一个小方台上，旁边还绘有风水先生一类的人物（见图 1.13）。人们据此推断，这就是传说中的"司南"，即指南针的原形，所不同的是那根"针"（勺）是石头做的。用磁针指南的历史，还要更晚一些。最早见于 9 世纪的《酉阳杂俎》，书中有"勇带磁石针"和"遇钵更投针"的记载，11 世纪的沈括《梦溪笔谈》则有更详细的记载。

虽然，在各地的出土文物中，确实见到了石刻所描绘的方盘，盘多是用青铜做的，也有涂漆的木盘，盘子的四周刻有表示方位的格线和文字，是不是占盘？但磁石勺，至今没有出土实物。现在大家能看到的司南实物，是国家博物馆里摆着的那个仿制品。其他博物馆也依此仿制（见图 1.14）。

不过，据文物学专家孙机先生讲，国家博物馆里的那个司南是用人工磁铁做的。实际上，天然磁石加工不出能指南的磁勺。1952 年毛泽东要访问 3 年前已造出原子弹的前苏联，郭沫若要求制作一个司南，作为毛泽东的出访礼品。钱临照院士找了最好的天然磁石，请玉工做成精美的磁勺，可是不论怎么转，它都无法指南。后来人们分析：一是加工过程的热度消解部分磁力，另外磁距太小，摩擦力又太大，使之无法指南。

我斗胆猜想：《韩非子·有度》中所说的"司南"，如果确有其器，也许是一种巫用的轮盘把戏之具；而鬼谷子记录司南，他本人就是一个四处游说的方士。后来，在汉代墓葬中，考古工作者见到了许多玉制的司南之勺。大家知道，汉代占卜之风大盛，最为流行的"三大避邪之宝"，既有玉司南，另两个是刚卯和翁仲。刚卯是由商周的玉管演化而来，四面皆刻有驱鬼之辞。翁仲，是一种驱鬼力士玉佩，采用"汉八刀"雕法，生动古

图 1.13　司南唯一的图像证物是河南南阳出土的东汉石刻：一个小勺子放在一个小方台上，旁边还绘有风水先生一类的人物

图 1.14　出土文物中至今未见磁石勺，现在人们博物馆里看到所谓司南都是后人按东汉石刻图像复原的仿制品

朴。这些避邪佩饰，生时多挂在身上，死后随主人葬入墓中。所以，说司南是奇技淫巧之物，也未可知。

顺便再说一则汉代的故事，仅供参考。

西汉方士栾大，曾利用磁石原理做了一副"斗棋"，通过调整两个棋子的正负极，忽而相吸，忽而相斥。栾大为显示自己通神，便为汉武帝演示"斗棋"。武帝深信其神通，遂封栾大为"五利将军"，甚至，把女儿也许给了这位方士。

指南针的历史真相

"欧洲第一个磁罗盘是阿马尔菲人发明"的说法，令我印象深刻。因为，在意大利做沿海文化考察时，我曾到过这座历史名城。虽然，没看到那个12世纪的古罗盘，但小城依山面海的自然环境，让我相信，这里的人对航海罗盘会有强烈需求，且不说意大利产生的那些大航海家了。

我们的教科书，对"四大发明"介绍得很多。但课本有意无意地忽略了与我们的说法相冲突的西方科学活动。在说春秋初《管子·地数》"山上有慈石者，其下有铜金"是关于磁石的最早记载时，从来不提同一时期古希腊"科学元祖"泰勒斯（约前625—前547年），不仅发现了磁石，而且还明确指出了磁石吸铁的现象，"万物充满了神的意志，马格尼斯（磁石）吸引铁是因为它有灵魂的缘故。"

磁石的发现，东西方至少是同步的。

不过，磁石指南的现象，尚无证据显示西方这方面的认识比中国早。所以，我一直相信指南针是从中国传到西方的说法。关于磁石指南的最早记载，在战国末期的《韩非子·有度》中即有"先王立司南，以端朝夕"。三国时，魏国的马钧受魏明帝之诏做指南车。人们多以为，这是一个磁指南的工具，其实不是。那个立在车上的小木人，不论车行何处，手始终指着南方。那是因为，车行之前，已事先定好南的方位，车子利用差动齿轮的原理，通过齿轮的作用，使小木人的方位不再改变（见图1.15）。

当然，最有说服力的是沈括的《梦溪笔谈》。所谓"指南鱼"，即用一块薄薄的钢片做成"鱼"，令肚的部分像小船一样凹下去，将"鱼"人工磁化后，使其浮于水面，"鱼"就能指南了。

不过，古人的态度很端正。由先秦到晚清，先人从没说过"司南"或者"指南鱼"是中国最先发明的，也没说夷人的指南针是盗版。将指南针列入"四大发明"，这样"震惊世界"的说法，是英国人李约瑟提出的。此外，他还在没有任何证据的情况下，推论水罗盘是从陆路传到西方的。但西方学者不这样看，他们认为阿拉伯人至少在11世纪之前，就先于中国在航海中使用磁罗盘了。

准确地讲，指南针分为两种，一种是水罗盘，一种是旱罗盘。中国人发明并使用的是水罗盘，北宋《宣和奉使高丽图经》中有"视星斗前迈，若晦冥，则用指南浮针"（见图1.16）。而欧洲人发明并在航海中使用的是旱罗盘。前边说过，意大利阿玛尔菲人在12世纪最先发明了旱罗盘。13世纪后半期，法国人又将旱罗盘加以改进，将其装入有玻璃罩的容器中，成为便携仪器。后来，这种携带方便的指南针被欧洲各国的水手广为应用于航海实践中。大航海时代，葡萄牙人将这种罗盘带到日本，又经日本进入中国。

说回"四大发明"，这个今天看来有点可疑，当年确实"震惊世界"的说法。它是由李约瑟先生一手创建的。1941年，对中国科技史充满兴

图 1.15　三国时，魏国的马钧受魏明帝之诏作指南车。车上的小木人，不论车行何处，手始终指着南方，因为车行之前，已定好南的方位，车子是利用差动齿轮的原理，使小木人的方位不再改变

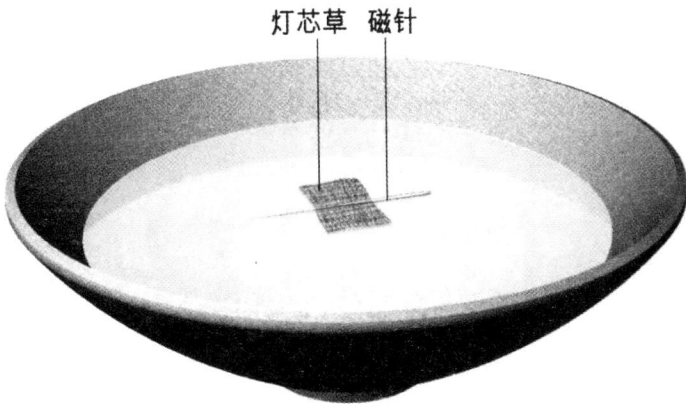

灯芯草　磁针

图 1.16　指南浮针

趣的李约瑟，来到中国实地研究中国古代科技。一年后，即推出"四大发明"的研究成果。当时，正值抗战进入关键期，这个说法极大地鼓舞了中国人的民族自豪感和抗战斗志，遂被广为传扬。1954年《中国科学技术史》首卷正式出版，成为迄今为止这方面的权威著作。

但全世界广泛使用的《大英百科全书》中，指南针是用两个不同词条解释：第一个词条为方向指定仪器："中国古代四大发明之一，磁指南发明于公元前3世纪，称为'司南'……"第二个词条为罗盘："航海或勘测时，在地球上使用的基本测向仪器……12世纪，显然，中国和欧洲的航海家都有各自的发现。"两词条分立，似乎罗盘才是真正的"指南针"。

我愿意相信"四大发明"的存在，但美国经济学家兰德斯的一个说法更让人深思。"欧洲人最大的发明是，他们发明了'发明'这个观念与活动，从而热衷于不断地创新，对于中纪末以来欧洲人的生产起了重要的帮助"。而我们的祖先对待发明，常常是一言以蔽之——"奇技淫巧"。所以，多说一句：即使是我们第一个发明了指南针，我们也照样在历史进步的路途中迷失了方向：一是知识技术造就的工业文明，二是航海扩张后形成的世界经济。

河图洛书中的方位谜团

传统文化中最受宠的，往往不是那些朴素的真理，而是那些说不清道不明的东西。这种传统似乎也对得起西方人给咱扣的那顶大帽子——"东方神秘主义"。

2007年夏天，那是第几次研讨《易经》了？恐怕河南人自己都不知从哪算起。但这次的研讨更旗帜鲜明，就叫"弘扬河洛文化"。河洛文化缘自"河图洛书"这个颇有引经藏典意味的文化词，读书人耳熟能详，但细究起所云何事何物，连《辞海》也未给出个定论："河图洛书是古代儒家关于《周易》和《洪范》两本书的来源的传说。《易·系辞上》说："河出图，洛出书，圣人则之。"传说伏羲氏时，有龙马从黄河出现，背负"河图"；有神龟从洛水出现，背负"洛书"。伏羲依"图"和"书"，画成八卦，成为后来的《周易》来源。另说，大禹时，上天赐他《洪范九畴》（也被认为是《尚书》的来源），大禹依此治水成功……

"河图洛书"由神而授，圣人依此办事——这个说法出自《易》，但又没有详解，圣人是依图办事，还是依文办事？"河图洛书"到底是"图"，还是"书"？从先秦到唐代，没有人见过"河图洛书"是什么模样。时至今日，就是开了无数河洛文化研讨会的河南，也拿不出这方面的考古实证。所以，大家仍沿着《易》布下的迷魂阵，一路瞎猜。

今天被大众所熟悉的八卦图，源于宋代。宋初，华山道士陈抟（音:团）将河图洛书演绎成两幅图。这两幅图从北宋传到南宋，从华山道观传入鸿儒书房。最后，经朱熹之手刊于《周易本义》中，遂成儒道共用的"河图洛书"的母本。"河图洛书"就这样弃"书"从"图"了（见图1.17）。

说起来，一个道士演绎的图，竟成了大儒认可的经典，颇为荒谬。

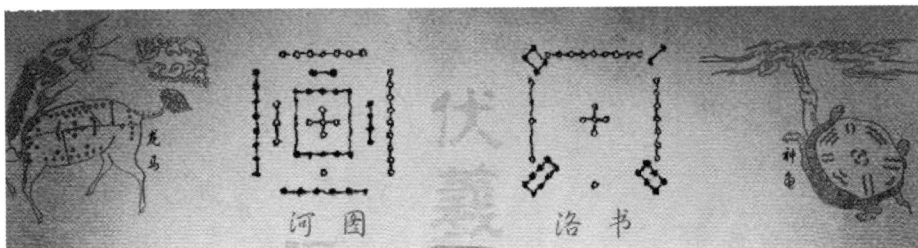

图1.17 "河图洛书"的复原图

但若从考古发现而论，还是有背景可查的。从周原遗址出土的卜骨上看，周时已有用"-"和"--"表示的卦象。而1977年安徽阜阳双古堆西汉汝阴侯墓出土的"太乙九宫占盘"，其图式就与洛书完全相符（见图1.18）。此占盘至迟为西汉时期文物。其正面按八卦位置和五行属性（水、火、木、金、土）排列，九宫的名称和各宫节气的日数与《灵枢·九宫八风》首图完全一致。小圆盘过圆心划四条分线，在每条等分线两端刻"一君"对"九百姓"，"二"对"八"，"三相"对"七将"，"四"对"六"，与洛书布局完全符合。"九上一下，三左七右，以二射八，以四射六"，也与《易纬·乾凿度》相合。有人据此认为，"太乙九宫占盘"的出现，说明"洛书"至迟于西汉时期已经形成，而北宋道士陈抟演绎的"图"，也应该是有所本的。

不过，"图"虽确立了，但对那些非黑即白的小圆点排列组合的破解，一千年来从没有统一过：上古星图、阴阳五行图、东西南北方位图、阴阳数字图……还有人认为河图为上古气候图，洛书为上古方位图……总之，

图1.18 1977年安徽阜阳双古堆西汉汝阴侯墓出土的"太乙九宫占盘"，其图式就与洛书完全相符

天伦地理，尽在图中。

近来读了西南师范大学编的《中国历史地理文献导读》，书编得很好，但所收30多篇历史地理文献中，独独没有《易》的身影。《易》虽然巫气重重，毕竟反映了古代中国的核心地理观。《易》对天地方位做了第一次大整合，也为后代布下了一个解读天地方位的千古迷宫。

河伯献图与大禹铸鼎的地图梦

古代中国的地图，始于何时？

很久很久以前，大禹奉王命去治理水患，有位老伯在河边捡起一片青石送给了大禹；聪明的大禹发现，那片青石原来是一幅治水用的地图；大禹依图治河，终于取得成功——这就是《庄子》《楚辞》等古代文献中都记载过的"河伯献图"的故事。

大禹和地图的故事，《左传》中也记录："惜夏方有德也，远方图物，贡金九牧，铸鼎像物，百物而为之备，使民知神奸"。这段话是说：在夏朝极盛时期，远方的人把地貌、地物以及禽兽画成图，而九州的长官把这些图画和一些金属当作礼品献给夏禹，禹收下"九牧之金"铸成鼎，并把远方人画的画铸在鼎上，以便百姓从这些图画中辨别各种事物——这是"禹铸九鼎"的故事。

至少在夏朝，中国就已有了青铜器。商周时把需要保存的重要文字铸于青铜器上，已是寻常之事；若将地图铸于青铜器上，也在情理之中。如果，我们拿这些源于战国的文字描述当史实，就会得出中国至少有4 000多年绘制地图历史的结论。不过，这些传说都没得到考古实证。中国出土了许多型制不同的九鼎，至今没有见到铸有山川形势的铜鼎。

除了夏禹的传说提到地图之外，关于西周的一些文献也提到了地图。

比如，西周厉王时的散氏盘铭文，即记载了西周散与矢两国土地纠纷的事：矢国侵略散国，后来议和。矢国派出官员十五人来交割田地及田器，协议订约。矢人将交于散人的田地绘制成地图，在周王派来的史正仲农监交下，成为矢散两国的正式券约。青铜盘原为盛水的器皿，但散氏盘在镌铸契约长铭后，已然成为家国宗邦的重器。

再如，《尚书·洛诰》记载：西周周公旦辅政时，按照周武王的遗愿，决定营建东都洛邑，由召公到武王选定的地区，测量地形，作建都规划，新都洛邑建成后，称为成周。其中就提到了为选建洛阳城址而特意绘制的地图。

我们至少可以相信，商周时已有了很好的地图。但至今考古实践中，仍看不到商周的地图实物。目前发现的最古老的青铜地图是 20 世纪 70 年代河北平山县中山王墓中出土的铜板地图（见图 1.19），它几乎就是青铜地图中的"孤本"。

图 1.19　目前发现最古老青铜地图是 20 世纪 70 年代河北平山县中山王墓中出土的铜板地图，它几乎就是青铜地图中的"孤本"

这幅战国青铜地图，实际上是中山王的陵园规划图，图纵 48 厘米、横 94 厘米，铜图版上镶嵌着金银丝线条。图中详细整齐地排列了五个享堂的方位，图面规整，线条匀称，并注有相应文字说明。专家将其命名为《兆域图》，"兆"为古代墓与祭坛之称。此图现藏于河北考古研究所。

不过，《兆域图》毕竟表现的不是一个地域的方位图景。它还不能称为真正的中国最早的地图。传说早期的《孙子兵法》竹简上曾附地图卷，但至今没有找到考古实证。不过，依我在湖北九连墩出土文物展览中见过的绘有花纹的竹简卷子推断，当时应有在竹简上绘制地图的可能。

除了竹简，木版也是一种古人刻画地图的材料。《论语·乡党》中有"负版"之说，但是不是背着木版地图，专家说法不一。幸运的是在 1986 年天水放马滩秦墓发掘中，人们见到了战国木版地图，此为目前我们所见到的最早的古代木版地图。

这组战国末期的秦国县区地图，以黑线绘制在纵 18 厘米、横 26 厘米、厚 1 厘米的三块松木版的两面上，共有七幅。根据同时出土的竹简纪年和随葬品的特征推断，专家认为这些地图应为秦王政八年（前 239 年）的物品，是目前所知世界上最早的木版地图（见图 1.20）。

放马滩木版地图反映了秦国统一后诞生的我国最早的县之一：邽县的地理概况。地图不仅绘有山川、河流、居民点、城邑，并有 82 条文字注记，特别是标注了各地之间的相距里程，其中的 2 号图中，还标注了北为"上"（与马王堆出土的《地形图》的方向相反，或表明了秦汉时代地图版式方向还没有一致规定，可以是上北下南，也可以是上南下北）。这些地图的目的性，可以从它的描绘内容去推想：它可以是地方官的《行政区划图》，也可以是《治水工程图》，还可以是《林木资源图》，更可以是保家卫国的《军事地图》。

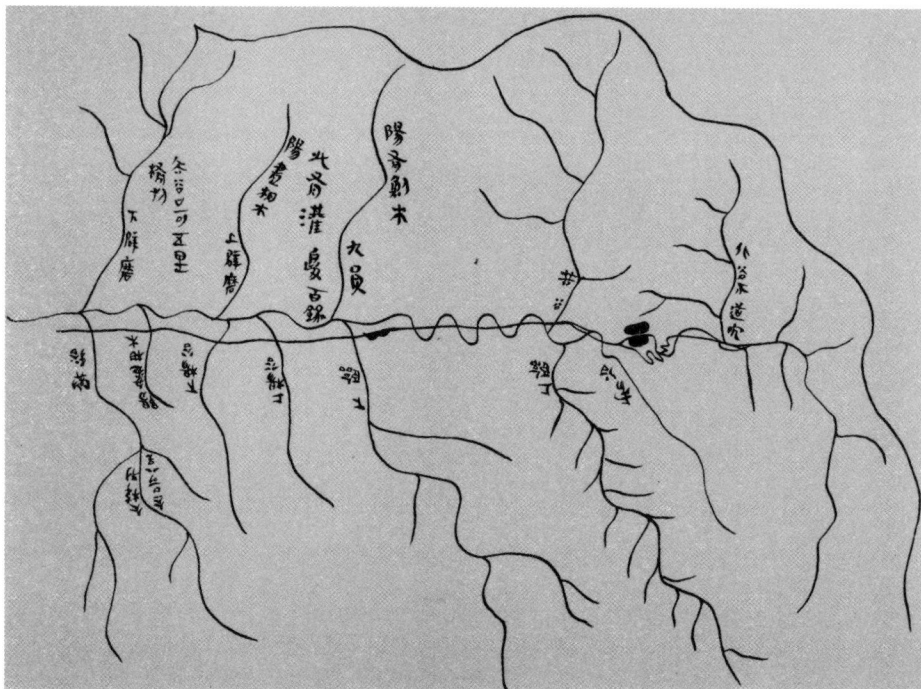

图 1.20　天水放马滩秦墓出土的木版地图 6 号图（墨线图）

　　秦汉以前的地理学在绘制地图方面是否有严格的标准，史无明确记载。晋代地图学家裴秀总结前人制图经验，提出了"制图六体说"，即分率（比例尺）、准望（方位）、道里（距离）、高下（地势起伏）、方邪（倾斜角度）、迂直（河流道路的曲直）作为绘图六原则。放马滩木版地图除没有明确的"分率"外，余皆具备。所以，这组地图被专家认为是"古代中国第一图"，现藏于甘肃省文物考古研究所。

　　如果说《河伯献图》和《九鼎图》是后人借大禹这个传说中的人物，来表达祖先的绘制地图的愿望，那么，"放马滩地图"则可以说，是将人们带入了科学描绘空间世界的地图时代。

◇第二章

方国天下，华贵夷贱

在水一方

蒹葭苍苍，白露为霜。所谓依人，在水一方。

溯洄从之，道阻且长。溯游从之，宛在水中央。

蒹葭凄凄，白露未晞。所谓依人，在水之湄。

溯洄从之，道阻且跻。溯游从之，宛在水中坻。

蒹葭采采，白露未已。所谓依人，在水之涘。

溯洄从之，道阻且右。溯游从之，宛在水中沚。

　　这首诗出自《诗经·秦风》，名为《蒹葭》，所谓蒹葭即芦苇。这首诗令我感兴趣的不是它借芦苇变化抒发的相思之情，而是它一口气用了6个"在"字。《蒹葭》中的"在"字，用得十分流畅与精确，营造了非常美的意境。我由此猜想：最初，古人是怎样确认自身所处的方位与存在的？

　　"在"字是由"才"字演变而来的。"才"字最初的字形有很多，大都描绘的是草木生长的形象，近于"十"字，有枝有根。我猜，它应该有点"存在"的意思，也有点标示方位的意思。所以，甲骨卜辞中，借这个"才"，来当"在"用。

　　甲骨卜辞中的"才"，有很多近于今天"在"的用法，表达行为所涉及的空间与时间。如，"王才亳""才六月甲申工""彝才中丁宗才三月"。金文的"才"，旁边加了"士"，小篆将"士"又变为"土"，更加明确了空间概念的表达。金文中，"在"是一个使用频率很高的词，仅《殷周金文集成》中，计有428次，可见古人对于"在"的重视。

中国的"在"，非常实在。圣贤之书，言之凿凿:《论语》有"父在，观其志，父殁，观其行"，此言存在;《易经》有"在下位而不忧"，此言所处。市俗话语，情之切切:即有"所谓伊人，在水一方"的目标锁定;又有"新晴在在野花香"的处处留情好风光。

西方的"在"，非常玄妙。比苏格拉底资格还老的巴门尼德，一上手就用古希腊文将"在"涂抹得不清不楚:"存在物是存在的，存在物是不存在的"。巴门尼德用"在"这个词，指明了认识世界的两条道路，而后人多数迷离于这个"在"字之外，大致能辨认出它是个包含着"是、有、在"三层意思的一个动词。

"在"是一门重要的功课，漂浮于时空之间。时间不会变长，因为没有长度;空间可以变大，因为没有边界。时空中，"在"因事起意，有事则"在"，无事则"恒"。海德格尔写《存在与时间》，他的门徒则写《存在与虚无》。

没有"无"所启示出来的原始境界，就没有自我的存在，就没有自由。"无"并不是有了存在者之后才提出来的相对概念，而是原始地属于本质自身。这是海德格尔说的。在哲人那里，我们所说的"在"，它一会儿"在"，一会又不"在"了。方位与处所渐渐消失，剩下的不是指涉内心，就是关乎自由。

一个动词就这样升格为一个哲学的根本命题。

接下来，我还要说说"所谓伊人，在水一方"。这一次不说"在"了，而是猜想：在水一方的"方"，最初是哪一方？

方字，甲骨字形与今天几乎没有大差别，有专家说是起土的锸，后引申为方形、方圆，沿着起土成形的意思，方圆与方国在空间概念上，找到了重合的理由。方与国的表达也就融为一体。

从考古上讲，商朝与"气血两亏"的夏朝不同，商有甲骨文撑腰，凝聚了信史的底气。商的国家在甲骨刻辞中，多以"方"记。如"危方以牛其蒸于甲申"，其"危方"即危国；再如"伐羌方"，即讨伐羌国；"鬼方"，即后来的匈奴（见图2.1）。甲骨刻辞中这一类记载，有一百多个。因而，后人称此时之诸侯国为——方国。

商朝的方国，按《吕氏春秋》讲"至于汤而三千余国"，比现在联合

图2.1　鬼方是历史上著名的方国，即后来的匈奴。考古发掘出的甲骨中，刻有"鬼方"的甲骨，目前仅有3块，此为其一

国统计内的全世界国家多出十倍有余。这些方国虽多不可考，但从已知的方国地望，如周方（今陕西岐山一带）、商方（今河南商丘一带）、井方（今山西河津一带）、危方（今淮阴之西）……将其连接起来，可略知商朝方国的区域和文化圈。

方，在商朝除了代表国家、方国之外，还代表方神，即四方之神。方神不像其他自然神，它没有物象，只有方位。如"其求年于方，受年。"即向方神祈求好年成。方神有四方之神，也有单一方向的神，何方神圣都可以拜，都可以求。如"甲子卜，其求雨于东方""南方受年"，即求东方之神，求南方之神，授雨顺丰年。商朝人能够将方向转化为一种崇拜对象，可见，斯此的人们对方位的认识已达到一定高度。

方是对自然的认识，也是对生活的感悟。但到了庄子时代，明明白白的方向，却被上升为玄玄乎乎的哲学。庄子说，彼方出于此方，此方也存于彼方，方是对立且互生的。所以，又有"六合之外，圣人存而不论，六合之内，圣人论而不议"之论。庄子所说的"六合"，即天地及东南西北。本来各自分立的方，向外无限伸展的方，有多种可能的方……被庄子加底扣盖弄成一个"论内不论外"的盒子，谓之天下。显然，这是一种偏于消极的天下观。

倾国倾城

东北的忽悠，实际上是从河北学来的。这里就不细论二人转的"秧歌打底，莲花落镶边"的渊源了，仅讲一个古代河北人忽悠皇上的光荣事迹。

那日，汉武帝闲来无事，令中山（今河北定州）歌手李延年，弄个小曲解闷儿。李延年知道皇上那几道弯弯肠子里想的是啥。放胆唱道："北方有佳人，绝世而独立。一顾倾人城，再顾倾人国。宁不知倾城与倾国？佳人难再得！"汉武帝的"馋虫"一下被勾了出来，明知山有虎，偏向虎山行——速将那个能亡国的美女给我找来。有人告诉皇上，那北方佳人就是歌者李延年的妹妹。小女子即刻被召入宫，歌舞果然了得。龙颜大悦：赏，举贤不避亲的好干部李延年——协律都尉。

这不是我瞎编的，是班固录在《汉书》中的事。

倾国倾城的故事，多是用来讲女人是祸水的道理。其实，最初的"倾国倾城"，讲的是正反两方面的典型。诗曰"哲夫成城，哲妇倾国"。说的是聪明的男人，可以成全一个城市；有心计的女人，可以弄垮一个国家。

古"国"字，说起来是一个很男性化的字，与女人一点关系都没有。最早的"国"字，很像现在的"或"字。左边那个"口"，代表城防与地界；右边是一支"戈"，代表武装与守卫。到了小篆，这个"或"字，才被一个更大的方框给围上了，就成了繁体字的国（见图2.2）。

最早被"倾"的"城"与"国"，还不完全是一个完整的国家概念。甲骨卜辞中的"国"，多是指国族，即部落、邦国、族群，也有一点方国的意思。"方"是族群与土地两个概念的合成，在甲骨卜辞中，我们能看到100多个不同名号的方国名字。在商朝，人名、地名、族名和国名，往往是不做区分的。《说文》说"或，邦也"，城与域，都与之相关。所以，城里的人，也叫国人。相对应的，城外为郊人，郊外为野人。公元前841年，国人不满于周厉王的统治，举行著名的"国人暴动"，就是一次"城里人"造反，推翻了执政国王。

但真正的国家之"国"，是西周之后的认识。国是个地域词，更是个

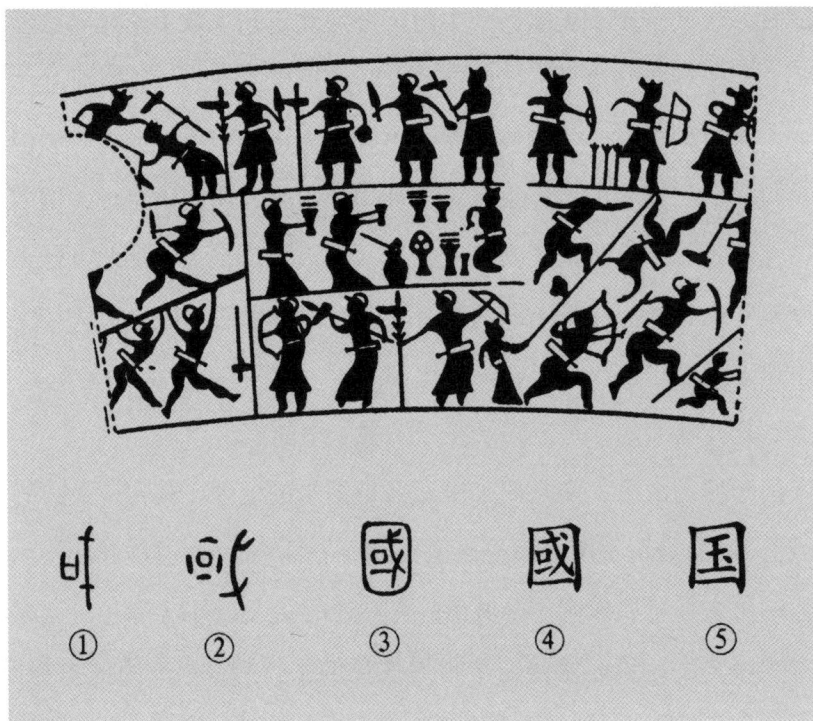

图 2.2 "国"字的古字形象和汉代石刻中的攻战图纹和很多相似之处

政治词。它表达了复杂的权力与利益。西周以后不仅"国"的概念清楚了，"国界"的意思也一点点显露出来。到了东周列国时期，城与国，城防与国防，更是紧密相连。从秦人筑的长城，一直到明代筑的长城。这个"城防"一直是与"国防"紧密相连的。所以，从这个意思上讲，"倾城"也就"倾国"了。

历代的文人，都将贪色误国的事，纳入到文学的主题中来，并有许多强调"软国防"的名句，千古传扬。如，"汉皇重色思倾国"。明言"软国防"，就是要防那些"回眸一笑百媚生"的女人。

大禹何时定九州

传说中，夏代也有自己的历史文献。据《左传·昭公十二年》载：楚灵王称赞左史倚相："是良史也，子善视之，是能读《三坟》《五典》《八索》《九丘》。"关于这些史前经典，据说是孔子撰写的《尚书序》中有这样的解释："伏羲、神农、黄帝之书，谓之《三坟》，言大道也。少昊、颛顼、高辛（喾）、唐（尧）、虞（舜）之书，谓之《五典》，言常道也。八卦之说，谓之《八索》，求其义也。九州之志，谓之《九丘》。"

大家知道夏是没有文字的，所以夏的经典《三坟》《五典》《八索》《九丘》皆是春秋学人假托古圣先贤或撰写或传说的古老典籍。实际上，不论是《伏羲八卦》《神农本草经》《黄帝内经》，还是论述"九丘"的《禹贡》，最早成书都不超过春秋战国。

现在，说回刊定九州的禹。关于禹的文字描述，皆来自《尚书·禹贡》。但《禹贡》成书又在何时呢？我们只好求助中国文化中两个重要的宝贝：一个是青铜器，一个是甲骨文。它们保证了信史的真实性和可见性。谁也想不到历史老人会在 2002 年，为我们亮出一份关于大禹、关于《禹贡》的青铜证明。这年春天，宝利艺术博物馆的专家在香港古董市场购得一件西周中期的青铜器遂公盨（见图 2.3）。盨，是一件古代用来盛粱食用的器具，也是一种礼器。遂公，据李学勤先生考证，应是遂国之君，也是这个礼器的制作者。遂国在今天的山东宁阳西北，传为虞舜之后，春秋鲁庄公十三年（前 681 年）被齐所灭。令学界感到震惊的是这个礼器内底，有一篇 98 字的铭文。铭文劈头就是一句："天命禹敷土，随山浚川，乃差地设征……"这句铭文与《尚书·禹贡》的第一句，"禹敷土，随山刊木，奠高山大川——"何其相似。说的都是：禹，以山水为依，浚河分

图 2.3 西周中期的青铜器遂公盨铭文，是大禹，以山水为依，浚河分土事迹的最早记录

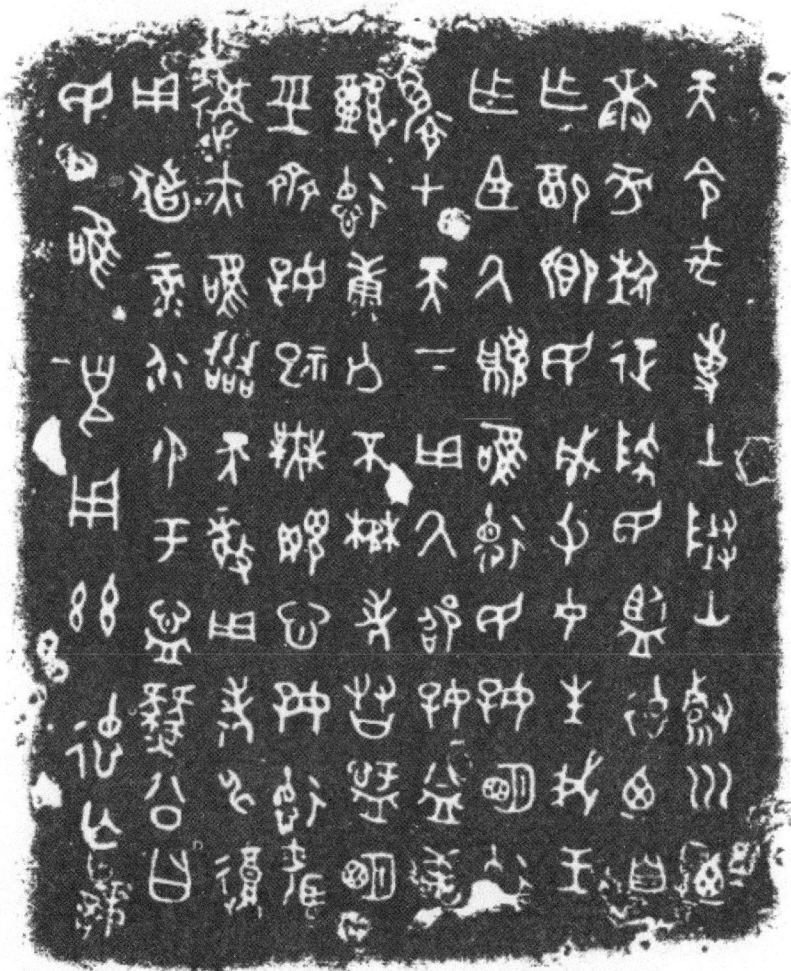

土之事。

此前，学者们只见到过春秋的秦公簋等青铜器上关于"禹迹"等片言只语。所以，学者多认为，《禹贡》成于春秋战国。只有王国维说《禹贡》虽"系后世重编，然至少亦必为周初之人所作"。而今，这件西周中期的遂公盨，为王国维的推论提供了证物，抚今追昔，王国维真不愧是大师中的大师。

大禹的业绩，历代传扬的多是他治水的故事；而他的另一伟业，则被淹没了。其实，大禹治水的同时，还借此机会，划分了中国最早的行政区"九州"。如《左传》所言，"茫茫禹迹，划分九州。"按《禹贡》所载，禹所划分的"九州"为：冀，兖，青，徐，扬，荆，豫，梁，雍。

甲骨文的"州"字，源于"川"字，而"川"字又源于"水"字。所不同的就是"州"比"川"多了水中的小岛。所以，州的意思也非常明确，"水中可居曰州"。古人为何要依水而居，主要是便于农作和居家过日子。所以，甲骨文中就有了"川"的地名，如，"丁归在川"。但是，依水而居又要防止洪水，房子往往建于傍水的山丘之上。因而，"州"又成为居住区域的名称，遂有"夏州""戎州""阳州""瓜州"之名。而在历史悠久的中原，今天我们还能见到"商丘"这样有明显地貌特征的地名。

既然，有了各个"州"的地理存在，随着各族群扩张欲望的增长，自然产生了管理这些州的帝国。于是，有了"茫茫禹迹，画为九州"的伟大事变。大禹画出这九个行政区，不是简单地为九个州分出地界，而是为了让大家守好责任田，而后分头纳税，供养帝国。

"九州"是古代中原人活动的主要范围，并不是现今中国的范围。所谓冀州，即今之山西与陕西间的黄河以东，河南与山西间的黄河以北，和山东的西北部及河北的东南部。所谓雍州，相当于今之陕西中部，甘肃东南部，宁夏南部，及青海的黄河以南。所谓豫州，即今之河南全省及湖北的荆山以北。所谓荆州，即今之汉江以南，南漳以西，衡山北。所谓兖州，即今之河北沧县以南，山东济南以北。所谓扬州，即今之淮河以南，至长江南岸，东临东海。所谓青州，即今之山东德州和济南一线以北，及河北的一部分。所谓徐州，即今之山东东南，长江以北的江苏大部。所谓梁州，即今之陕西秦岭以南，子午河和任河以西，至贵州的桐梓。

《禹贡》"九州"中的各州之名，也不一定就是现今的各州。"九州"所指范围，大约在今天的山东、山西、河南、河北、陕西、安徽、江浙、两湖等地，或者更大一点，也许更小一点；当然，也有专家们认为，"九州"根本就是虚指。

虽然，禹的故事与铭文，都说得言之凿凿，但西周时，周王的力量毕竟还很有限，不可能统一天下，更不可能统治"九州"那么多、那么大的地方。所以，我们只能说，西周时，中国人就有了"九州"的理想。

学者们认为，《禹贡》中的"九州"之"九"，虽然说得很具体，但决非指九个大型的行政区划，而应当是众多有河流环绕的山丘的总称。因为，禹时天下未定，大一统的格局尚未形成。但后来"九州"所表达的统一思想被认可，进而引申为"全国"的代称。国人因此形成了以内外文野来区别地域，确立了一种讲"秩序"的"世界观"。如南宋嘉定二年（1209 年）蔡沈复原的禹贡山川的历史地图，《禹贡》中的九州等重要地名都有所反映（见图 2.4）。

州在周朝时，已被用来做民户编制，"五党为州"。东汉时期，州成为正式行政区划。而后代"州"越分越多，越分越细，有直隶州、散州等，辖区范围亦呈缩减之势。随着"州"的行政区的确立，人们为表达"水中陆地"的意思，又造了一个"洲"字，以示区别。

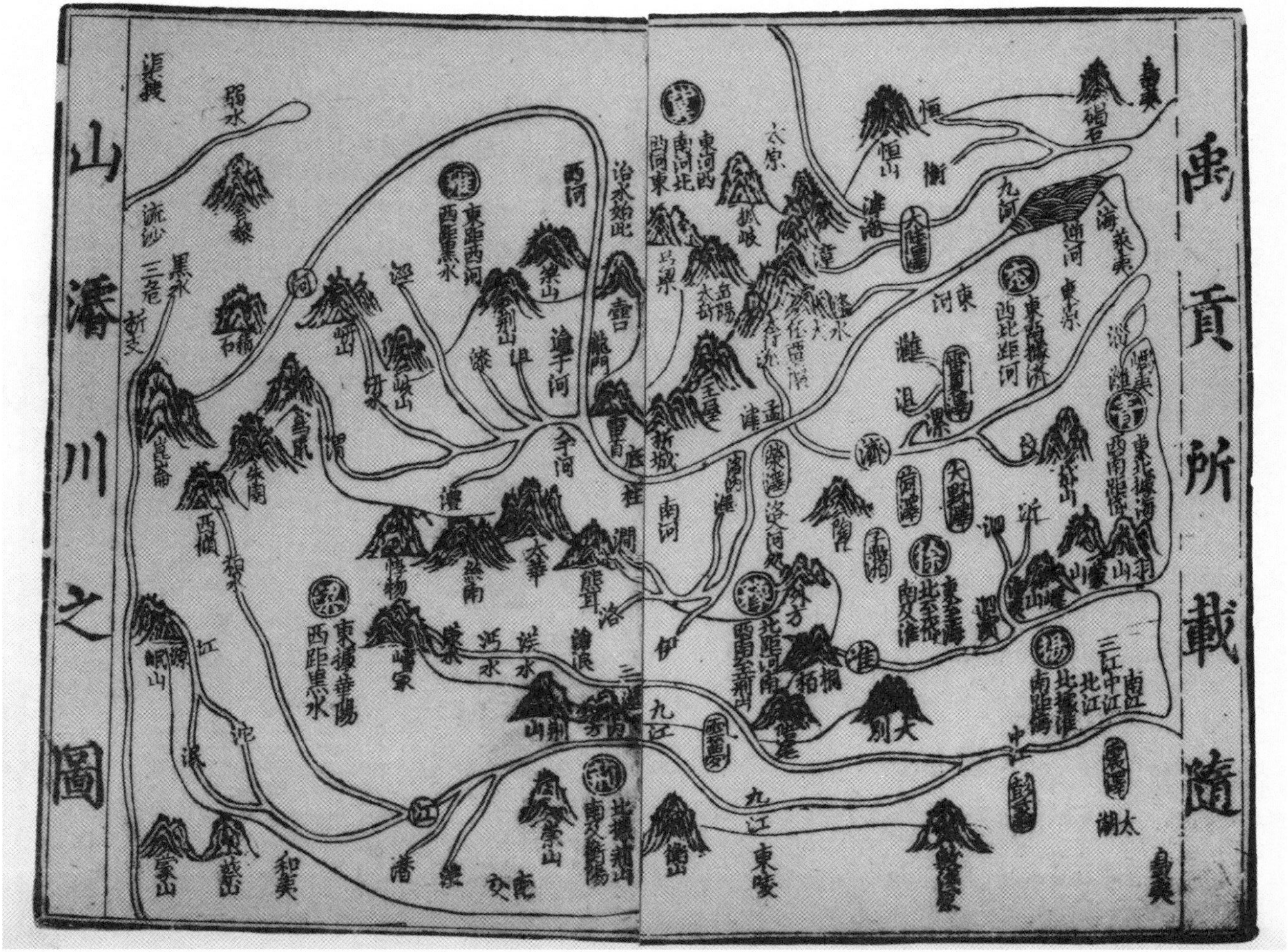

图 2.4　南宋嘉定二年（1209 年）蔡沈复原的禹贡山川的历史地图，《禹贡》中的九州等重要地名都有所反映

不过，从政治地理的角度讲，我以为，"九州"到底指哪，到底有多大范围，这些都不是重要。这个"九州"的价值，在于它代表了一种道统地理的思想。"九州"虽不是一个标准的行政区划，但却是统一王权的世界观在地理上的反映。如此来看，西周并非只是分封制的历史，而是在分中求合的历史，"九州"即是大一统地域观的天下格局。

摊一张"畿服"的大饼

说到中国的行政区划，皆言尧因洪水之灾，分中国为十二州；而后，禹依治水之山河，又将中国划分为九州；再后之商周，又把中国以中原为中心向外扩张，分为五服、九服。当神话被当成历史来讲述时，所谓历史，只好姑妄听之。

《尚书》《国语》中都有五服的记载：九州划定，国都确立。此后，如何建立国家的纳税体系？如何建立国家的安全体系？

先王创造了五服区划制度。即，甸服、侯服、绥服、要服、荒服。具体讲，就是在天子的领地之外，每五百里为一个行政地段——服。各服依次向外延伸："邦内甸服，邦外侯服，侯卫绥服，夷蛮要服，戎狄荒服"。五服有服务、服役、服从的多重意思。如，甸服主要为天子治田出谷税；侯服为天子和国家服差役；绥服推行国家的文化与教育，并担当保卫国家的任务；要服区域内的人，要遵守王法，和平相处；最外边的荒服，人们可以自由流动迁徙。依照王服的顺序，贡期分别为一年一次、两年一次、三年一次、四年一次、五年一次。《周礼》进而将将"五服"扩展为"九服"："侯服""甸服""男服""采服""卫服""蛮服""夷服""镇服"

"藩服"。

古人这种"五服""九服"的说法，实际是后世学者对前朝政治的一种理想表述，而非历史实录。众所周知商周实行的是"封邦建国"的分封制，封国内独立为君主，天朝并无任何行政区划。中国真正的行政区划始于西周之后的县郡制度。

自东周实行县郡制以来，分封制开始瓦解。自秦汉以来，郡县制一直占主导地位，但分封制并没有完全消亡，它也以与西周不同的形式长期延续存在。分封制与郡县制都是君主专制政体下中央和地方关系的体现形式，二者的长期对抗反映了中央集权与地方分权的斗争。

古人"五服""九服"的理想主义行政区划，很像今天的北京城的一环、二环、三环……五环的道路规划，有着浓厚的"摊大饼"式的农民色彩（见图2.5）。但它却体现了中国人对于世界秩序的一种独特理解，即"中心"与"周边"的亲疏与从属关系。从而确立以自我为核心，而后层层保护，或者，涟漪式向外扩张的政治策略。尽管历史上这张大"饼"，

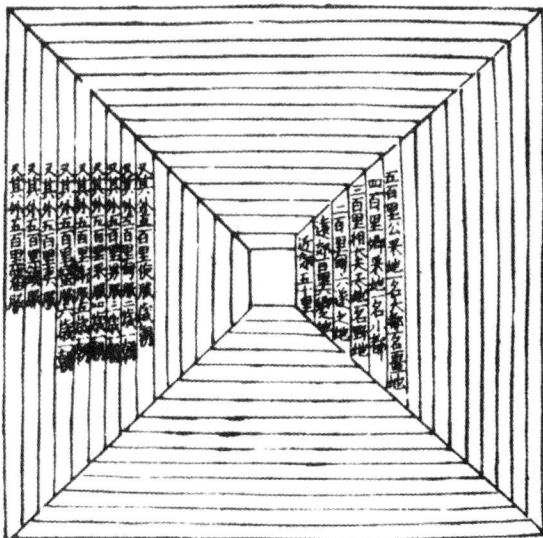

图2.5　宋代《新定三礼图》中的"九服"示意图

曾不断被胡夷之族扯破，但每一次现实的挫折，都强化了国人关于这种世界秩序的想象。

周人初定"宅兹中国"

如果说"国"是武力勾画的势力范围，那么"中国"，则是国家对所处位置的定位与命名。有意思的是，在十万甲骨里，"中"和"国"都有近百个，就是没有"中国"一词。那么，"中"与"国"是什么时候扯在一起的呢？ 20 世纪 70 年代以前，很多文章都说"中国"一词最早见于中国的第一部书《尚书》，如"皇天既付中国民"，但考古学家后来发现了最早的"中国"二字，证明早在青铜器时代，就已有了"中国"这个词。由于这个发现，晚之又晚，所以，鲜为人知。

话要从 1963 年陕西的一场大雨说起，雨水冲塌了宝鸡农民陈堆的后院土崖，露出一个闪闪发亮的铜器。陈堆和妻子用小镢头刨出了这个铜家伙，见它没什么用处，就拿到废品收购站——30 斤——30 元——当废铜卖了。两年后的一天，宝鸡市博物馆的佟太放在废品收购站，发现了尚未送去冶炼的铜尊，一眼认出这是件文物。于是，宝鸡市博物馆仍以 30 元的废品价格将它收购。这是一尊西周初期的青铜酒器。高 39 公分、口径28.6 公分、重 14.6 公斤。专家认定，这是一件精品文物。但其中暗藏的惊天机密，仍未被发现。

转眼 10 年过去，1975 年国家调集全国新出土的文物精品出国展出，宝鸡的这件文物来到了筹展的青铜器专家马承源手里。大师到底是大手笔，在清除铜尊蚀锈时，马先生发现内胆底部有一篇 122 字的铭文："唯王初雍，宅于成周。复禀（逢）王礼福，自（躬亲）天。在四月丙戌，王诰宗小子于京室，曰：'昔在尔考公氏，克逨文王，肆文王受兹命。唯武王既克大邑商，则廷告于天，曰：余其宅兹中国，自兹乂民。呜呼！尔有虽小子无识，视于公氏，有勋于天，彻命。敬享哉！'唯王恭德裕天，训我不敏。王咸诰。何赐贝卅朋，用作庾公宝尊彝。唯王五祀"。

何尊的最高价值在于这 122 字的铭文，铭文大意是：成王五年四月，周王开始在成周营建都城，对武王进行丰福之祭。周王于丙戌日在京宫大室中对宗族小子何进行训诰。讲到何的先父追随文王，文王受上天大命统治天下。武王灭商后则告祭于天："余其宅兹中国，自之辟民"（我将中国作为统治地，亲自统治那里的民众）。周王赏赐何贝 30 朋，何家作此尊，以示纪念。

何尊记载了周成王继承武王的遗训，营建被称为"成周"的洛邑，也就是今天的洛阳这一重要史实。同时，在表示定都天下的中央时，使用了两个惊天之字——"中国"——这是青铜器上首次发现"中国"二字，也是"中""国"二字首次以一个词的面目出现。因铜尊铭文表明它是何姓人家所制，遂被命名为"何尊"（见图 2.6）。何尊因马先生的"二次发现"而被列入 64 件永久不准出国展出的国宝级文物目录中，现藏于宝鸡市博物馆。

"中国"两字作为词组，首次在青铜铭文中出现。这是中国人应该记住的一件大事。青铜铭文就是用青铜铸造出的宝贵历史，除了印证史籍或弥补史籍的不足外，它们又代表着真实与不朽。以周之青铜及铭文而论，何尊的价值远在毛公、大盂、大克三大鼎之上；以尊而论，它比商代的四羊方尊还有价值。但堪称"镇国之宝"的何尊，藏于宝鸡，几乎不为大众所知。令人稍感安慰的是，1982 年发行的《西周青铜器》特种邮票，印上了它的身影。这套一共 8 枚的邮票，第一枚就是何尊。

图 2.6 最早刻有"中国"二字的西周
青铜酒器——何尊和何尊铭文

大中华概念的形成

如果说，西周何尊的铭文最早出现的"中国"二字，是选一个中央的位置建都立国；那么，最早进入史书中的"中国"二字，讲的则是执政中国的任务与目标："皇天既付中国民，越厥疆土于先王，肆王惟德用，和怿先后迷民，用怿先王受命"——《尚书·梓材》中的这段话，没有具体说中国的位置。但既是周公之言，所指当是关中、河洛地区，用现在的行政地理来论，即陕西河南一带。

周人的地盘不大，但"中国"这种说法却被后世普遍接受。春秋战国，列强分立，但都不排斥"中国"之说，如齐、楚这样的"边缘"大国，都在历史演进中接受或自觉使用了"中国概念"。

《管子·轻重乙》记述了管仲为齐国相时，曾说了一套治国与称王称霸的理论："请在国家四方建立'壤列'制度，天子在中央，统治地方千里，大诸侯国的土地三百里，普通诸侯约有百里，靠于海有子爵、男爵约有七十里。这样就像胸使用臂，臂使用指一样方便。这样就可以控制全国的物资和物价了"。

战国七雄不仅以"中国"自居，也相互认可皆是"中国"。所以，随着各诸侯国的"另立中央"意识增强，皆称中国，进而使"中国"的疆域越变越大。到了汉时，连不属黄河流域，但在中原王朝统辖范围之内的地区，皆称为"中国"。

在 2009 年的深圳博物馆举办的国宝展上，我见到 1952 年于湖南长沙出土的"中国大宁"汉代鎏金铜镜。周边刻有铭文："中国大宁，子孙益昌，黄裳元吉，有纪钢。圣人之作镜兮，取气于五行。生于道康兮，咸有文章。光象日月，其质清刚。以视玉容兮。辟去不祥。"这件铜镜，再次

图 2.7　湖南长沙出土的"中国大宁"汉代鎏金铜镜。周边的铭文再次证明，汉时"中国"，已是大一统概念

证明，汉时"中国"，已是大一统概念（见图 2.7）。

虽然，汉以后，曾有过西晋东晋，有过南北朝的割裂局面，但南北政权都争以"中国"为正统。隋唐两朝，天下再度走向统一，在修史的过程中，将历史上分裂的南北政权，皆归入"中国"，纳入正史，从而在道统上，强化了中国的统一意识。

综观"中国"之意，不出下面几种：从文化本位与传承上讲，是指夏裔居住之地；从正统上论，是指京师首都，或天子直辖地区；泛而言之，可指华夏或汉人所建立的所有政权。

久而久之，"中国"就成了我国的通用名号，也形成了中国人的中国观。宋代一士大夫说："夫，天处乎上，地处乎下，居天地之中者曰中国，居天地之偏曰四夷。四夷外也，中国内也。天地为之乎内外，所以限也。"这就是古代中国人的中国观，但它不是一成不变的，而是一点点演进的。正如梁启超的"中国三段论"所言，先是中国之中国，然后，才是亚洲之中国，最后是世界之中国。

中国人以自己为世界的核心，其实，西方世界也以自己为中央。中国被他们称之为东方。其称谓五花八门：秦、汉、丝国、茶国、陶瓷国……更奇怪的是：从西周初青铜器上始刻"中国"之名，到最后一个王朝大清的绝灭，3000多年竟没有一个王朝以"中国"为正式的国名。明中晚期以后，世界各国渐渐统一使用"CHINA"来称呼中国，但直到那场改天换地的革命降临，"中国"才有了伟大的命名。

通常人们都讲，以中华民国为国号的时间是1912年元旦。其实，还应更早一点。1911年，趁清政府调湖北新军赴川镇压"保路运动"，新军中的革命党人在武昌发动起义。军政府宣布：中国为中华民国，号召全国推翻清政府。并通过了《中华民国临时政府组织大纲》。1912年元旦，孙中山就职临时大总统，正式定国号为：中华民国。2月12日，溥仪的母亲隆裕太后发布退位诏书："将统治权公诸全国，定为共和立宪国体"，国家为"中华民国"。

至此，"中国"正式成为我们的国名。

溥天之下，莫非王土

如果仅从题目上看，《诗经》中有好多诗是写山的，有东山、南山、北山。但细读这些写山的诗篇，又都不是山水诗，而是借山言事。比如，《东山》写的是服兵役，背井离乡去打仗，久久不归；《节南山》写的是君权旁落，坏官当道；而本文要说的《北山》，尤其是那常常被引用的经典段落，写的几乎就是江山社稷。

> 溥天之下，莫非王土，
> 率土之滨，莫非王臣。

汉初《诗经》已立为博士，成为经典。秦时对其"断章取义，予取所求"的研究之风，更是进一步"光大"。《北山》经常被引用的这段，即是个鲜活的例证。其实，它的前边还有诗的首段："陟彼北山，言采其杞。偕偕士子，朝夕从事"；它的后边还有"四牡彭彭，王事傍傍；嘉我未老，鲜我方将"等几个段落。

这首以山为名的诗，实是一首讽刺诗。它讲的是一个人上山去采枸杞，一天忙到晚，也干不完国王的差事，这样做还不一定能养活家中的老娘。天下的土地，都是国王的，所有的人，都是国王的臣民。那些当官的办事不公，让我干这苦力活。国王的事，永远干不完……

应当说《诗经》创作和编辑的时代，是个言论自由的时代。这些诗若是写在乾隆王朝，作者和编者早没命了。不过，《诗经》之所以能成为经，必然有它存在的理由。它某些内容显然符合了某种需要。比如，这"溥天之下，莫非王土，率土之滨，莫非王臣"的说法，即是对王道的高度概括与认同。这种思想被一代代儒生以"经"的名义，不断放大，反复引用，长久强调，就成了臣民们自觉接受的"帝王逻辑"和"国家主义"的现实，就成了臣民们认可的"王即天下"的世界观。

图 2.8　中国第一位皇帝秦始皇。郡县制之后，一切贵族家庭与集团都瓦解了，全国之保留一个家，这一家就是国王之家。国土的"王化"，使国家也"家化"了

秦始皇之后（见图 2.8），天下一统。中国成为一姓天下的"家天下"，如此"溥天之下，莫非王土"的认识，自然是统治者和统治集团所乐见，并极力张扬的。郡县制之后，中国进入了"化家为国"的漫长历史阶段，在此阶段中，一切贵族家庭与集团都瓦解了，全国之保留一个家，这一家就是国王之家。国土的"王化"，使国家也"家化"了。

将"国"与"家"组合在一起，成为一个独特的概念，这是中国所独有的。

"溥天之下，莫非王土"，经过长期的鼓吹，渐渐深入人心。民众亦天真地认为：臣民天生就没有土地，土地天生就是王的土地。在王道之下，民众只知"王道乐土"，不思"民道乐土"。一切归王所有的生存格局，就这样假经典的名义，植入强大的意识形态之中。而"民贵君轻"的话，也只有孟子敢说，但亚圣的观念，即使列入"四书"之中，也没被王朝所重视，甚至还被刻意遮蔽。如，朱元璋就曾把孟子从圣人的庙堂中赶了出去。

"诗"是"礼"的前奏曲，孔子编辑《诗经》之后，它一直是被当作祖先的"规章制度"来推广的，"正得失，动天地，感鬼神"。而学诗的人在《北山》中看到的则是：一个没有土地的人，一个饱受压迫的人，却在认可王道，忍受剥削。两千多年来，只有汉文帝，搞过一次免除地租，历时十一年。此后，老百姓就在"王土"上，天经地义地为王而耕作。

"溥天之下，莫非王土，率土之滨，莫非王臣"是传承了两千年的"经典错误"，但这个人类原始阶段的世界观、生存观，却伴着中国人走过了漫长的封建社会。

黄帝梦游华胥国

找不到夏文化的"井冈山"，其"星星之火"，就难以得到"燎原"的证明。

祖先为何称我们的国家为华夏？夏，大家知道是我们的第一个王朝，华呢？说法就复杂了。有人说，我国西北地区，曾有一个华胥国。所以，中原先民自称"华夏"。从字义上来讲，"胥、雅、夏"等古字相通，华胥就是华夏。也有人说，华者，美也；夏者，大也；连缀而用，即雍容至美。

2006年初夏，我到陕西旅行。陕西是文化大省，到处都是文化遗迹，但最让人眼花缭乱的是祭祖神台，我们到底有几个祖宗？这里炎帝陵，那里也是炎帝陵，蓝田地区又多出了个华胥陵。

传说中的华胥氏，是女娲和伏羲的母亲（见图2.9）。记载中的华胥国，有《列子》的"黄帝梦游华胥国，华胥之人……其国无帅长，自然而已；其民无嗜好。自然而已"。此外，《淮南子》《山海经》等古籍中，也

图2.9　华胥氏，神话传说中女娲和伏羲的母亲

有华胥的记载。所以，据参与祭祖的专家理直气壮地说：华胥是炎帝和黄帝的远祖，是伏羲和女娲的母亲……我听着，这就像在推论谁是"二郎神"的母亲。但蓝田人愿意相信华胥是一段真实的历史。因为，这里有娲氏村、华胥镇，这里就该是传说中的华胥古国。

于是，仅有4万人的小镇，热热闹闹地举行了"全球华人恭祭华胥氏大典"。当地打出的口号是"开发一座陵，建成一座城"。公祭使旅游经济到底增加多少，尚未算出，据说，那两天的甘蔗价至少翻了两番。

"华胥"也好，"华夏"也罢，这些词，显然晚于已铸于西周青铜器上的"中国"一词。它显然是一个稍晚些的文明区域的概念，所以，在地理方位的表达之外，又加了一层美意。"华夏"一词，最早见于《春秋·左传》，其襄公二十六年中，有"楚失华夏"之语。但"华夏"并非当时唯一的美化中国的名词。《春秋·穀梁传》中即有："秦人能远慕中华君子"的说法。似乎在表达"中华"，即是"中国"与"华夏"的重组，是连缀压缩后的更美妙的说法。

我们的祖先为何要创造这么多美好的名词自称呢？主要是确立自己的核心地位和与其他部族的贵贱之别。唐代在法律中，正式出现"中华"一词。见于唐朝永徽四年（653年）颁行的法律文本《律疏》，对"中华"一词做了明确的解释："中华者，中国也。亲被王教，自属中国。衣冠威仪，习俗孝悌，居身礼仪，故谓之中华。"意思是说，凡行政区划及文化制度自属于中国的，都可称之为中华。

中华是中国的"自我"，这个"我"是中国的本体，也是存在的基点。以自我为中心，是本体对自身的肯定，从这个意义上讲，以自我为中心是民族国家必然的文化选择。中国人"华夷之辨"的这种文化，有自身的文化骄傲，还有自大和文野之分，但还没有发展成西方式的"优胜劣汰"，没有上升到要"汰"夷的冲突层面，融和仍是中华的处世主旋律。所以，唐代诗人韩偓，有诗云："中华地向边城尽，外国云从岛上来"，已把"中华"与"外国"对举，你来"朝我"的其自得之情溢于言表，但没有说要去打外国。

六亿神州尽舜尧

"曰若稽古"，言必称《书》。

《书》在先秦就已被认定是最古的一部上古史书，所以，后来称其为《尚书》和《书经》。稽古之事，不仅我们要查这部书，就连司马迁写《史记》，其上古部分，也都是从这里照搬照抄的。

后人说的"三代"，常指夏商周三代。而信史之前，还有一个"三代"，即《尚书》中记录的尧、舜、禹这三代。稽至这三代的地望，我们就找到了华夏的老家。

如果我们从旅游的意义上寻祖，像找炎黄一样，我们很容易撞到三祖的庙门。山西临汾，据说唐代就立了尧庙，后来又塑了尧的金身；山西运城也根据唐代建的舜陵，自认了舜都；河南登封也不示弱，这些年来不停地挖掘，说是找到了禹城。其他地方当然也不示弱，陕西河北也有三位老祖的根据。然而，稽古之事，终还要往远了探问，心里才会踏实。

尧的古字在甲骨文中可以找到，但这个字描述的是窑包之意。后有尧居陶丘一说，故称尧号陶唐氏。《尚书》以《尧典》为开篇。记载了帝尧的伟业，其中有尧命羲仲、羲叔、和仲、和叔四人分别观测太阳在四方运行的规律，"敬授民时"。如果破解《尧典》提到的东旸谷、南明都、西昧谷、北幽都，即可划定，尧之地盘。

清人汪之昌曾有《汤谷、明都、昧谷、幽都今地释》，认为"旸谷"在朝鲜，"明都"在交趾（越南）……皆去国绝远，想来尧时，不会有这么宽广的地理视野。所以，说这些所谓"地名"是泛指东南西北四方，更为可信。细看那阳、明、昧、幽四名，也都是对太阳四时的描述而已。

尧这个字，在甲骨文中忽隐忽现，似与神灵有点关系。但这些尧字与方国没有关系，斯时，尧还构不成是一个方国，自然，我们也弄不清尧的地望。只好退一步，以舜推尧。舜的古字，不见于甲骨文，也不见于金文，只是出现于小篆之中，已属很晚的汉字。其字的本义被认为是蔓地连花，一种植物。更晚才被借用于上古帝王之名。"舜"实际是个谥号。舜所在部落的叫"有虞氏"，故有"虞舜"之称。

图2.10　汉代的大禹石刻图

尧禅让于舜，《尚书》亦二帝合志。舜承尧制，也关注四时，"岁二月，东巡守，至于岱宗，柴。"但其地理指向更明确了，舜巡守四岳。当时的四岳指的是哪几座山，很难说清。唯一能说清的就是东岳，指的是泰山。如此来说，舜的部落至少是在泰山之西。

舜禅让于禹（见图2.10），《尚书》有很多关于禹的记载，如《大禹谟》《皋陶谟》《禹贡》等，其中《禹贡》是托名大禹治水，制定九州贡法的著作，最能反映当时的古人认知地理范围。但《禹贡》成书，王国维认为成书约在周初（后来的考古发现，也支持了这一观点），郭沫若认为成书约在春秋，顾颉刚等人则认为成书于战国。总之，《禹贡》所言的"九州"方位，去夏绝远，也不会是尧舜时代的地理认知。

至于三代老祖的地望到底在哪，《尚书》与《史记》并不看重，古人看重的都是"德自舜明"。今人对尧舜禹的怀想，也侧重于那个时代的德政与清明。于是，有诗唱道"春风杨柳万千条，六亿神州尽舜尧"。

东夷的大人之弓

方位在有了领地之争之后，慢慢就族群化了，历史由此进入"以方代族"或"以族代方"的历史时期。东夷、南蛮、西羌、北狄等之说扑面而来，而记录四方外族的字，多从虫、从羊、从犬，含有野蛮之贬义。

唯有"夷"字，至少从字形上看不出贬义。有学者认为，最初的"夷"，应是神的名字，大约是风之神，随着风神崇拜的传播，四方皆称"夷"了。后来"夷"才与是与中原以东的部族联系起来，称为"东夷"。其"东"概指泰山以东，古之齐鲁一带，今之山东、苏北、淮北地区。东夷人最早的头领，为五方上帝之一少昊（见图2.11）。

先人为何选择"夷"字来代指东方部族呢？这又要回到它的字形上来论。许慎在《说文解字》里是这样解释的："夷，东方之人也。从大。从弓"。清段玉裁在《说文解字注》中进一步注释说："惟东夷从大，大，人也。夷俗仁。仁者寿。有君子不死之国。按天大、地大、人亦大。大象人形，而夷篆从大，则与夏不殊。夏者，中国之人也。从弓者，肃慎氏贡矢

图 2.11 东夷指今天的山东，淮北靠海的部分。东夷人最早的头领少昊画像

石之类也。"如此，我们就该这样理解"东夷"，它是指住在东方的腰上佩弓，身材高大的族群。

是夷吻合了东方人的形象，还是东方人塑造了夷的内涵，古人就没说清，或许两者都有吧。有意思的是古代人说"夷"的时候，多是指化外之族。而今，东夷人则用来证明历史悠久之荣光。胶东之莱夷，今天之莱州，左经右史地证明自己是东夷的"主力部队"，历史悠久顾盼自雄。实事上，东夷也确实创造了不少丰功伟绩。史学家范文澜先生就认为：冶铁技术极有可能是莱夷人发明的。因先秦时"铁"字的结构就是左"金"右"夷"。古字里暗含着莱夷人炼铁的秘密。近来，连韩国人都说自己与东夷关系甚深，也不足为怪。

东夷在融入华夏大文化圈后，"夷"这个字与"东"分手。随着大一统的王朝的建立和国朝与周边国家的交往增多，"夷"的所指不断慢慢地向外扩张。一是指偏远族群，二是指番邦外国，其贬损与自大之意仍在其中。手头有本广东梁姓绅士写的《夷氛闻记》，这本关于鸦片战争的小书，开篇即言"英夷狁焉思逞于内地者久矣"。葡夷、英夷、法夷、俄夷、洋夷……进入晚清，众夷侵我。"夷"已不是一个落后与不开化的代名词的，而是坚船利炮的强国代称了。

这个夷，那个夷，说了两千多年后，中国人第一次认真研究"夷人夷国"。

伴着第一次鸦片战争的泪水，魏源编撰六十卷的《海国图志》。是书何以作？曰："为以夷攻夷而作，为以夷款夷而作，为师夷长技以制夷而作。"可惜，夷夏之辩又争了 20 年。待李鸿章等大兴洋务时，魏公已作古，时局更不堪问。怎一个"夷"字了得！

西边的胡子，东北的匪

文字掌握在中原人手里，中原人就有了文化的话语权。天下留下的也都是"中原视角"所描述的天下。如"中国"一词，就将皇天后土的核心地位与所处方位，作了毋庸置疑的一锤定音。

商是商朝，是正宗和核心，而西周自然就被商看作是西夷。西周时，周朝掌管天下，周自是正宗，夷又另有所指。秦原本也是西夷，有着浓得化不开的戎狄成分。但秦人坐了天下，就看不起戎狄了。自秦以西，又都被认为是外族。史家写的历史，说到底都是当朝的政治史，所有的历史都是为现实服务的。

西汉以降，胡又成了新的族群定位。据讲"胡"这个字，最初说的不是胡人，也不是胡须，而是指动物脖子下边的肉。把有攻击性的外族称为胡，是后来的说法。关于胡是怎么来的，陈寅恪先生认为，胡是匈奴的压缩读法。王国维在《西胡考》中说，汉人谓西域诸国为西胡，本对匈奴与东胡言之。六朝以后，史传释典所用胡字，皆不以此斥北狄，而以此斥西戎。所谓"五胡乱华"是指鲜卑、氐、羌、匈奴和匈奴的支部羯族。

那么，胡与胡须是怎么联系在一起的呢？《汉书·西域传》记："自宛以西至安息，其人皆深目多须髯。"后世以此为本，所言胡人容貌，无不将胡人与须髯连在一起。于是，貌类胡人者，皆呼之曰胡，亦曰胡子。至唐代，人已谓须为胡。外族之胡，就这样被胡须化了，胡人也同劫掠连在一起（见图2.12）。

图 2.12　敦煌壁画中的唐人西行，在西域路被胡人打劫的图画

关于留胡之人种是"果从东方往，抑从西方来"的疑问？王国维先生的解答是：西域之地，凡征伐者自东往，贸易者自西来。"太古之事不可知，若有史以来，侵入西域者，惟古之希腊、大食……其余，若乌孙之徙，塞种之徙，大夏之徙，大月氏之徙，匈奴之徙，嚈哒之徙，九姓昭武之徙，突厥之徙，回鹘之徙，蒙古之徙，莫不自东而西。"

西胡，当年的地盘有多大，难说清楚。但十几年前，我曾到过《说文》所说的"鄯善，西胡国也"，乘车飞驰，几日未出其县界。古鄯善有多大，我不知道，但今天的鄯善，至少有四个海南岛大。

所谓胡人，西晋初期，还都环居于中国的北方，并与边疆的汉人杂居。西晋时期，五胡和其他胡人入侵中原，占领了中原广大土地，并建立了大大小小几十个国家，史称"十六国"。胡人入侵，客观上促成了胡汉的民族融合，使胡人渐渐完全变成了新汉人。同时，胡入中原，一路烧杀。据史书记载，羯族行军作战从不携带粮草，专门掳掠汉族女子作为军粮，称之为"双脚羊"，意思是像绵羊一样驱赶的性奴隶和牲畜，可奸淫，可烹食。曾经建立了雄秦盛汉的中原人大量外逃，造成又一次民族大迁徙，史称"衣冠南渡"。跑到闽、粤的那一支汉人，又成了新的"蛮"——"客家人"。

历史的方位，血腥而错乱，最后的结果，与当初的愿望刚好相反，占领化为了融合：汉人和南人结合，汉人和胡人结合，胡人和南人结合——各民族的大融合，到隋朝统一全国，东西南北的胡汉文化已融成了一个整体。

"胡子"这个说法，近晚之时被北方人挪去，当作对土匪的别称了。

丝之贵与南之蛮

"夷"这个字，是先贵后贱——先是高大的持弓之人，英雄也；后来指代为强悍的化外之人，外族也。"蛮"字的流变，也是如此，小姐的身子，丫环的命。

最初的"蛮"字，没有下边那个"虫"。金文中是两个"系"中间夹一个"言"，好似一个人挑起两捆"系"，也就是丝。中国的造丝史，少说也有5000年，所以"系"在甲骨文中就已大量出现。金文中的"蛮"字，表示的是蚕丝生产之意（见图2.13）。以丝之贵重推论，"蛮"字当属褒义词。

历史上的褒贬，多取决于胜败。随着华夏与周边诸多族群接触的增加，南方北方之间征战不断。商周时期，会生产丝的南方部落，不断被强大的北方部落征服，南方人沦为北方人的奴隶。为表示轻蔑和歧视，到了

图2.13　汉代画像石，表现了织布、纺纱、绕丝的场面。屋顶的柱子上挂着一团丝

篆文时代，就有了加义符"虫"的"蛮"字。汉许慎在编《说文解字》一书时，即将"蛮"字放在"虫部"来解说："蛮，南蛮，蛇种，从虫。"可见在汉代的"蛮"字已带上了"法定"的贬义。

秦汉以降，中原人的正统与高贵的意识不断膨胀，对中原以外的族群，"北狄从犬、西羌从羊"，多用贬词称之。并产生了"东夷、南蛮、西戎、北狄"这些具有方位限制与族群之分的名词，将中原以外的族群，皆看作化外之人。

蛮的方位在历史的演进中，也越扩越大：以数字而言有了六蛮，就有了八蛮，再后又有了百蛮，以地域而言，又有荆蛮、武陵蛮、黔中蛮、乌蛮、白蛮……范围包括了今天的湘、楚、黔、滇、川……正南和西南的广大地区。这些地方的部族，虽通称为"蛮"，但却是完全不同的族群。

说到族群，顺便说一下"族"字。"矢"（箭）所丛集谓之"族"，引申为"众"，成群之意。族群的意思最早出现在《尚书·尧典》中，"克明俊德，以亲九族"。这句话说明，在古人眼里至少在尧的时代，"族"已代表着亲属或群体的合称了。

值得注意的是，在古代汉语的"族"，并没有"民族"的含义。"民族"一词是近代从日语中引进的。梁启超先生在1899年所写的《东籍月旦》一文中，最早使用了"民族"这个新概念。国父孙中山更是在政治意义上，将其发扬光大。新中国成立后，各民族在政治上、法律上获得了前所未有的平等地位。从此，历史上对少数民族的所有歧视性称谓都被废除了。

不过，说回蛮。历史上的蛮，也不全是贬义。如《菩萨蛮》这个词牌，即是从古代罗摩国（今缅甸境内）引进，后经汉乐工改制而来的。"像菩萨似的蛮国人"的词牌，伴着先民制曲填词，走过多少"花明月暗飞轻雾，今宵好向郎边去"的风花雪月。

被嘲笑的不知有"汉"

"采菊东篱下，悠然见南山"的陶渊明，虽然是个远离世事的洒脱之士，但《桃花源记》中对"不知有汉"的挖苦，仍显露出内心深处藏着的正统，即使是在战乱之晋，汉仍被士大夫尊为正朔。

那个尊贵的"汉"，我没见过它的开头，却感受过它的结尾——我说的是大汉之源——汉水。2002年，我曾以选手的身份参加了"武汉国际抢渡长江挑战赛"，抢渡终点就设在汉水与长江交汇的南岸嘴。那次的比赛成绩，对我来讲是个遗憾。不遗憾的是，我却由此亲近了汉水，并用我的思绪逆流寻根：先游荆门，再上溯襄樊，而后进入陕南，最后在汉水之源——汉中登岸。莽莽秦岭，是汉的源头，更是周的故里。

"三代"之说，起自西周。当年是周灭的商，自然不愿意以商为正朔，于是就把自己说成是夏的承继者，遂有华夏、诸夏之说。周将诸夏之外，皆称夷狄。如，苗、黎、荆、淮夷、徐戎、嵎夷、莱夷、和夷、岛夷、百越、巴、蜀、庸、卢、微、彭、氐、羌、濮、西戎、骊戎、犬戎、北戎、山戎、鬼方、赤狄、白狄、义渠、林胡……此时的诸夏部族还没资格称别的族群为"少数民族"。

诸夏成为"多数"，要感谢春秋战国的天下大乱，是大混乱促成了大融合：北之燕、赵，征服兼并了许多狄人的部族；东之齐、鲁，征服同化了东夷各部族；西之秦，本身就是戎夏混合的族群，又征服西夷与巴蜀一带的氐、羌；南之楚，原本南蛮，又吞吴并越……各方的"华夏化"，为秦并六国提供了大一统的基础。

秦建立了第一个帝国，拥有了真正多数的族群，依此而论我们该叫它"秦族"。事实上，外国人至今还用"秦"的洋音来称呼我们。但秦不争

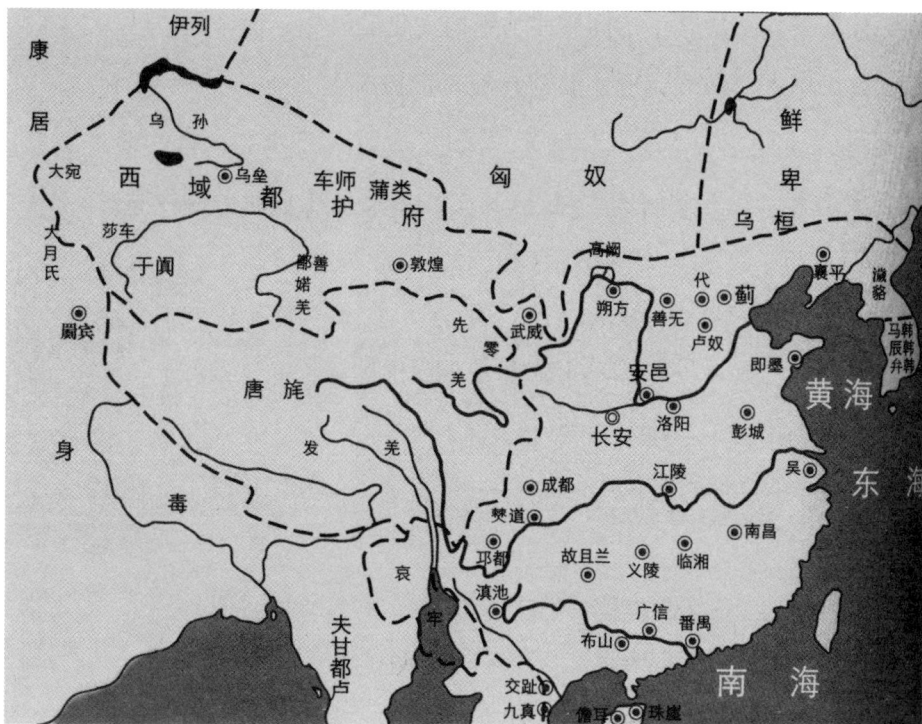

图 2.14　西汉天下形势示意图

气，只坐了 15 年天下——汉接收了一个现成的"大户人家"（见图 2.14）。

汉高祖刘邦本是江苏沛县人，原本与汉水一点关系都没有。为秦朝当差的刘邦，听说陈胜吴广反了，就随大流去抗秦。楚王因其抗秦有功，派刘邦到汉中，当了汉王。此后，楚汉相争，刘邦得了天下，遂将汉王之号升级为汉朝国号。汉朝以降，虽然汉的意识形态被历朝所承继，但各朝一直以华夏人自称，直到元朝以后，才正式称汉族。

发源于秦岭之阳的汉水，南下武汉与长江相会，原本是上天的一个水系布局。但无意之中，却编织了中华民族的文明网络。从很古的时候起，汉水就与长江、黄河、淮河并称为"江河淮汉"。这一古老的水系打通了文明通道，使黄河文化圈与长江文化圈得以交汇融合，从而完成了华夏文化的伟大架构。融合了不同族群与不同文化的汉族，而今人口已达 13 亿，不仅是中国人口最多，也是世界上人口最多的民族。

"汉"的古字，《说文》解为"漾也"，本意是水名，指的即是汉水。也有人将古"汉"字解为"滩"。其实，滩也是江水的另一种描述。汉朝一统天下后，汉这个字渐渐脱离了水名，成为了一个巨大王朝与族群之名。北方少数民族称汉朝的人为"汉子"，后来，被代指男子，成为"男子汉"。"汉"这个字，一步步被美化，一步步被夸大，再后来，连说银河之事都用上了这个"汉"，叫"星汉灿烂"。

楚河汉界一沟分

秋天是怀古的季节。

那地方，两千多年前叫荥，现还叫荥。虽然，荥阳已称市了，但对于我这个游客来说，它就是郑州的郊区。出郑州城北上，中巴车狂奔 30 多公里后，把我抛到一片荒野之中——前边就是鸿沟了。

一个农民指着沟边的一段土坝对我说，这就是古城，西边是汉王城，东边是霸王城。听着像是信口胡说，两千多年前的两位豪杰或流氓，怎会在这里放下屠刀，以一条荒山沟为楚汉分立的边界？

话还要扯回两千多年前，眼前这条 300 米宽，百十来米深的大沟，魏惠王在公元前 360 年挖的一条与黄河相连的运河。因为沟在广武山下，当年人们称其为广武涧。不论是运河也好，广武涧也罢，都说明古时这沟是有水的，河水是后来才干的。关于这一点，比我早一千多年来此考察的韩愈已经发现。他在《过鸿沟有感》一诗中叹道"力尽乌江千载后，古沟芳草起寒云"。芳草也好，荒草也罢，眼前这了无生机的沟沟坎坎，刚好成就了凭吊古战场所需要的那种凄美。

1986 年，这里被列为省级文物保护单位。其实，古代这里就是名胜了，阮籍来过，李白来过，韩愈也来过。康熙年间，这里还立了刻有"鸿沟"二字的石碑（见图 2.15），当是清朝的"文物保护单位"。放眼荒沟，保护也没什么可保护的，开发的空间倒是很大：立个塑像、堆个土台、夯段土墙……就能说事了。

话说，刘项两个一起抗秦的哥们儿，走到这里已成势不两立的对手。

刘邦自立为汉王的第二年，乘项羽进攻齐国之机，从都城南郑（今汉中）出兵，攻占了项羽的都城彭城（今徐州）。项羽连忙率 30 万兵马回救自己的老巢，大败汉军于睢水。刘邦狼狈跑回了古荥。第二年，项羽恢复军力，重整旗鼓，包围了荥城。刘邦逃出城外，双方遂于广武山前，展开了一场旷日持久的拉锯战。

两军对垒，久攻不下。气急败坏的项羽，将俘虏来的刘邦父亲绑缚于高台上，隔沟高喊："刘老哥，快投降吧。不然，我就把你爹放锅里煮了"。亭长出身的刘邦，当即以"我是流氓我怕谁"的气魄回应："项老弟，你我是结义兄弟。我爹就是你爹，要是煮了你爹，可要分我一碗汤啊。"

他们就这样隔着大沟吵了一年，直到公元前 202 年晚秋，楚军粮尽，汉军兵乏，无奈之下，双方讲和：以此沟为界，中分天下。以西为汉，以东为楚。后来，司马迁在记录这段历史时，把它称为"鸿沟"。这个名字，显然比《竹书纪年》中的"大沟"有意味，也比古时的"广武涧"，有气势。尤其是将它用在刘邦与项的对峙的故事中，更是意味深长……

楚汉相争时，项羽 30 岁，而刘邦已是 54 岁了。说是结义兄弟，其实

图 2.15　康熙年间，这里立了刻有"鸿沟"二字的石碑，当是清朝的"文物保护单位"。1986 年，这里被列为省级文物保护单位

刘邦的岁数，给项羽当爹，还有余头。姜是老的辣，人是老的滑，战争哪能玩"诚信"那一套？养精蓄锐一年后，刘邦撕毁"停战协定"，挥师东进——历史在"鸿沟"后面，留给项羽的是，"十面埋伏""四面楚歌"和"霸王别姬"。

我站在烈烈风中，远眺黄河，猛然哼起"问天下谁是英雄？"的嚎歌。

黄河，这条洗不清历史是非的河，用滚滚滔滔的浑水，告诉我：所谓谈判，就是双方都想喘歇；所谓边界，就是为了喘歇而划定的地理借口；所谓和平，也绝非利益均等的人间版图；所谓英雄，就是得意一时的历史过客。

最早的全国行政地图《九域守令图》

秦统一六国后，中国始有大政行区与疆域的概念。虽然，《史记·秦始皇本纪》记载秦曾"分天下以为三十六郡"，但"三十六郡"具体是哪些郡，并没有详记。历史留给后人的仅是三十六郡、或四十八郡的猜想。

汉比秦的江山稳固，疆域管理登上了新的高峰。成于东汉的《汉书·地理志》是我国历史上最早最完善的一部以疆域、政区为纲领的地理志书。它记录的内容十分丰富，有世界上最早的系统的全国各行政区的户口数字。是以"郡、国"和"县、道、邑、侯国"两级行政区为框架，叙述全国各行政区状况的著作。

汉和秦代留下的遗憾是一样的，都没有留下完整的行政区地图。不仅如此，连古代中国最高峰的唐代，也没有留下一幅行政区地图。我们只能在地理文献中，有一点点关于版图的文字慰藉。

据文献记载，汉代曾用缣八千匹画成全国地图——《天下大图》；西晋初年，中国第一位地图大师裴秀曾在《天下大图》的基础上，以一寸折地百里的比例尺（约 1∶180 万）缩绘成一丈见方的晋代全国地图——《地形方丈图》，此图后来失传了。汉以后，西晋虽统一疆域，但时间很短；八王之乱后，经五胡十六国、南北朝、隋朝二代，也不长久。唯李唐天下，有近三百年的长久统一。史料载，唐代杰出地图学家贾耽沿袭西晋裴秀的制图方法，令绘工又绘了一幅唐代的全国地图——《海内华夷图》几乎比裴秀《地形方丈图》的面积大十倍，可惜《海内华夷图》也没能保留下来。

历史把展示大型地图的机会全留给了宋朝，我们得以借助北宋的地图一览古代中国的"全国"。宋朝廷特别重视地图制作与管理，不仅多次组织编修全国或诸州府图经，还在大观元年（1107 年）成立了中央地图管理机构九域图志局。鉴于锦，缣等物绘制的图极容易损坏的历史经验，宋人们将地图镌刻在永不消损的石碑上。接下来要说的《九域守令图》碑，正是在这样的背景下产生的。

中国碑刻按形制、铭文、作用大体可分为：墓碑、墓志、书画碑、记事碑、宗教碑、天文碑和地图碑等九类，可谓"无事不可入碑"。《九域守令图》碑，属于地图碑。以刻石年代论，它是我国现存最早的石刻地图碑。

在说《九域守令图》碑之前，先说一下比它还早的另一个《守令图》。据沈括的《梦溪笔谈》记述，公元 1076 年，他奉旨编绘的一套州县地图，比例为九十万分之一。历时十二年方才完成，全套地图共有二十幅，包括全国总图和各地区分图。可惜的是这幅重要的地图集失传了。所幸我们还有与之相近的这件《九域守令图》（见图 2.16）。

1964 年文物考古工作者在四川省荣县文庙的正殿后面，发现一块北宋末年刊石的《九域守令图》碑，碑额上有"皇朝九域守令图"字样，正面刻有《九域守令图》。地图刻在碑的正面，纵 130 厘米、横 100 厘米。四边的中间部分刻有"东、西、南、北"四个方位词。下方是 42 行共 409 个字的题记。题记表明此碑由荣州刺史宋昌宗所制，刻石时间为北宋宣和三年（1121 年）。碑文绝大部分已剥蚀，仅残存 76 个字。幸而图上的山脉、河流和州县名称除个别地方有剥落外，大部分都完好。这对于考定此图的绘制时间，非常重要，说明它距今已有近八百多年的历史。

沈括的《守令图》和这个《九域守令图》，皆以"守令"来为地图命名。依《苏洵集》中"吾宋制治，有县令，有郡守，有转运使，以大系小，系牵绳联，总合于上"来推论。地图应是以"守令"代郡县，"守令"

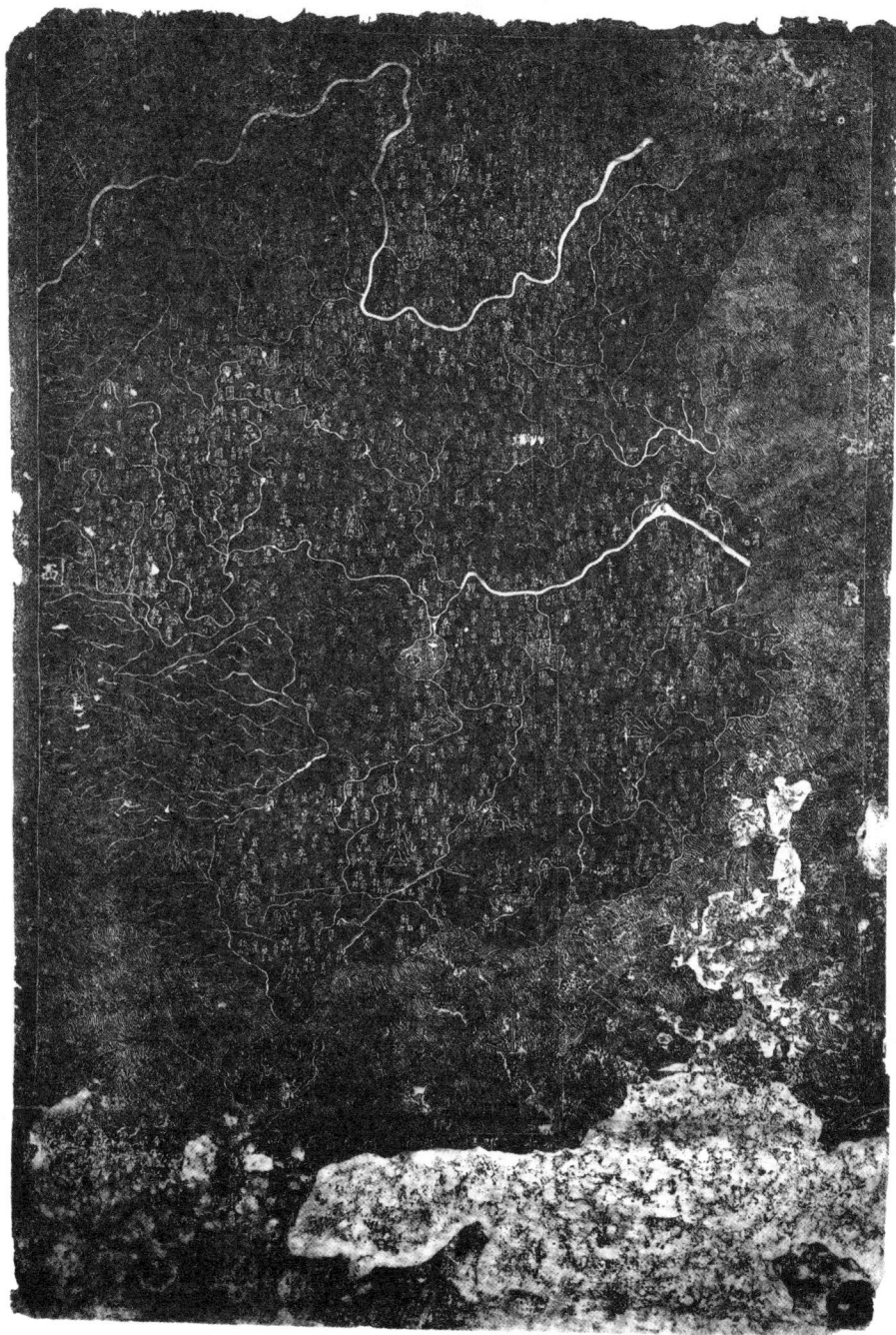

图 2.16 《九域守令图碑》是现存最早的全国行政区划地图

图，即为行政图。所以《九域守令图》还有一个名字就叫《天下州县图》。

《九域守令图》确实较好地反映了北宋后期，大宋的"天下州县"。地图上标注了 1 400 多个宋代地名，几乎包括了北宋末年中央政权所管辖的全部州县。而且，从元丰元年（1078 年）至宣和初年（1121 年）40 多年间，宋朝廷升降废置的州县有几十个，这些变化在此图中大都有所反映。如，建制最晚的是徽州、严州，循州的雷乡县，衢州的盈川县，吉州的泉江县，袁州的建城县，越州的嵊县，处州的剑川县，京兆府的樊州等。地图内容大部分完好可辨，绘出了山脉、湖泊、江河、州县等内容。黄河、长江的走向大体正确，河流主支流分明。可以说，《九域守令图》是我国现存最早的全国行政区划图。也有人把《禹迹图》和《华夷图》两幅著名的石刻地图，称为最早的全国行政区划图，但依上石的时间看，它们比《九域守令图》还要稍晚上十多年（南宋绍兴六年，1136 年）。

在欣赏《九域守令图》的行政区表现的同时，我们还应看到，它还是中国最早的海疆地图。《汉书·地理志》是对我国疆域、政区的最完好的记述，其中海疆所记，东至今日本海，南至今越南中部。《九域守令图》的海疆描绘，北部绘到北岳恒山，东边绘出大海，南至海南岛……较完整地绘出了宋朝的海疆。尤其可贵的是这幅海疆图，较详尽地描绘了我国的海岸线，其山东半岛、雷州半岛和海南岛的轮廓已接近今图。专家称"除清代在实测的基础上绘制的《皇舆全览图》和《乾隆十三排图》等外，《九域守令图》的海岸线是传世古地图中画得较准确的一幅"。此外，在符号运用上，它还首次使用了"波纹"符号来表示海洋。这些出色的表现使它当之无愧地成为中国第一幅海疆地图。

值得注意的是，这块碑的背面，还刻有一些重要的文字。一行是两个大字"莲宇"，另一行是小字"绍兴乙末眉山史炜建并书，郡守□□□

（□为模糊不清的碑文）"等。这些题刻表明:刻石与立碑，不是一个时间，也不是同一个人。刻石是荣州刺史宋昌宗，时间为北宋宣和三年（1121年）。立碑是荣州知州史炜，时间为南宋绍兴己未年（1139年）。

碑立在莲宇山麓的文庙之内，此时的大宋，仅剩半壁江山了，版图上的许多标示转瞬成为"历史"。谁能想到宋人刻的《九域守令图》，到最后是守也没的守，令也无处令，大海竟成为宋王朝的归宿。1279年宋朝最后一个皇帝赵昺，由大臣陆秀夫背负在南海崖山投海而亡，年仅8岁。

◇第三章

山河湖海，王道地德

大河文化的源头——黄河

从最古老的刻划符号来看，长江流域与黄河流域相比，其符号大同小异；但文字率先在黄河流域产生，它为华夏文明掀开了信史的第一页。所谓先进文化实际上就是在文化上先行一步。长江与黄河，仅用一个"河"字就拉开了距离。黄河人在甲骨上刻下"河"字时，"江"还没得到文字的指认（直到有了金文时，"江"字才诞生）。甲骨文的这个"河"字，指认的就是今天的黄河，而非其他什么河。

在甲骨上造出"河"字的那些人，当时住在古黄河三角洲。这个三角洲的地理中心就是五岳独尊的泰山。距今 6000 至 3000 年时，这里气候温暖，降雨充沛，是历史上最适合人类生存发展的时期。据《诗经·伐檀》描述，当年的黄河三角洲是"河水清且涟猗"，两岸长着"伐"不尽的"檀"树。所以，三千多年前的黄河，只叫"河"，没有那个"黄"字。那么，河水是几时变黄的呢？

早在班固所撰的《汉书·高惠高后文功臣表第四》中，已有了"使黄河如带，泰山若厉"的记载。《汉书·地理志》也有"沮水首受中丘西山穷泉谷，东至堂阳入黄河"之说。北魏郦道元在《水经注》中提到"黄河"时，还特别指出"黄河兼浊河之名矣"，从"注"的角度指出了"黄河"一词，盖因河水浑浊之故。虽然，黄河之名在东汉就已有了，但在唐以前多数历史文献仍以"河"指称黄河，这或与中国书生习惯于引用古称显得儒雅博学有关。其实，黄河之沙，不可能是三千年前住在黄河边的那点人口砍树造成的，比较可信的是自然环境和气候的变化，改变了黄河原来的样子。

元代是中国最早探勘河源的朝代，至元十七年（1280 年），元世祖忽必烈派女真人都实为招讨使，和其弟阔阔一起前往青海地区探求河源，并于当年冬天绘制了《黄河源图》，澄清了汉儒对河源的臆想。但《黄河源图》原图已失，存世的是元至正十六年至二十六年（1356—1366 年），陶宗仪编撰的《南村辍耕录》一书所收录的都实所绘《黄河源图》摹绘本，此为目前所见的最早实测黄河源地图（见图 3.1），此图右上方所绘葫芦形"星宿海"，这一标注影响了后世河源地图几百年。

黄河水黄不黄，对于华夏文明的发展影响不大，影响巨大的是大河促成的文明。大河的力量，不仅是水的力量，也是土的力量。按明代出版的《三才图绘》讲，发源于青藏高原的黄河与长江把中华大地分为三区域，古人称其为"三大干龙"：黄河与长江之间叫中龙，黄河以北的叫北龙，长江以南的叫南龙，"三大干龙"构成了中华文明的龙脉，生生不息。

黄河流域创造的文明，有甘青文明、中原文明、海岱文明，其代表性的考古学文化有仰韶文化、中原龙山文化、大汶口文化，山东龙山文化、马家窑文化等。与上述考古学文化相对应的是传说中的五帝时代，即黄帝、颛顼、帝喾、唐尧、虞舜，以及海岱地区的太昊、少昊。这些传说中的族群，在不断的交融与发展中，共同书写了华夏文明的诗篇。

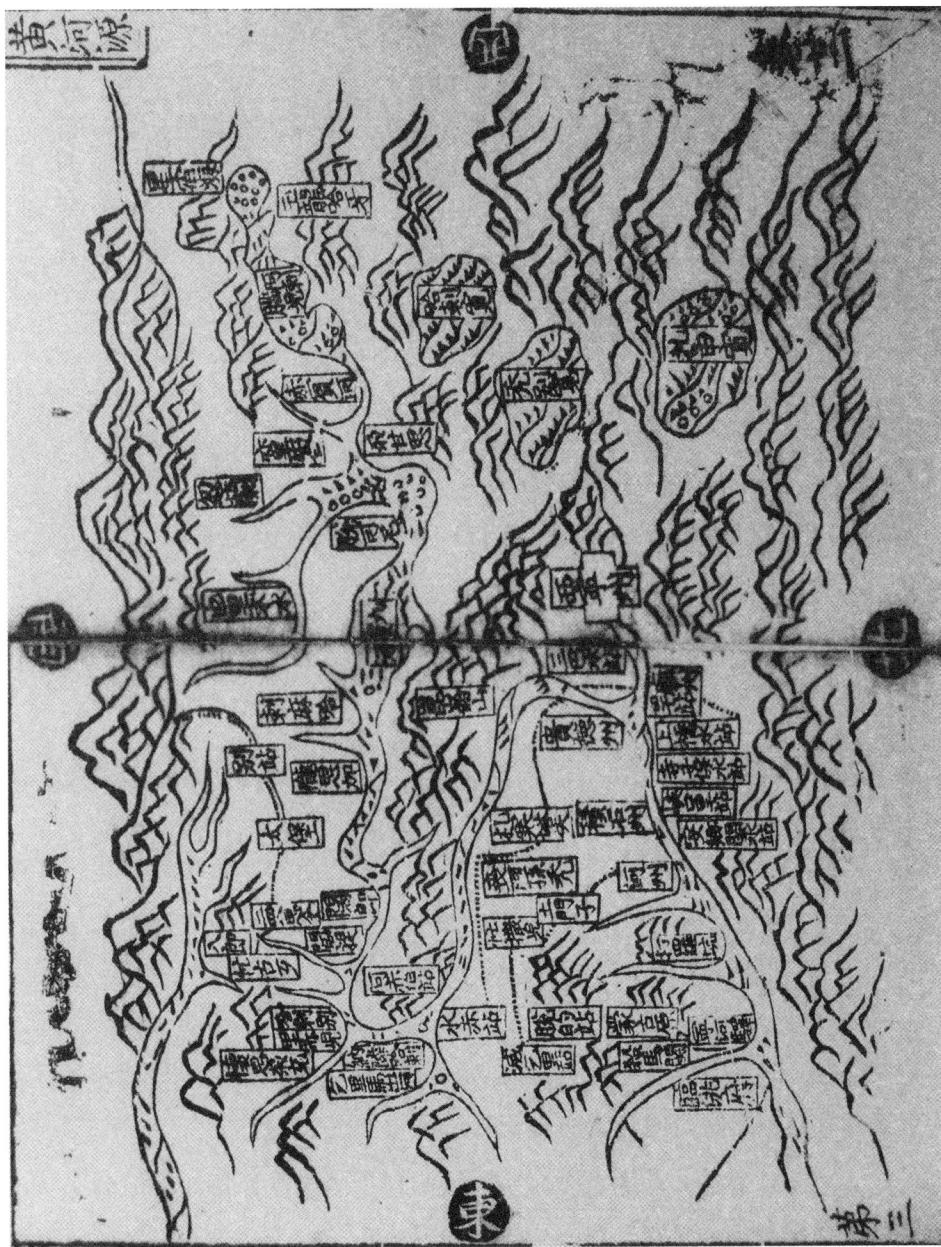

图 3.1 元代陶宗仪编撰《南村辍耕录》一书所收录的《黄河源图》，是目前所见最早实测黄河源地图。此图右上方所绘葫芦形"星宿海"河源，这一标注影响了后世河源地图几百年

文化共生的佐证——长江

"余生也晚"——如果让长江写个自述，开头的肯定是这一句。

虽然地质学上，长江与黄河同时诞生于青藏高原的冰峰雪谷，是一奶同胞。但依文字的发生而论，长江则是黄河的"晚辈"。我们在甲骨文中甚至找不到"江"这个字，直到金文中，"江"字才出现。生得晚的"江"字与早生的"河"字一样都是专字。"河"在古代专指后来所说的黄河，"江"则是专指后来所说的长江。其他的弱势水流都叫这个"水"，那个"水"，如汉水、渭水。

历史是由文字写成的，谁先掌握了文字，谁就拥有了文化的话语权。中国的古文字率先发生于黄河地区，所以，在中原人的史籍里，黄河文明一直是中华文明的老大，长江文明没有被当作一个文化源头来认识。这样的观念一直到了20世纪，才被新的考古发现所改变：长江也是中国古代文明的发源地之一。

20世纪成了长江文明论证者的"创世纪"。专家们用新的考古发现，建立起长江上游地区先秦文化的发展序列，即从宝墩文化，到三星堆文化，再到十二桥文化，最后到晚期巴蜀文化。特别是近年来，在民间兴起了一股三星堆玉石铭文的研究，使甲骨之前，长江流域是否已有了文字成为一个新的课题。不过，这些据说出自三星堆的玉石及文字，有一个民间收藏的致命伤，就是它们多没有"坑口"，也就是说"出身"不明。所以，这些玉石文字或蝌蚪文暂时还没有被学界认可（见图3.2）。

长江文明也是中华文明的重要源头，这一理论的确立使得江与河的文化有了对比。历史学家先以宝墩文化PK龙山文化，宝墩的农业、手工业都很发达，表明至迟在新石器晚期，长江中上游已初现文明曙光。再以三

图3.2 据说，这是来自三星堆，但却没有"坑口"的民间收藏。此蝌蚪文龙玺上面的 4 个古文字，目前没有人能破译出来

星堆文化 PK 中原青铜器，三星堆到底受没受到商的影响，尚难论定，但至少证明了三星堆也有成熟的青铜文化。至于巴蜀文化，长江文明与黄河文明的相互影响，已到了"有案可查"的历史阶段，江与河共建中华文明，如此这般地成了学界共识。

近些年来"多元统一"或"统一多元"的中华文明理论已不新鲜，新鲜的是不断有考古发现并扯出长江文明领先于黄河文明的说法。1988 年云南元谋县出土了一具人猿超科头骨化石，距今约 300 万—400 万年。它把 1965 年发现了距今约 170 万年左右的元谋猿人，又向前提了 200 万年左右。若以化石论英雄，长江流域的猿人比黄河流域的猿人更有历史。但猿人毕竟不是证明文化的元素。但当我们将目光由人类化石转而投向石头文化，情况就大不一样了，良渚玉器横空出世。早在 5000 年前，长江下游就孕育了神奇的玉器文化。良渚的玉琮、玉钺等玉器，不仅切割规整，纹饰神秘，而且具有了专业化生产的痕迹，新石器时期的良渚玉器文化，明显优于黄河玉器文化。

最让人吃惊的是浙江省考古所于 2007 年底公布的考古新发现：在距今 4000 多年的良渚遗址区内，发现一座面积 290 万平方米的超大古城。有专家称它为"中华第一城"。更有学者认为中国朝代的断代应从此改写：在夏商周三朝前，加上良渚。

上游有三星堆青铜，下游有良渚古城，长江文明以合围之势，挑战黄河文明。黄河文明只剩下尚能守住阵脚的重要武器——文字。

这不禁让我想起摩尔根的理论（马克思非常喜欢这位美国学者的《古代社会》），"人类必须先获得文明的一切要素，然后才能进入文明状态"。如果我们把长江文明带入著名的"文明三要素"（即城市、文字和青铜器）之中，就会发现长江文明独独少了文字这一重要环节。无论是三星堆的青铜器，还是良渚的玉器，其器物上都没留下任何文字符号。没有文字就难以进入文明状态，更难成就信史。

我非常怀疑那个要"改写夏商周断代史"的良渚古城（有人说它是个古代的水堤，也有人说它是后世的采石场），但还是寄望于某一天，长江流域挖出了比甲骨文更古老的文字。那时，我们再来谈"江"与"河"的文明，或许更实在。

三山五岳中的王朝地德

直到现在，我也没弄清——人生于水，却跪于山——这是为什么？读过书的人都知道，连喜马拉雅山都是从海底挤出来的——但初民不拜海洋，只拜大山。我猜，山作为崇拜对象，是由于其维度比之水，更有形，更有势，可以拟人、拟物、拟神……甲骨文的"山"字，描述的就是一个耸立眼前的高大对象——山神。甲骨残片上与"山"字相连的卜辞，"其求雨于山""其燎十山雨"，也都是祭山。

在祭山的卜辞中，有许多与山相连的数字"往三山""侑于五山""勿于九山燎""燎于十山"。三、五、九、十这些数字是言其多，还是代表着群山的座次，专家也无从猜测。山与山，分出差别，拉开距离，排出座次，是在它叫"岳"之后。

甲骨文中的"岳"字，从羊从山，大约是给山神烤个全羊以献祭的意思。所以"岳"不是普通的山，有了神山或名山之意。岳由单独的名山神山，变为四方神山，始见于《尚书》，其《尧典》是最早提到"四岳"的古代文献。它记录了舜王四季巡守四岳的制度（实际上，尧舜并非信史，古人借此说事罢了）。有学者依《尚书》成书年代推断，"岳"应该是春秋之前掌管大山的官吏职称，后人们把主管方岳的官名与驻地大山之名混称，于是有了"四岳"之说。山的地位、地德与礼数，借此得到了明确表达。

令人费解的是《尧典》提到的东西南北"四岳"，只有东岳"岱宗"有名字，其他三岳皆不知何名。"五岳"之说，晚于"四岳"，始见于《周礼·春官·大宗伯》："以血祭祭社稷、五祀、五岳"，但没指明"五岳"到底是哪五座山。东汉末年遍注儒家经典的经学大师郑玄在注《周礼》时，考证了五岳："东曰岱宗、南岳曰衡山、西曰华山、北岳曰恒山、中岳曰嵩山"，这个说法也是我们今天沿用的五大名山（见图 3.3）。

岳，虽然是名山，但祖先选定四方之岳，可不是给老百姓推介旅游景点，更不是为了向外国人"申"什么"遗"。商周之时，各王朝已经有了明确的方位观，开始通过"四岳""五岳"的岳的范围，表达国朝中心和疆界的道统。据史家考证，商周的国都，皆在河洛之间，当以嵩山为中岳，其他四岳各随其方。秦并天下后，定都咸阳，周朝的"五岳"，有碍秦的地德。于是，秦以咸阳为中心，重新排出十二大名山，并首次封禅泰山。汉代的"中央"思想更加明确，正式创立了五岳制度。

五岳作为一种明确王朝地域正统性的地德，被历朝历代所接受。但王朝轮转，忽北忽南，五岳位置也有一些改变。汉武帝登礼天柱山，封为南岳；隋文帝统一南北朝后，诏定衡山为南岳；元、明、清定都北京，几次调整北岳，由恒山之阳，改为恒山之阴。清朝还"诏封长白山神秩祀如五岳"，将其发祥地长白山升格为"岳"，也借此岳，宣示王土。

岳，就这样从群山中"脱颖而出"，且待遇不断提高：皇帝在这里祭祀、僧人道士在这里修行念经、文人雅士在这里赋诗作画……所以，明朝人登临五岳后，发出"五岳归来不看山"的慨叹，并非是指五岳之美；而那后半句"黄山归来不看岳"，才是赞美的实话，若以美而论，黄山不仅是中国第一，还有资格 PK 地球上任何一座名山。

近年时有关于五岳联手申报"世界自然与文化遗产"之议（泰山已于 1987 年列为世界自然与文化双重遗产），如果，五岳能扩展"申遗"成功，自然是五岳史上的一件大事。但与烟火气太重的五岳相比，我更喜欢2005 年《中国国家地理》评出的"中国最美十大名山"（南迦巴瓦峰、贡嘎山、珠穆朗玛峰、梅里雪山、黄山、稻城三神山、乔戈里峰、冈仁波齐

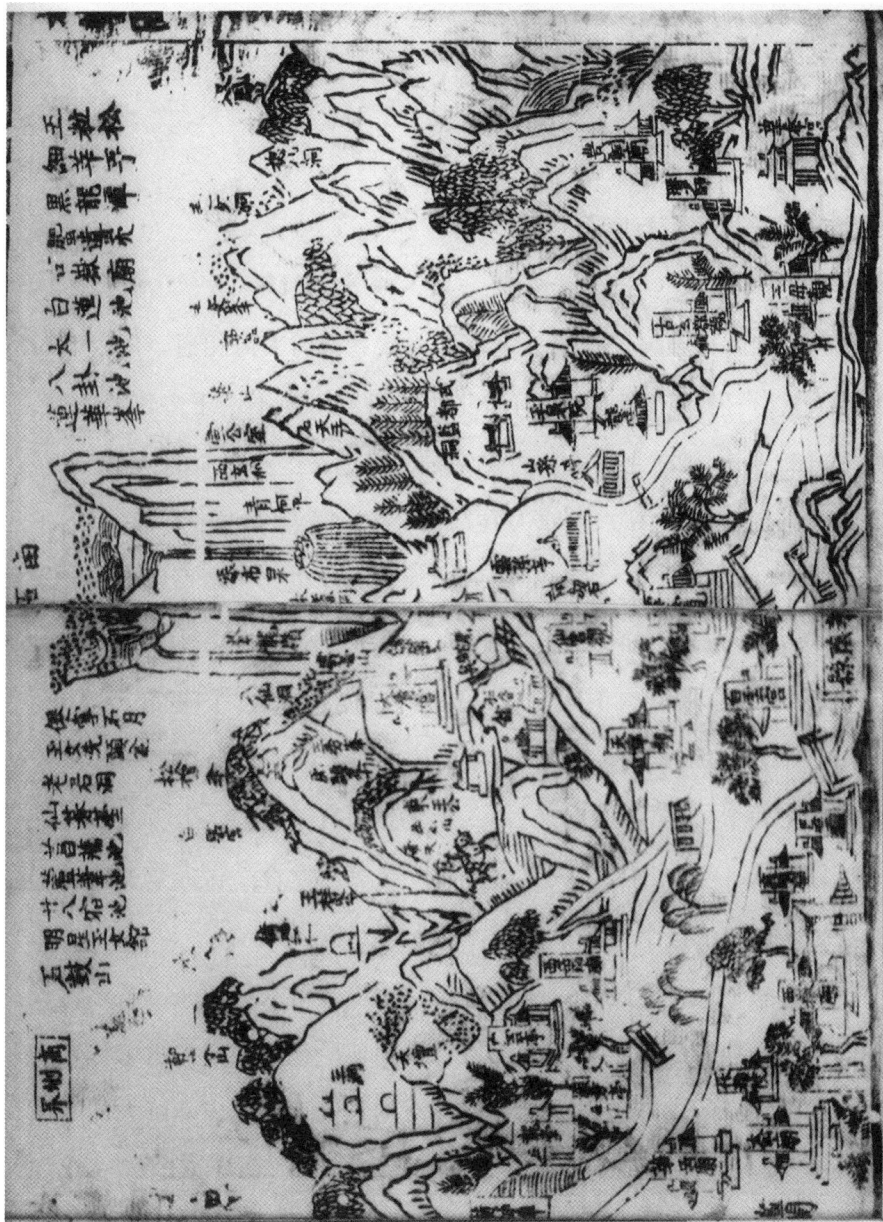

图 3.3 《太华山图》即华山图,原载于元至正二年(1342年)李好文编绘的《长安志图》历史地图集。此图用中国山水画的绘制方法,描绘了华山的山川与名胜

峰、泰山、峨眉山）的天然与纯粹。

由"岳镇方位，当准皇都"的地德，到原始神奇的美德，我们的山文化仍在进退之间。

"威加海内兮"的中原视野

虽然，我们的母亲河，长江、黄河两大水系都与大海相通。但我们对海的文字表述，还是比西亚的两河和北非的尼罗河晚了两千多年。所以，我们只能追溯 3000 年前，祖先用古文字描绘海的历史和对海的认识。

从甲骨卜辞的记载看，中原人在写下了"河"字的同时，就写下了"海"字。《说文》对"海"字的解释是："海，天池也，以纳百川者，从水每声。"但"海"不是一个形声字，而是一个由"水"和"每"构成的会意字。"水"的意思明确，不用解释。值得分析的是"每"的意思。"每"是从"母"字而来的，"母"又是从"女"字而来的，只是比"女"多了象征着乳房的两个"点"，所以，"每"与生育是有关联的。上古时，"每"是用来指称氏族社会中年龄最大，生儿育女最多的女性。古人取"众水之母"的意思，创造了这个"海"字，可谓形意兼备。

中原人离海较近，算是有缘见过海的，所以，对水域的文字表达比较准确。即包围陆地的广大水域称之为海，被陆地所包围的广大水域称之为湖。但在远离大海的内陆地区，没有见过海的人们，则把内陆巨大的水域称为"海子"。当然，许多地方还把地势较高的湖泊，称为"天池"，比如长白山天池、天山天池。

客观条件决定了主观视野，地理环境影响着我们的海洋观。

以海岸线而论，中国从古至今都是面朝大海的海洋大国，但中国人的海洋意识却与西方的海洋大国完全不同。这之中，中西地理环境上的不同，使认知世界的看法相去甚远。地中海诸国，有很多是陆地相连，又隔海相望的，有的则是片水之隔，近若一家的。海洋对于地中海诸国是连接多于阻隔，利益近在咫尺。而中国人面对的海洋阔大无边，临近的岛屿与国家比地中海少。因而，古代中国将海看作是陆地的对立面，阻隔多于连接，猜想多于联络。

孔子恓惶一生，周游列国，一路推广他的治国理想，但没人理会他那一套。相传孔子从楚国返回鲁国的路上，走到今天的江苏东海县一带，登山望海，不禁面海长叹："道不行，乘桴浮于海"。圣人也是将海看作是诀绝之地。

纵观先秦三大地理经典——《禹贡》《山海经》《穆天子传》，关于海的描述，实在少得可怜。写海写得最多的是《山海经》。不过和它写了四百多个山，多半不可考一样，《海经》里的海也多荒诞不经。海，处于一种妖魔化的叙事之中。

在古代帝王那里，对海的认知，基本上来自方士的解说。秦始皇对于海的探索，依赖于徐福这样不靠谱的术士胡说，希望在海上寻找长生不老药，结果 50 岁时，死于南巡路上。而汉高祖刘邦得天下后，衣锦还乡，为沛县父老高歌一曲"大风起兮云飞扬，威加海内兮归故乡，安得猛士兮守四方"，此时刘邦心中的版图，也是以海为界，划分内外的（见图 3.4）。

海在西方世界是"希望的田野"，在古代中国是"到此为止"的边界。

古代中国对海洋的认知与利用，走过了漫长的道路，经历了由封闭到开放，再由开放到封闭的迷茫过程。从鸦片战争、甲午海战，甚至，到今天的改革开放，大海像一面镜子，映照着国家和民族的命运。

汉高祖

知人善任秦降楚亡
规模弘远国祚灵长

图 3.4 汉高祖刘邦像，出自明代天然所撰《历代古人像赞》

"忽闻海上有仙山"的探海情结

我们到日本旅行时，常会碰到一些中国人。我说的当然不是现在全球都能碰到的中国游客，而是古代中国的游客。比如东渡的鉴真和尚，比如海上求仙的方士徐福……

历史是很容易宽恕故人的，包括骗子。当年的齐国方士徐福，就是一个拿了秦国投资逃往海外的"诈骗犯"。而今，在中国和日本都被看作是文化名人，两国难辨真假的徐福遗迹有几十处。

最早关注徐福的是司马迁，其"事迹"混杂在《史记·秦始皇本纪》里。公元前219年，一统了天下的秦始皇，开始梦想长生不老。在他东巡时，有齐人徐市（徐福）上书，言海中有三神山，名曰蓬莱、方丈、瀛洲，仙人居之（见图 3.5）。望带领童男童女，前去求仙。于是，始皇派徐福入海求仙。

仙人是徐福瞎编的，但"三山"之说，还是有据可查的。知道有"三山""五山"的说法，最早见于甲骨文卜辞。但商的势力未及海边，"三山""五山"自然也不会是指海上的神山。神山之说，兴于战国之燕齐。两国都是面朝大海的"海洋国家"，方士相信海上有神山，也是地缘使然。"五山"之说："一曰岱舆，二曰员峤，三曰方壶，四曰瀛洲，五曰蓬莱……五山之根无所连箸，常随潮波上下往还"。我们可以据此猜想，徐福为说服秦始皇"投资"找仙山，而引证了前人的"学说"。或许是嫌其哆嗦，删繁就简变为"三神山"。

司马迁为何要在秦始皇的"传记"中，插入几个方士的"事迹"呢？太史公虽落笔从容，但仍能看出他对秦始皇海上求仙的不屑；同时，也包含了对方士骗术的批判；当然，更重要的是借此，对汉武帝迷恋求仙方术（连女儿都下嫁方士栾大）的曲笔讽劝。不知是不是史笔如刀，武帝之后，汉室求仙热开始退烧，养生理论达到了前所未有的高峰。

站在这样的立场上，太史公笔下的徐福，自然是一个负面形象：第一次东渡没有收获，徐福"忽悠"皇上，说神仙要三千童男童女和各色人间礼物；还要有强弓劲弩射退海上拦路的大鱼，才能求仙取药。秦始皇答应了徐福的要求，徐福再次东渡，结果是，在东方"平原广泽之地"自立为王，再也不回来复命了。徐福被写成一个胆大心细的骗子，始皇帝则是一个呆头傻脑的昏君，海上三神山是个虚妄之说。

不过，司马迁只顾着他的春秋笔法了，并没有注意到这个骗局的地理价值，后世史家也对这一"神文地理"（相对于"人文地理"而言）的史学文本关注得不多。其实，齐人说的三神山，并非完全虚构。往虚了说，

图 3.5 《三才图绘》中的蓬莱山图，描绘仙山"山之根无所连箸，常随潮波上下往还"

三神山记录的就是海上的海市蜃楼现象，并非妄说。往实了说，海上神仙不存，但海岛是在的。近有渤海黄海诸岛，远有日本的本州、四国、九州三岛。

列子曾宣称"无知无为"才能"无所不知，无所不为"。方士的"三神山"之说，亦折射了道家以虚证实的地理思想。"神文地理"虽然装神弄鬼，但亦透露了初民的地理经验和对世界的认识，为后世留下了许多地理探索的线索和文化想象的空间。如北京的北海，即是辽、金、元、明、清五代帝王按"东海三神山"设计的。慈禧修的颐和园，也沿用了"一池三山"的理水传统，湖中凤凰墩、治镜阁、藻鉴堂，分别象征着蓬莱、方丈、瀛洲。

遗憾的是中国的"神文地理"，没有再向前一步，把虚的东西做实，将虚无的海洋真正纳入到治国之方略中。这不是方士的悲哀，道家的悲哀，而是皇帝的悲哀和王朝的悲哀。徐福三千童男童女也好，郑和的万人船队也罢，都没有留下令人信服的扎根海外的实证。先民"忽闻海上有仙山"的理想，最终又落回了"山在虚无缥缈间"。

五湖尚在，四海缺一

"五湖四海"作为一个成语，很少有人知道它语出何处。20世纪的中国人最熟悉的"出处"是《为人民服务》中的那段话："我们都是来自五湖四海，为了一个共同的革命目标，走到一起来了。"朦胧中，人们似也体味出它指的是山南海北或四面八方。但这个成语毕竟有它地理学的意义，对于研究人文地理的人来说，把它落到实处也是一门功课。

从出处看，"四海"似乎早一些。这个词最早出现于《尚书·大禹谟》，"文命，敷于四海"。文命，即大禹；敷于四海，即治理四海。上古之人认为中国四周有海环绕，所以称中国为"海内"，称外国为"海外"。至于这"四海"叫什么名称，具体地点在哪里，《礼记·祭义》有进一步的海区说法，四海为"东海、西海、南海、北海"。但没有明确指出其海域位置。汉代的刘向在《说苑·辨物》中说，"八荒之内有四海，四海之内有九州。"八荒，即荒芜极远之地也。《尔雅·释地》说，"九夷、八狄、七戎、六蛮谓之四海"，也有人认为"九州"被四海环绕。有中原之外，皆是"海"的意思。

尧舜禹也好，夏商周也罢，其活动范围皆在中原一带，理论上讲是不可能指认海洋意义上的"四海"。所以，对于孔子一众儒士更愿意讲，"四海之内，皆兄弟也"（《论语·颜渊》），这个"四海"又有点"天下"的意思了。可以说，古语中的"四海"，其人文的所指大于地理的能指。由于缺乏具体的海区指向，我看只能算作半个地理名词。

比之"四海"，"五湖"的指向相对明确一些。《礼记·夏官·职方氏》中有"其川三江，其浸五湖"。说可以用于灌溉的有三江五湖。但具体的哪五个湖，没了下文，弄得后世说法不一。北魏的郦道元撰《水经注》，认为"五湖乃长荡湖、太湖、射湖、贵湖、滆湖"。唐代的司马贞认为"五湖"指"具区（即震泽、太湖）、兆滆、彭蠡（即鄱阳湖）、青草、洞庭"等五个湖（见图3.6）。

后人对"五湖四海"的地理指认有所不同，但人文含义却一直没变，"五湖四海"就是四面八方、全国各地，甚至是全天下，这是一种东方胸怀的文化表达。

到了近现代，"五湖四海"的地理指向，才相对明确了。一般以洞庭

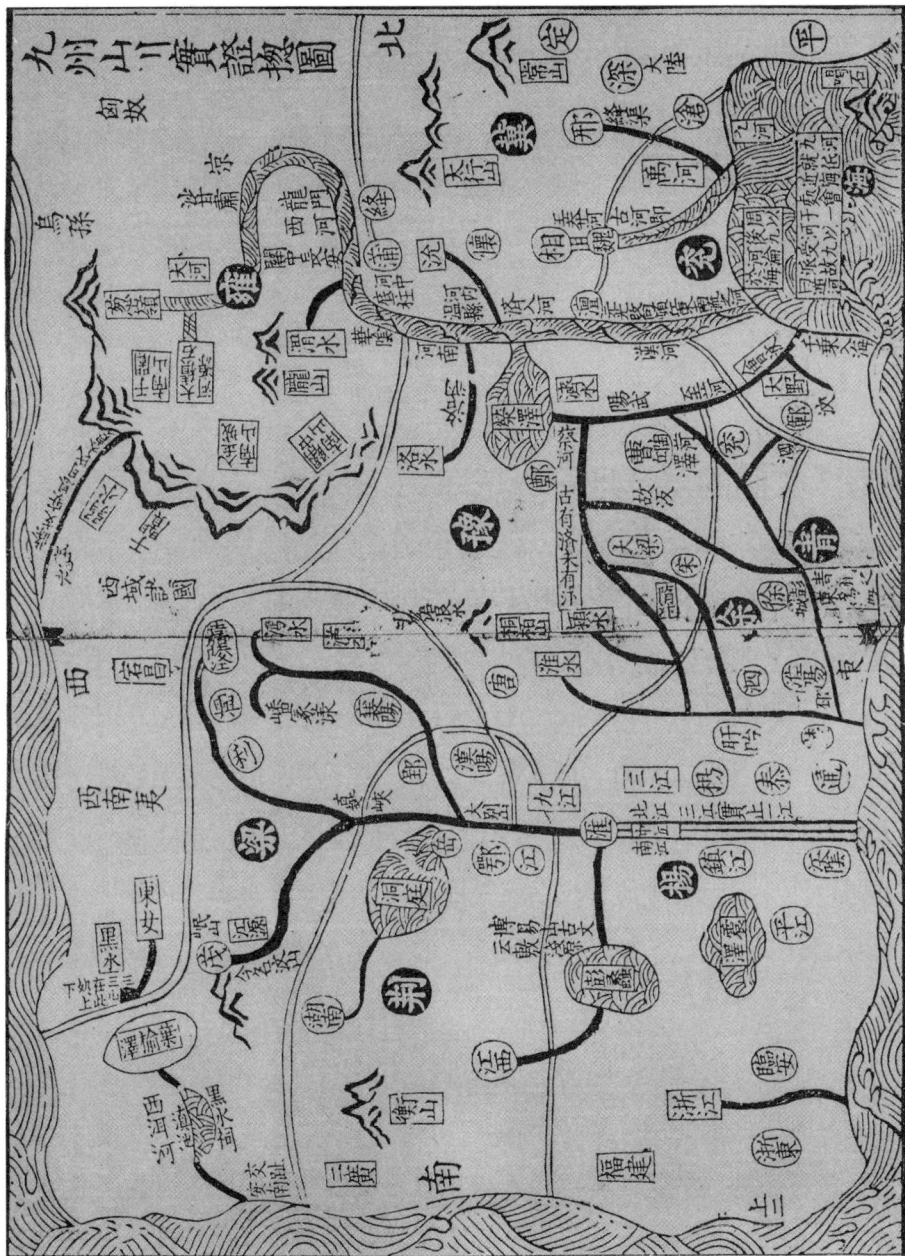

图 3.6 《九州山川实证总图》出自南宋程大昌编撰的《禹贡山川地理图》，图中不仅标注了九州，而且描绘了震泽（太湖）、彭蠡（鄱阳湖）、洞庭等大湖

湖、鄱阳湖、太湖、巢湖、洪泽湖为"五湖"。一般以渤海（北）、黄海、东海（东）和南海（南）为四海。但这样分也不准确，只是凑足了四个海，而不是原来想表达的四个方向的海。实际上，中国的西边并不靠海，"西海"对于中国是不存在的，从方位上论，中国只有"三海"。

与古人讲究的地德相比，海德思想则偏于空泛，不像地德选定"五岳"那么明确与精细，四海之说，在海德上是内实（陆地）外虚（海区）之德。

华夏海洋文明的发祥地——东海

东海是华夏海洋文明的发祥地，有点像地中海的爱琴海，伸向大海之中的山东半岛，是中原文明少见的一抹蓝色。

至少在战国时期，齐人就已经有了很清楚的海洋"理论"。齐国的阴阳家邹衍，曾在首都临淄的"百家讲堂"——稷下学宫的论坛上大讲"海洋与九州"的学说：讥讽儒者之"中国"，只是海洋中的一块陆地，内即禹之九州，外"于是有裨海环之"；"裨海"之外是赤县神州，再外"乃有大瀛海环其外"；虽然，他的"大九州"概念源于推论，而非地理实践。但这里的"裨海"和"大瀛海"，还是最先明确了两个不同的海区概念，即近海与大洋，可谓地理学的一大贡献。

齐人与海的关系非同寻常，不仅有理论，而且还有实践。齐人的"远洋史"上最辉煌的一页是，齐国术士徐福忽悠秦始皇派船队东渡扶桑的求仙之旅。

从《史记》的《秦始皇本纪》和《孟子荀卿列传》中所记载的两个故

事看，齐人和秦人与东海的关系，似乎表现为大陆人与海中仙的崇拜关系。秦始皇统一中国后，曾四次东巡海疆，并在最后一次东巡时，病死在路上。汉武帝也承继了秦始皇的这一"传统"，在位期间9次东巡海疆。两朝皇帝高度重视东海，虽然有徐福、栾大等术士忽悠海上求仙的因素在里面，但客观上却造成了对东海海疆的高度重视，提高了这一海区的地位。所以，我们在《史记》中也能看到，东海是秦汉王朝行政管理中的重要一笔。

不过，东海设郡的时间，不像南海设郡那么清楚。最早将东海郡写入历史的是《史记·陈涉世家》，"将兵围东海守庆于郯"，但何时设立的东海郡，太史公没说。人们从秦封泥中有"东晦"之名来分析，如以"东晦"即是"东海"论，秦确有东海之建制。但据汉以来的文献看，多取汉立东海之说。如，《汉书·地理志》载，西汉置东海郡，治郯（今郯城）。《水经注》载，秦之郯郡，汉高帝二年，改为东海郡治。东海郡到底是秦置，还是汉设呢？我以为，清末国学大师刘师培的"疑在秦名郯，楚名东海（东晦）。高祖初年名郯，又改名东海"，这一中庸说法大体可信。

宋代的石刻地图是现存最早也是最全面的古代中国海疆地图，如北宋宣和三年（1121年）荣州刺史宋昌宗所立的石刻地图《九域守令图》，图中不仅描绘出中国东部的海岸线、山东半岛，而且在图上明确标记出"东海"二字（见图3.7）。

汉代以来，行政区划越来越细，海区的划分也因之有了变化。由于东海广大，海岸线漫长，后世之人又依陆上的行政区分段称谓东海，山东东南部海域称青州东海；北至日昭南，南至扬州北，这一海域称为淮海；进入浙江海域，又称浙海。其后，大东海又被分为两段，淮海和浙海海区混称为黄海，其东南海区称为东海。

图 3.7　宋代《九域守令图》中不仅描绘出中国东部的海岸线、山东半岛，而且在图上明确标记出"东海"二字

　　黄海之名，有人说是源于古时黄河流入近海，海水因而变成黄色，故此得名。但汉以前，黄河在今天的天津一带入海，后来，黄河几经改道，忽而由河北入海，忽而由山东入海，但入海口始终没有移出渤海。清代以前，人们通常以"北海"和"东海"来代表山东周围的海域，从不使用"黄海"名称。"黄海"基本上是个现代地理概念，而现代的"东海"基上是指江苏东南的海区，与山东沿海又无直接关系了。今天我们在地图上看到的那个紧临东海，又叫东海的县，是民国元年建立的。1953 年原属山东的东海县划归江苏，现隶属于连云港市。

　　不知追求长寿是否能带来长寿，1993 年在连云港的东海尹湾汉墓出土的简牍《集簿》中，人们竟发现了此地汉朝时高龄老人的统计"年九十以上万一千六百七十人，年七十以上受杖二千八百廿三人，凡万四千四百九十三，多前七百一十八。"这是中国迄今发现最早的一批郡级行政文书档案，"尹湾汉简"对 90 岁以上的高年和 70 岁以上"受杖"者的统计表明，东海不仅是个求长生不老的探海点，而且还真是个长寿之乡呢。

"东海"作为中国东部海区的指称，至少已使用两千多年了。在漫长的地理实践中，曾产生了广泛的影响。在 16—19 世纪，世界的海图扩张时代，东海（East Sea）也上了各国航海家绘制的世界地图。只是在积贫积弱的晚清时期，世界地图上或是各国的政府文件上，才开始广泛地使用日本海（Sea of Japan）这一海洋名称。这与 19 世纪末日本作为亚洲强国在其国际事务上的影响是有紧密关系的。而 1929 年国际水路机构发行第一版作为世界海洋的边界及名称的主要资料——《海洋边界》时，正在打仗的中国，错失了主张东海名称的一次重要机会，导致了国际社会加速使用"日本海"之称。

东海，不能不说是中国的又一个海洋之痛。

虚写的海，实录的湖——西海

"四海"只是对中原周边的海湖和地区的称谓，没有明确所指的海域，多是泛指和对举，但慢慢的"四海"也有迹可寻了。如南海、北海、东海，都是有"海"可指。唯有"西海"指代不清，甚至，它指的是不是海，也说法不一。

《山海经·大荒西经》说："西海之南，流沙之滨，赤水之后，黑水之前，有大山，名曰昆仑之丘""西南海之外，赤水之南，流沙之西，有人珥青蛇，乘两龙，名曰夏后开"，此中"西海"，被许多学者指认为是青海湖。

青海湖，在古代确有"西海"之称，在蒙语与藏语里，它还有"青色的湖""蓝色的海"的意思，这也是今天的青海省名的由来。但此西海毕竟不是海。"海子"是很少见到大海或根本见不到大海的内陆民族对当时的内陆湖泊的一种称谓。

青海湖一带不仅早就有人类文明存在，而且很早的时候，这里就有了母系部族，即传说里的西王母国。据说，当年周穆王乘坐八骏之驾周游天下，巡游到西边的昆仑山区。他拿出白圭玄壁等玉器去拜见了此地的统领西王母。第二天，西王母在瑶池宴请穆王，两人还唱了一些诗句相互祝福。这是一则西周的神话，故事出自《穆天子传》。

西晋初年，在今河南汲县发现了一座战国时期魏国墓葬，出土一大批竹简，均为重要文化典籍，史称"汲冢竹书"。其中有流传至今的《穆天子传》。所以，这个至少在战国时就成文的神话传说，一直被史家当作历史线索来研究。考古发掘也发现了魏晋时期的西王母画像砖，画中西王母身着朱色宽袖长袍，拱手端坐，云吉高绾，面前扶桑玉立，身后瑞云升腾（见图3.8）。一些学者、专家多年的研究和实地考察发现，距今3000至5000多年前，昆仑山区曾经有过一个牧业国度——西王母国。"国都"就在青海湖西畔的青海省海西蒙古族藏族自治州天峻县一带。

现在看至少从汉代起，青海湖一带就以"西海"之名纳入汉王朝的统辖了。西汉元始四年（4年），王莽在此置西海郡，郡治在今青海海晏县三角城，辖青海周边地区。《汉书》称青海湖为"西海""仙海""鲜海""鲜水海"。《汉书·地理志》金城郡条临羌注："西北至塞外，有西王母石室，仙海，盐池。"指的都是青海湖。明正德年间开始陆续迁移到青海湖周边

图3.8 考古发掘也发现了魏晋时期的西王母画像砖，画中西王母身着朱色宽袖长袍，拱手端坐，云吉高绾，面前扶桑玉立，身后瑞云升腾

的东蒙古右翼三万户部族，即称之为"西海蒙古"。

不过，历史上，中原以西的湖，不只青海湖被称为西海，被称为西海的湖还有很多，如宁夏固原的湫渊湖，古代也称"西海"。青海湖的西边，也有"西海"。如今天的新疆的一些湖，也被称为西海。这些西海中，比较接近于海的是《后汉书》所载的西海。如"班超定西域……遣甘英穷临西海而还"。这个"西海"是西域之西的海，它指现在的什么地方？专家认为，它很可能是今天的里海。里海位于亚洲与欧洲之间，总面积约38万平方公里，是世界上最大的咸水湖，甘英误以为是无边大海，也是有可能的。但里海再大，它也不是一个真正意义上的海。

那么，我们的古代文献中，记录下的真正的西海，到底是哪个海呢？比较可靠的文献是，隋朝的裴矩编写的《西域图记》。这是一本以记录西域各国地理资料为主的地方志。原书共有三卷，今已散佚。幸有《隋书·裴矩传》收录了此书的序言《西域图记·序》。这个序中说"发自敦煌，至于西海，凡为三道，各有襟带"。此中"西海"说的敦煌至地中海。

到了明代，西海已是一个明确的外海概念，但具体位置仍不清楚，因为这一时期，中国的"西洋"也不是一个很明确很标准的地理概念。

在中国明代嘉靖十一年（1532年）绘制的《四海华夷总图》中，"西海"标注在波斯的西边，但地图描绘的仍是一个写意似的不确定的海区，似乎是波斯湾，也可能是里海、黑海。此图后来收录到晚明出版的类书《三才图绘》中，而此时西方全新的世界地图已进入中国。

从目前我们所能见到的文献来看，古代中国没有和今天的土耳其以西的地中海国家进行过直接的贸易往来，多是间接贸易。所以，古代中国所言的西海，说的多是一个虚写的海，一个实写的湖。

最早进入天朝行政版图的海区——南海

上古之人对地理的认识偏于虚说，而"三代"之后，情况大不一样了，天下已是一板豆腐，必须切割得清清楚楚。

《左传》云，"僖公四年济侯之师，侵蔡，蔡溃遂伐楚，楚使兴帅言曰：君处北海，寡人处南海，唯是风牛马不相及也。"这是目前发现的"南海"二字在古籍中，作为地域或海区之实指的最早一例。观先秦之中国格局，商周是东西对峙，春秋之后，变为南北对立。究其原因，是黄河文化受到了长江文化的挑战，荆楚江淮持天下之富，渐有大国崛起之姿，斯时的楚国势力已达岭南，故以"南海"自称。

秦统一天下后，对南方更加重视，南海也成为最早纳入天朝规划图中的海域。嬴政当上始皇帝的第八个年头，终于收到了秦军征服岭南的好消息。公元前214年，推行郡县制的秦王朝在岭南设"南海郡"——南海第一次明确地载入中国行政版图。而从马王堆汉墓中出土的《地形图》中，我们可以看到珠江入海口之南海，这是现存最早的绘有海区的古代中国地图，距今已有2100多年历史（见图3.9）。

秦设南海郡后，二世而亡。南越国独立于天朝之外，南海郡形同虚设。汉武帝时（元鼎六年，前111年），平南越后"南越已平矣，遂为九郡"，元封元年（前11年）置海南两郡。大汉在南海海域开始行使天朝权力，不

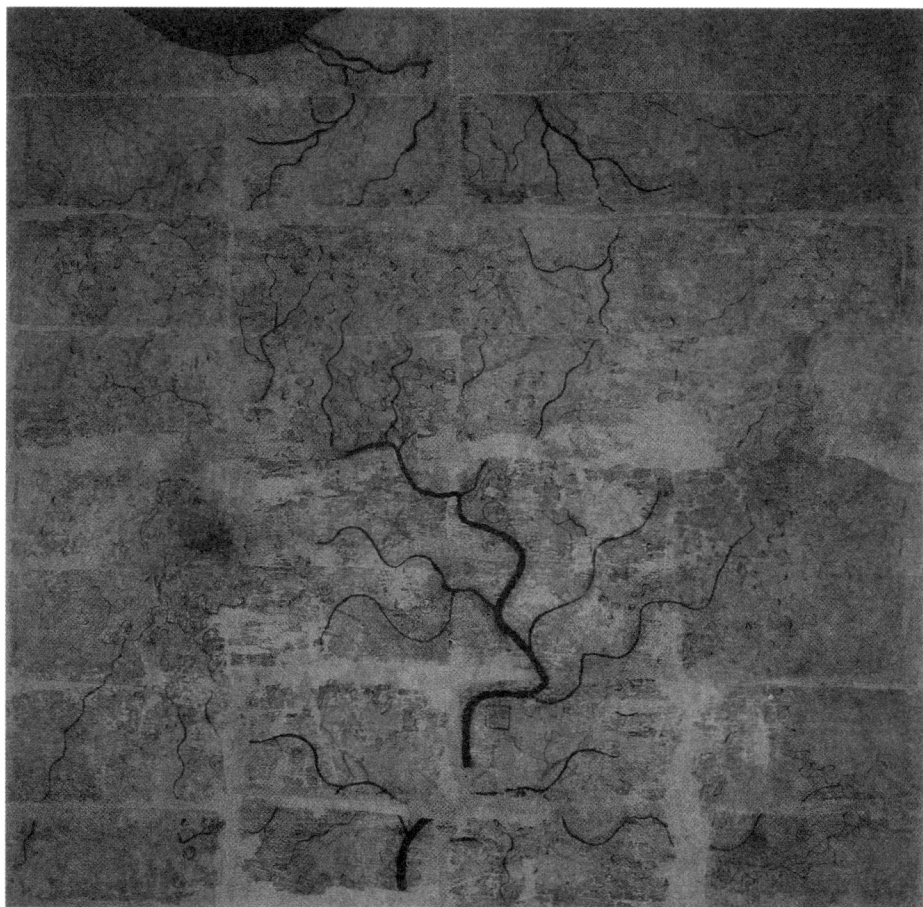

图3.9 从马王堆汉墓中出土的《地形图》中，我们可以看到珠江入海口之南海的描绘。这是现存最早的绘有海区的古代中国地图，距今已有2100多年历史

仅南海和海南诸郡要建立新秩序，对南海诸岛的发现与开发，也随之开始了。据东汉杨孚《异物志》载，"涨海崎头，水浅而多磁石"。这里的"崎头"是古人对南海诸岛的岛、礁、沙、滩的称呼。"多磁石"则是对海洋开发的一种发现。值得注意的是这里的"涨海"，随着人们对南海的认识范围不断扩大，汉代的南海又多了一个别名"涨海"。依《康熙字典》，"涨"字本身可作"水大貌"解。"涨海"应当指的是南中国更广大海域。

古代典籍中所称的"涨海"到底有多大呢？"涨海"一词始于汉代文献。据《后汉书》载："交趾七郡贡献，皆从涨海出入。"《吴时外国传》称："扶南东有涨海，海中有洲，出五色鹦鹉，其白者如母鸡。"此类文献所称涨海，多为今中南半岛东边的南部中国的海洋。中外多数学者认为，涨海即海南岛至马六甲之间的海区。

由于汉文献中，有涨海之时，同时也有大涨海之称。所以，后世考据也有些膨胀，有人称，"涨海"包括了印尼之东的香料群岛和菲律宾群岛，还有人论证"大涨海"含有印度洋。在我看，古代人文地理之词，变化很多，有的虚用，有的则实记。完全用今天的地理之尺来套，多半是不准确的，我们只能取其大概。太较真，反而不真了。

人们在用"南海"一词时，不仅多了"涨海"，此后又生出"海南"。唐初姚思廉撰《梁书》中有《海南诸国总传序》，曰："海南大抵在交洲南大洲上，相去约有三五千里"，此为正史中第一次引用"海南"一词。所指约为今南洋、马来西亚、婆罗洲一带。如今"海南"已成为专用地名，指海南省本岛（古代的海南岛，因境内有"土石皆白如玉而润"的琼山而得名"琼州"。其名始于唐初）。

不过，在今天的世界海区图上，已不再使用"南海""涨海""海南"这些词，而是使用"南海"的派生词——南中国海。在国际水文局的定义中，南中国海为东北至西南走向，其南部边界在南苏门答腊和加里曼丹之间；北边及东北至广东、广西、福建和台湾及台湾海峡；西边至菲律宾群岛；西南至越南与马来半岛，通过巴士海峡、苏禄海和马六甲海峡连接太平洋和印度洋；为世界第三大陆缘海（位于大陆和大洋的边缘，其一侧以大陆为界，另一侧以半岛、岛屿与大洋分隔，水流交换通畅的海，叫陆缘海，也称为"边缘海"），面积约356万平方公里。

一个海区的伤心史——从"北海"到"北洋"

前边说过，《左传》中"君处北海，寡人处南海，唯是风马牛不相及也"。这是目前发现的"北海"二字在古籍中明确作地域和海区之用的最早一例。春秋时的齐国，所依之北海，是今山东北部之渤海地区。虽然，齐人早有"北海"地域之说，但北海真正进入行政版图，成为建制还是几百年以后的事。

明代《青州府志》论及海区时称："《汉书》谓北海，古称小海，本谓渤海。"也就是说，先有渤海之称，而后有北海之名。学人们引证渤海时，多引《山海经》"丹水南流注于渤海"。并引郭璞注："渤海，海岸曲崎头也"。也有人注"勃，大也"，渤海，指水域广大者，或泛指大海。

渤海先是谓之海，后又借称其濒临渤海的广阔土地。所以，渤海也并非是一个海洋专词。比如唐初建立的渤海国（698—926年），即是以粟末靺鞨人为主建立的隶属于唐朝的地方民族政权。其地域之广，连接了今天的东三省。

和渤海一样，"北海"一词，在古代也非专属。《汉书·苏武传》"乃徙武北海上无人处，使牧羝。"苏武牧羊的"北海"，即今贝加尔湖。称其北海，一是水面巨大，二是位于中原之北。

尽管如此，但中原人在指称海区时，所用的"渤海"与"北海"，还是指山东半岛北部海区。至汉景帝时，始设北海郡，位置就在山东半岛北部，今莱州湾畔的潍坊地区。北海郡领 26 县，汉时已有 12 万户。其中，寿光县、平望县和都昌三县濒海。

宋代的石刻地图中，已明确描绘了北海的海岸线、大海及方位。如，南宋石刻地图《禹迹图》(墨线图)，就已清楚地描绘了整个渤海湾。但地图上没有以"北海"作为这一海区的标注。

古人称近海为海，外海为洋。所以有"北海"之称后，也有了"北洋"之称。南宋文天祥《北海口》有云，"北洋入山东，南洋入江南。"宋时虽有北洋之称，但当时人们习惯称北海为"黑水洋"。"北洋"这一名称，进入晚清，因"北洋水师""北洋军阀""北洋政府""北洋通商大臣"……这些名词而广为世人所知。这一系列的"北洋"，均源自以晚清政府在这一海区复杂多变的政治、军事和商业活动。当时的北洋海区，包括直隶(约今河北)、山东、盛京(今辽宁)等三省所属海域，与中央政权关系极其密切。

1867 年，前江苏布政使丁日昌首先提出建立"北洋、中洋、南洋"三支轮船水师。在此前后，东南沿海各省相继购买和制造了一批蒸汽舰船，分散巡防于南北洋各海口。1875 年(清光绪元年)确定由南洋大臣沈葆桢、北洋大臣李鸿章分南北洋两大海区组建新式舰队。1880 年英国版画家还绘制了《清国海军印象》，画中有过去的帆船与北洋的铁甲船，还有军队着装与装备的对比图(见图 3.10)。后来的事，大家都知道了，装备精良的"北洋水师"被日本人打败了；"北洋军阀"后来被革命军给"伐"了；

图 3.10　1880 年英国版画家还绘制了《清国海军印象》，画中有过去的帆船与北洋的铁甲船，还有军队着装与装备的对比图

"北洋政府"后来也被打垮了。

此后，"北洋"在政治和军事的意义上淡出历史，而今，人们又叫回它的老名——渤海。

◇第四章

故国都城，天下之中

禹都，传说中的夏王城

2007 年秋天，很久没有什么重大发现的考古界，弄出了一个大新闻：浙江良渚遗址发现五千年古城，其价值堪比殷墟。甚至，可以推论中国最早的朝代不是夏——事实上，2008 年 4 月公布的上一年度"十大考古发现"，良渚古城只排在第 3 位。

现在的一些人，包括学人，和当年的"大跃进"没什么两样——什么大话都敢说。其实，这样的古城，或者说，有人类活动痕迹的遗址，中华大地上少说也有几十个。这一个只是体量大些的"土围子"罢了。而且，就是这个超级城，人们也没弄清他到底是不是个城，也有人认为它是个防洪堤。但是，想立项、想申遗、想开发旅游的等不得了，先造出声势炒一把再说。

夏尚且找不到祖坟，怎么还敢往前说呢？

中国人寻找先朝地望的急切心情，据说，是负责搞考古工作的领导同志到埃及参观后，受了强烈的刺激。我也如此，在埃及看到人家公元前 2788 年修建的阶梯金字塔，历近 4800 年风沙，至今安在；而我们远古的祖坟，还漂浮在"夏商周断代工程"的种种争议与猜想之中……

国家花了大本钱请一流的学者上马的宏大断代工程，其成果是断出了时间上的夏，但空间上的夏，仍飘忽不定。如此说来，也就是说断"时"这部分有了说法，而断"空"的部分仍没着落——夏仍然是个疑点。

夏作为"三代"之首，其名字就十分可疑。甲骨文中有没有"夏"这个字，本身就有争议多多。专家比较认同的"夏"字出于金文，但没有人能说清这个近于张牙舞爪的"巨人"形象，当初是什么意思。一说是先公之形，另一说是只大猴子。不管"夏"的概念是什么，它都不能自我指证。这一点与在商言"商"的商朝不同。殷墟契书中，像"今夕王入商"这样的表述比比皆是。

给起始王朝讨个最遥远的说法，这种文化寻根的焦虑，并不是起于离夏最近的商，而是灭商之周。商的历史是有案可查，但不论是甲骨文献，还是青铜礼器，都没有将"夏"作为一个王朝的记载。按台湾历史学家许倬云的说法，所谓夏商周的"三代"之说，源于西周。周人自称是夏人的后代，周人越过商朝，"创立"夏朝，是为了确立自己执政的合法性。"三代"之说，对于西周是"别有用心"的说说而已，但却让后人找不着北了。即使在知识高度繁荣的春秋战国，诸子百家也没有人能说清夏墟的具体位置。

夏就这样飘浮在实证之外，生长于想象之中。

新中国寻找夏墟的工作，早在20世纪50年代就开始了。半个世纪过去，认定河南是夏之地望的学者们，仍对登封王城岗狂挖不已。中华文明史"大跃进"的思想仍鼓舞着部分学者对这片不大的土地进行推想。据说1996年的那个"夏商周断代工程"就是在王城岗根据碳十四数据等成果，确定夏代始年为公元前2070年。

如果夏与商的文化圈是相叠的，为什么商的卜辞中没有夏的先王唐尧虞舜的记载，而商的先王又都是以"甲、乙、丙、丁"来记录的。值得注意的是，以时间证空间，虽有科学的一面，也只是一面而已。夏的地望最终还是要靠考古实证来解决。

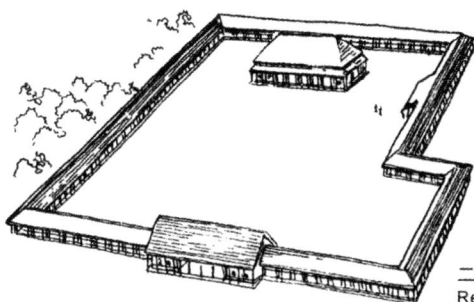

二里头夏代遗址一号宫殿复原图
Reconstruction of Xia dynasty palace
building No.1,Erlitou site.

图 4.1　河南偃师二里头发现的中国最早的王城遗址示意图

2003 年在河南偃师二里头发现的中国最早的王城，其遗址年代被测定为据今 3700 年左右（见图 4.1）。这个王城到底是商的前传，还是夏的正史？在所谓"禹都"的"身份证"没有出现之前，谁也不敢下定论。

关于夏的地望，所有的考古活动皆依据西周之后的描述，如果西周人别有用心设下"三代"的陷阱，那么这两千年的寻找不就白忙活了吗？我不是在这里重起疑古之心，只是想：我们那么急切地想挖出夏墟，是不是有点文化上的虚火攻心？

殷墟，中国都城的雏形

夏在理论上是中国的第一个王朝，但因为此朝没有文字传世，终难成为信史。虽然，自 1959 年人们发现河南偃师二里头遗址后，就有考古工作者在那里持续挖掘了半个世纪，但仍没有挖出个夏王城，或者禹都。因而，古代中国的都城史，还要从商朝起笔；事实上，国际上被承认的、没有争议的中国最早的文明是商代。

像有人群就要有领袖一样，有居所就要有核心，都城就是在这样的文化传承中诞生的一种特殊的城市。随着原始部落的发展与社会进步，在黄河中下游率先涌现了我国最早的城市，同时，国都也随着各王朝的建立而产生。

2009 年 11 月 16 日，中国首座以文字为主题的国家级博物馆——中国文字博物馆在河南安阳开馆。为什么要在安阳建中国文字博物馆，因为它是甲骨文的故乡，信史是从这里开始的，同时，它也是考古证明的商代故城，是中国最古老的都城雏形。

商原本是黄河下游的一个古老的部落，为东夷族的一支，如果说有夏王朝的存在，商应是其"诸侯国"的一员。约公元前 16 世纪，夏亡商立。商汤决定在夏的核心地区建一座新邑，因商汤是从南亳迁此地，故史称此邑为西亳。据汉代写的《史记·殷本纪》载："帝盘庚之时，殷已都河北，盘庚渡河南，复居成汤之故居。"又云："帝庚丁崩，子帝武乙立，殷复去亳徙河北。"如果这个描述可信，商王即忽而居河之南，忽而居河北，河南有亳，河北有殷。

从 1930 年代起，人们开始对殷墟进行考古发掘，现已发现有王陵区、宫殿宗庙区、族邑聚落遗址、甲骨窖穴、铸铜遗址、制玉作坊等众多城市遗迹，它至少是中国历史上第一个有文献可考、并为甲骨文和考古发掘所证实的古代城市遗址，距今已有 3300 年的历史。

据考证，自商王盘庚从奄（今山东曲阜）迁都于殷（今安阳市小屯村），安阳遂为殷商国都，直到武王伐纣，殷商王朝在此历 8 代 12 王，使这里成为一座有 254 年历史的都城。虽然，商代的甲骨文中，没有国都这样的字与概念，但殷实际上就是商晚期的政治经济中心。

近百年的出土文物证明，这里已具备了都城所应有的一切：一是出土了中国最古老的文字——甲骨文;二是出土了反映古老的中国礼仪的青铜器，尤其是世界上最大的青铜器——司母戊大方鼎（亦称后母戊鼎），该鼎是商王武丁之子为祭祀母亲而铸造的；三是发现了武丁夫人妇好墓，它是目前唯一能与甲骨文联系并断定年代及其墓主身份的商代王室成员墓葬。

此外，在殷墟的宫殿或宗庙建筑中，已具备后来的周礼所说的"前朝后寝、左祖右社"的对称的都城规划（见图4.2）；而殷墟的大王之墓的四个墓道，又喻示"地上是四方，地下是四方，四方都归王所管辖"的统治格局，隐约透露出"王者居天下之中"的都城概念。所以，1956年9月，郭沫若先生在此留下了"洹水安阳名不虚，三千年前是帝都"的著名诗句。

殷墟遗址在今天的河南北部的安阳，地处晋、冀、豫三省交汇处，它是商朝从东向西移的产物，虽然，从方位上看这是向内发展，但它寻找的确是华夏的中心。因而，殷已具备了国都的雏形，也可以看作"中国"概念的萌生地。

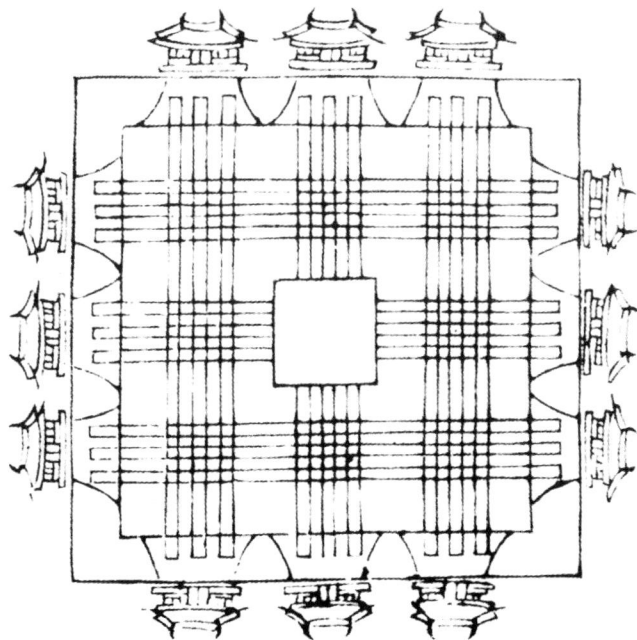

图4.2 宋代《新定三礼图》中的"王城"示意图：国中九经九纬，左祖右社，面朝后市

京都，从两都制到五都制

有人在网上发帖问："什么时候国都被称为首都？"几大门户网站上有人跟帖，但都没回答上来。中国首都是北京，日本首都是东京，京即国都，现在已是通识；但国都是不是一开始就谓之京呢？京又是如何成为京都的呢？后来京都又怎么成为首都了呢？这就要费一番考据，且不一定能说明白。

先说说"京"字，这个甲骨文中就有的字，看上去像是一座高台，大约表示的是崇高与聚集的意思（见图4.3）。甲古文中与"京"相对应的字是"鄙"，京引申为城邑之意，而仓廪之形的鄙，则引申为郊野之意。今天仍保留着的"鄙人"之说，表示的就是乡下人的意思。不过，"京"作为城市之首，国家核心城市，是商代之后的再度引申。

近年清华校友捐赠的"清华简"被专家鉴定为战国简册，此中最引人的是《尚书》残简。这是迄今见到的最古老的《尚书》，将《尚书》成书年代至少推至战国。这部最古老的史书，记录了"盘庚迁于殷，民不适有居"，记录了"周公初基作新大邑于东国洛，四方民大和会"，但再涉及国都时，用的是"邑"，而没有用"京"与"都"来表示；也就是说殷，虽有商王居住，但它是不是后世所言的国都，还不一定；至少，那时还没有成熟的国都概念。

"京"作为国都的代称，或成熟的国都概念，始于西周；而文王也更像一个真正意义上的国君，而不是部落首领。在周朝诗歌总集《诗经》中，可以找到"京"的记叙，如《大雅·文王有声》即有"考卜维王，宅是镐京"、《大雅·文王》中有"殷士肤敏，裸将于京"。京在此时已是国都的代名词。同时，《诗经》中也出现了"京师"一词，如《大雅·公刘》

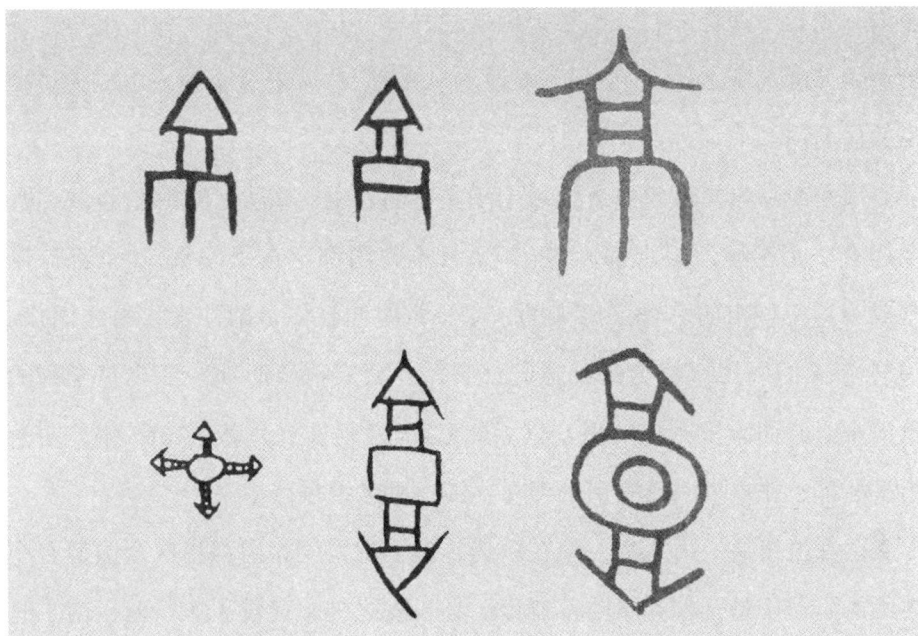

图4.3 甲古文中与"京"相对应的字是"啚",京引申为城邑之意,而仓廪之形的啚,则引申为郊野之意

中有"京师之野,于时处处"。如《公羊传·桓九年》所言,"京师者何?天子之居也。京者何?大也。师者何?众也。"

　　周朝的京,或京师,已不仅是一个皇帝居住的城的概念,而是一个特殊的行政区域。如《周礼·夏官·职方氏》所言:"乃辨九服之邦国,方千里曰王畿",就是说,王城周围有千里辖地。王畿后来被更明确地称为"京畿",一指国都及其附近的地区,二也代指国都。如《三国志·魏武帝纪建安十八年诏》中"遂迁许都,造我京畿,设官兆祀,不失旧物"。

　　比之甲骨文中就有的"京"字,"都"字就是个晚辈,是比京更晚的概念。汉代的文献《史记》中可以看到关于"都"的解释:据"五帝本纪"讲,先王受人追随,舜住到哪里,人们就跟他到哪里去住。于是"一年而所居成聚,二年成邑,三年成都"。而将"京"与"都"连成"京都"

一词，则始于魏晋之时。当年，因避司马懿的长子司马师（死后追尊景皇帝）的"师"字之讳，"京师"被改为"京都"，后来这个词，也成为了国都的代名词。

顺便说一句，古代热衷学习中华文化的日本，学去了京师的设置，甚至还有一个都城，叫京都。794年，日本将国都定在平安京，"京都"慢慢成为这个城市的名称。后来的东京，古时叫江户，即江水入海之门户。1457年人们以江户村为基础建起江户城，幕府执政时期，江户是全国的政治中心，而天皇所在的平安京（即京都），则徒有其名。1867年，明治天皇迁都于江户，因已有京都存在，江户更名为东京。

京都虽然是一国之都，但在唐代，似乎觉得仅靠国都指挥全国似有些力不从心，于是又创立了陪都制度。在长安之外，又设了东、西、南、北四京：东京洛阳，西京凤翔，南京成都、北京太原。这种陪都的做法被后世多个朝代承继，以至不是历史专业的人真是分不清随朝代而变更不定的东京、西京、南京、北京。

比如，宋承唐制，就设了三个陪都，北京为大名府（今河北大名市）、南京为应天府（今江苏南京）、西京为河南府（今河南洛阳），京师开封府自为东京。不过，由于各陪都的历史不一样，城市的发展也有差异。最突出的例子是应天府，这里是赵匡胤起家之处，所以城市建设的规模超过了其他几京。据《宋史·地理志》载："宫城周二里三百一十六步。门曰重熙、颁庆，殿曰归德。京城周回一十五里四十步。"架势甚至不输国都开封。

虽然，辽、金、元是游牧民族政权，但对汉人国都传统也很推崇，京城设置也照搬照用。辽代的五京是随着统治地盘的扩张逐步形成的。辽以北方的上京临潢府为都（今内蒙巴林左旗东南波罗城），中京为大定府（今内蒙宁城西大明城）、东京为辽阳府（今辽宁辽阳）、南京为幽都府（后又改为析津府，即今北京丰台区）、西京大同府（今山西大同）。辽代五京是各区域的统治中心，在行政上又称"五京道"（见图4.4）。金王朝的"一都五京"政权格局，基本上是从辽那里承继而来，只不过是地盘更大了。

元蒙灭金，废了元的中都，在其东北的旷野上重构新城，因金已有上都，中都，元朝遂将新建的国都称为大都。此后，明灭元，曾有过一段定国都于江南应天府，但燕王朱棣夺权王位后，又将国都定在了燕京，清承明制，仍以北平为都，至今，国都没有再变。

最后，说回首都的问题：即将国都称为首都始于何时？

笔者查过1979年商务版《辞源》，古汉语中没有"首都"一词，它是一个没有"典故"的新词；后来又查1999上海辞书版《辞海》，此书收有"首都"条，但只有其定义，也没有出处。权威的辞书似乎证明，它是一个清代以前没有过的新词。有外国学者研究，19世纪末、20世纪初的《英汉词典》中，也没这个词。1931年上海出版的《华英词典》中，有了这个词"CAPITAL"，拉丁语的"CAPT"的主要意思就是"头""首"。看来"首都"一词是现代中国从外语中借用过来的词。其实，拉丁语中国人也不陌生，1294年，元朝时意大利的孟高维诺就来到北京，是教中国人拉丁语的第一人。现在西直门天主堂，俗称西堂，彩色玻璃上有他的像。

首，即是头，一个国家似乎不可有个首都。但笔者前些年到南非旅行，在那里就见到了这个国家的三个首都：行政首都比勒陀利亚；立法首都开普敦；司法首都布隆方丹。虽然，三个首都是1910年南非成立联邦政府时各方商讨出的结果，但延续至今也没见有多少坏处。在我这个外国人来看，就是每个城都没那么大、人那么多、车那么堵。首就是头，三头六臂，总比一个脑袋的厉害。

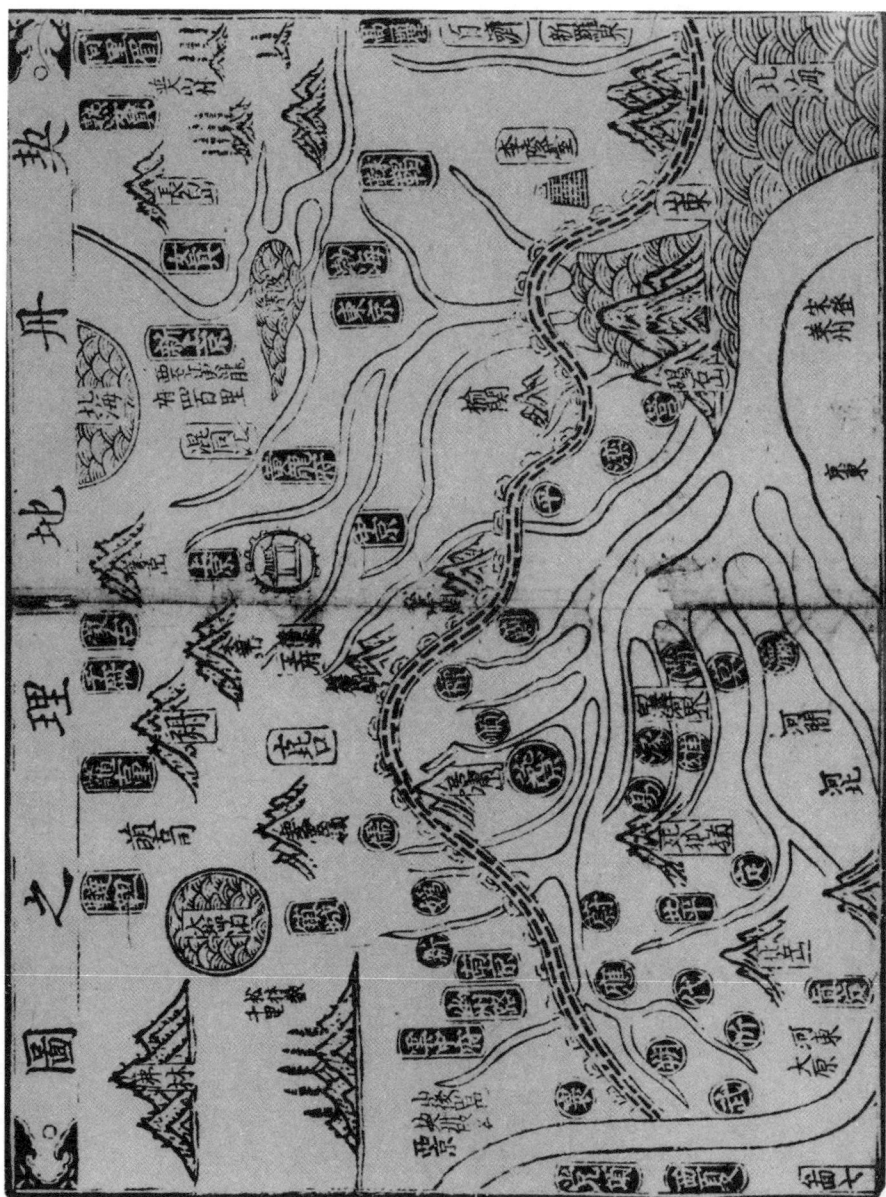

图 4.4　南宋编撰的《契丹地理之图》描绘了辽国的上京、中京、东京、南京、西京 "五京制"。辽代五京是各区域的统治中心，在行政上又称 "五京道"

洛阳，王在天下之中

显然，罗马不是世界上最古老的城，但其历史地位显赫，所以，每年它的建城日庆祝活动都会成为一条被全世界广为采用的新闻："2008 年 4 月 20 日，众多历史爱好者身着古罗马服饰，聚集在古斗兽场前，庆祝罗马建城 2761 周年。传说中，'战神之子'罗穆卢斯和雷穆斯被一头母狼哺育长大，并于公元前 753 年 4 月 21 号创建了罗马城……"

我的"民族自豪感"被这条新闻勾了出来——中国有没有可与罗马相媲美的古城？于是，想起曾经到过的洛阳……

洛阳素有"九朝古都"之称，实际上比九朝还要多。我更关注的是洛阳建城第一朝。"自豪感"比我还强的人说，洛阳城建自夏朝，指的是 1959 年就开始挖掘的偃师二里头遗址，但时至今日没有弄出有力的考古实证。说洛阳建城有 4000 年历史——去掉这个最高分！还有人说，商人是洛阳城的建设者，但商都于西亳，即今天的商丘一带，扯上洛阳，实在牵强。说洛阳有 3600 年建城史——再去掉这个最高分。

时空上都比较贴近历史真实的是周与洛阳的关系。后世谈"三代"的文献，基本上缘自《尚书》，关于洛阳城的记载，即出自《尚书》中的多个文告。其《召诰》云："惟太保先周公相宅……太保朝至于洛，卜宅，厥既得卜则经营。"记载了周公、召公，先卜宅，选定城址于洛的事。洛邑建成，时称"新邑"，亦即成周。

关于成周，还有比《尚书》更可靠的文献，即西周青铜器"何尊"上的铭文："唯王初，迁，宅于成周。"西周实行镐、洛共同为都城的两都制，镐为西京，洛为东京。依此说，洛阳建城的时间，应该在公元前 1050 年左右，比之狼孩儿建立罗马城的传说，要早 300 年。

洛阳是中国最早的城市，也是最"中国"的都城。但目前所能找到的古代建筑图纸，只有战国中山王（今河北平山县）留下的一幅墓园规划平面地图——"兆域图"（约制作于前323—315年）。最早的城市地图，仅有东汉的壁画式城市地图。所以，最早的洛阳古城的位置，没有存世的古地图，只能靠遗址发现来提供了。

1992年我到洛阳时，洛阳还没有争"中国第一古都"的意识。城中那个建于1958年王城公园，被指认为西周洛邑遗址。但公园里看不到任何西周的东西，那个时代的"文化堆积"或许藏在公园的底下。东周洛都的实证出现在2002年，这一年，人们在洛阳市中心发现了：东周天子车马陪葬墓——"天子驾六"（见图4.5）——这个最新的考古发现为东周洛

图4.5　洛阳发现东周天子车马陪葬墓，"天子驾六"为洛阳城提供了可以触摸的东周实证

阳城提供了可以触摸的实证，后来，人们在洛阳城中央广场上建立了一个下沉式的天子驾六遗址博物馆。

周族原是我国西部的一个历史悠久的部落，与夏、商两族同称为我国原始社会末期的三大部族。夏、商两朝时期，周是它们的属国。商朝末年，纣王昏庸无道，武王时，周的势力已很强大，决心灭商。公元前1066年，周武王乘机率众东下，经洛阳北部孟津渡河，一举推翻了商朝的统治，商亡周兴，史称西周。

武王灭商后的第二年便在镐京病故，成王即位。因成王所幼，由其叔父周公辅佐代政。成王执政的那年，"使召公复营洛邑"。从此，西周有了两座都城。西都镐京称宗周，东都洛邑称成周。说到成周，还要说说那个著名的"何尊"。这件1965年在陕西宝鸡县出土的青铜器，是我国第一件有纪年铭文的青铜器，它制作于周成王五年（约前1031年）。铭文中记载："惟王初雍，宅于成周，复禀武王礼福，自天……惟王五祀。"也就是说，成王执政五年即迁都成周的王城。西周自成王始，诸王均来成周居位、施政。这在周器铭文中都有所记载。为什么周最终要选洛邑为都，"何尊"铭文说："宅兹中国，自兹乂民"。它表明以成周为都，是因为它地处"中国"，这也是最早出现"中国"二字的青铜器。建都于"天下之中"，可以说是周朝开创的建都传统。

公元前771年周幽王被杀，西都镐京被抢劫一空。平王即位的第二年，即公元前770年，决定废西都全迁东都，史称东周。国都也由西周的两都制正式变为以洛邑为都城的一都制（见图4.6）。居中制和一都制，对于维持统治秩序起到了非常实际的稳定作用。所以，后世在相当长的时间里，承继了"居中"和"一都"的传统。

洛阳作为东周国都长达500余年，后来又有东汉、曹魏、西晋、北

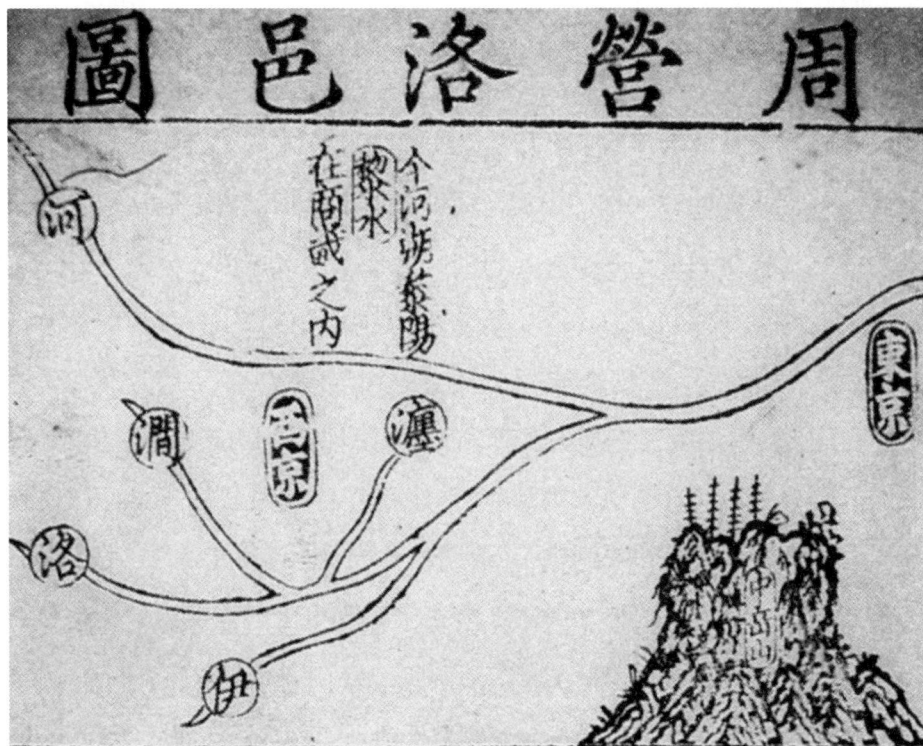

图4.6 《周营洛邑图》是元代所绘地图，图中的伊水洛水等水系，标示出西京镐城，东京洛城。反映了《尚书》中周公、召公。先卜宅，选定城址于洛的内容

魏、隋、唐、后梁、后唐、后晋……从周到宋代之前，有十多个王朝在此建都，所以，洛阳也是史册之中，被写得最多的都城，河南社科院曾有人统计过，在《二十五史》中，"洛阳"的名字出现了3 549次，这是其他古都无法相比的。

洛阳的建城史，无疑比罗马还早，但除了与车马坑合影，我找不到东周洛邑留下的任何城市遗迹，汉魏的洛阳故城也仅剩黄土几堆。而我在今天的罗马，却依然能逛2000年前的古罗马的议会广场，依然可与巨大的斗兽场合影留念。在古代城市建筑上，我们的所有古城都无法同罗马相比，我们的祖先为什么不用石头架屋建城呢？

开封，"城摞城"的都市

开封坐落在黄河冲积扇平原的顶端，像一把铲子可以轻松地把这一地区的粮食收入自己的粮袋。

公元前722年，郑庄公"克段于鄢"，平息了叔段的内乱，走上了扩张之路。公元前720年，周平王去世，周桓王继位。郑庄公先后两次派兵强割周王室温地（今河南温县）、成周（今河南洛阳东）的庄稼以示威。今天的开封城，即是当年郑庄公修筑储粮仓的一座城邑，取名为"启封"，有"启拓封疆"之义。后来，为避汉景帝刘启之讳，"启封"改名为"开封"。

开封的"七朝都会"的都城史，是从战国时的魏国开始的。魏惠王九年（前361年），自安邑迁都大梁（今开封城之西北一域），从此魏亦称梁。由梁开始，五代之梁、晋、汉、周，以及后来的北宋均建都于此。灭宋之金也以此为都。

开封虽有"七朝都会"之美称。但五代之梁、唐、晋、汉、周的所谓朝廷，都是正史里加了"后"字的短命小朝廷，其首都也不是统辖中国之首都（后唐都洛阳）。但开封府却是在这几个朝代的修建中一步步完善，最后成为一个真正的大都市。

开封真正称得上国都，是在宋王朝。一切恰如大众所熟知的张择端笔下的《清明上河图》和孟元老的《东京梦华录》（后晋称开封为东京）所描绘的那样：从陈桥兵变到南宋偏安，开封历经九帝168年，"人口逾百万，货物集南北"，不仅是全国的政治、经济、文化中心，也是国际性的大都会，有着"汴京富丽天下无"的美誉。

这座都城的衰败是从金兵入侵开始的。金兵灭宋，破开封城，在带走徽钦二帝之时，也差不多把整个都城刮光了。贞佑二年（1214年），金宣宗迁都汴梁（开封），称其为南京。至1130年，金兵放弃它时，这座都城早已不像个都城了。

不过，金时开封再破败，也还算是一座都城。但是到了明崇祯十五年（1642年），李自成围开封时，明巡抚高名衡决堤灌起义军。但李自成发觉得早，移营高地。洪水反而灌入开封，几米厚的黄河泥沙把整个城市基本埋没了。清初重建开封时，等于在老城上又盖了一座新城。于是，民间留下了"开封城，城摞城"的传说。

这个传说一直到1981年才被破解。在开封明清时代的宫殿式建筑龙亭旁，有两个湖一个叫杨家湖一个叫潘家湖，在这一年的潘家湖底清淤过程中，人们在湖底发现了一座规模宏大的明代周王府遗址。据史书记载，周王府是在宋、金皇宫基址上修建起来的。那么，周王府的下面，还有金、宋、五代的开封城吗？经过20多年的挖掘，人们不仅在清城下面挖出了明城，而后又在明城下挖出了宋城。

考古发掘情况表明：北宋的东京城（开封）是一个东西略短、南北稍长，由内向外依次筑有皇城、内城、外城，并各有护城壕沟的都城（见图4.7）。它不仅城高池深，而且墙外有墙，城中套城。外城遗址全部淤埋于地下2~8米的深处。考古勘探还证实，位于"城摞城"最底部的唐代的汴州城。汴州城建于唐建中二年（781年），由时任永平军节度使兼汴州刺史的李勉重筑南北朝时的汴州城，也是如今开封城墙历史的开始。这次重筑后的汴州城，实际上已奠定了直到今天的开封城墙的基。

走在今天的繁华的中山路上，就是走在开封旧城的中轴线上，其地下8米处，正是北宋东京城南北中轴线上的一条通衢大道——御街，中山路和御街之间，分别叠压着明代和清代的路面，这种"路摞路"的景观还意

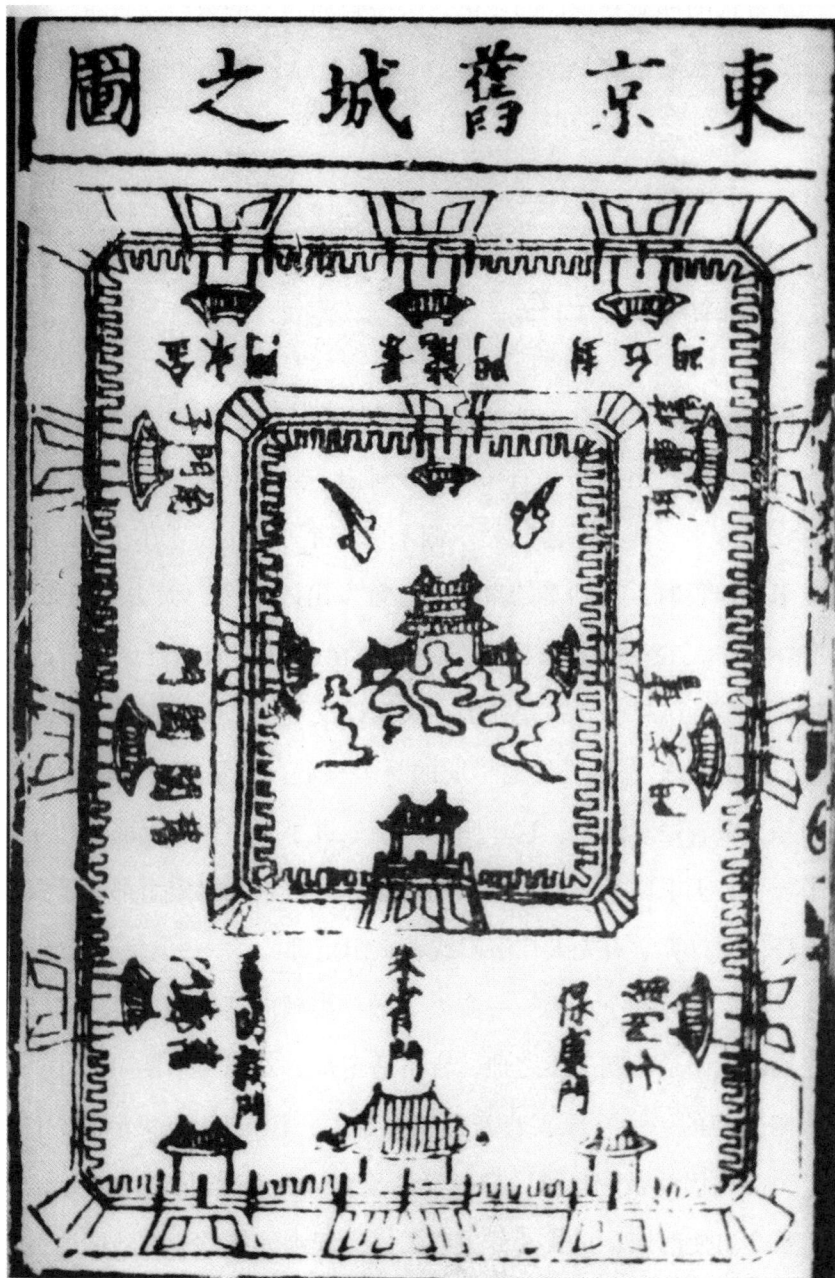

图 4.7 《东京旧城之图》刻于南宋，原本已佚，现为元重刻本。此图着重描绘了东京城的城门与宫殿的位置形状，城内交通道路，水渠桥梁的设置情况

味着，从古代的都城到现代的城市，层层叠加起来的数座开封城，南北中轴线居然没有丝毫变动。

开封，随着考古的脚步，未来还会开启更多的秘密。

长安，汉唐风范千古存

与长安关系最密切的，有两个人，都写进了历史。

一个就是汉高祖刘邦，刘邦出生于沛县丰邑中阳里（今江苏省丰县）的一个农户家里，成年后考试做了泗水的一个小保长"亭长"。据传，在秦都咸阳服徭役时，见到秦始皇出游，曾发出："嗟乎，大丈夫当如此也"的感叹。后来，在一次押解犯人的途中，由于气候因素延误行程。刘邦知道延误行程的结果会是被处死刑，决定谋反抗变，于是发动了斩白蛇的"起义"，所押的犯人就成了他早期的兵力核心。再后来，天下皆反秦朝廷，刘邦又跟着楚军反秦，这才阴差阳错地进了关中。公元前202年，刘邦灭了项羽，天下归了刘姓。高祖刘邦盘算着该给大汉定个都城了，高祖文化不高，原打算学着先人在洛阳或者咸阳定都。

这就要提到另一个人物——齐人娄敬。娄敬向刘邦进言：洛阳乃周朝败落之地，咸阳是秦朝灭亡之地，皆不适定都。刘邦与张良一合计，于是改在咸阳之南的一块平原兴建新都城。为去亡国的晦气，新都被定名为"长安"（娄敬因此被赐皇姓，升为汉朝重要谋臣）。公元前138年，汉武帝派遣张骞出使西域，正式开辟了以长安为起点连接欧亚大陆的通道。长安由此成为了古代最"现代化"的国际贸易大都市。

这就是西安城的正史。

长安为都城是选对了地方，它背依秦岭，面向秦川，有泾、渭、灞、沣、涝等水流经此地，形成号称"八百里秦川"宝地。但汉之长安，是不是今天的西安呢？说是，也不全是。高祖兴建长安城时，没留下地图，后人只能靠考古发掘来确定汉长安的位置。好在，清朝人找到了一块宋刻石碑《长安图》，此图为宋元丰三年（1080年）知永兴（今西安）军吕大防主持隋长安城实测，校正长安故图刻制的。原碑图立于其衙署之内，经金元战乱，清代发现时，仅余残石十五块。但人们根据，图上可见太极宫等建筑位置和吕大防的题记，可知北方一角是"汉都城"所在，残图中还有临渭亭、咸宜宫、汉长乐宫等建筑的位置。通过与遗址印证，可以确定此图是现存最早的最为精确的长安城地图（见图4.8）。

"汉都城"位于今天的西安城的西北角，与今天的西安城区部分重叠。真正与今天的西安古城重叠在一起的是隋一统天下后在此地建的大兴城。自隋文帝开皇二年（582年）开始，到唐高宗永徽五年（654年），历时72年，终于完成了长安城的城墙建设。全城面积约为84.1平方公里，布局规划整齐，东西严格对称，分宫城、皇城和外廓城三大部分；其结构布局充分体现了封建社会巅峰时期的宏大气魄。在当年称得上世界级的特大城市。

没有道理的是，所有表述西安建城史的文字，都不把汉建长安作为西安的城建开始。

胆子小点的，选择咸阳作为西安城的前世。战国纷争时，老家在甘肃之东的秦国，随着军势扩张，政治中心也不断东进，平阳、泾阳、栎阳，孝公十三年（前349年），秦定都咸阳。一统天下后的秦，好景不长。项羽入关，屠城焚宫，咸阳尽毁。加上后来渭水北滚，秦之咸阳城，早已消失在河水的冲蚀之中，与长安城扯不上什么关系了。

图 4.8　此残碑拓片是唐代开元二十年（732 年）长安城的布局图，原图于北宋元丰三年（1080 年）由张佑绘制、吕大防撰题记，并于同年刻石。原碑高 2 米，宽 1.5 米

　　胆子大一点的，都拿周人定镐京为都说事，把西安建城史确定为 3100 年前。公元前 11 世纪，周从岐山周原迁至关中平原，在丰河的西东两岸，分建立两城。文王都丰，武王都镐（后又都洛），但丰与镐具不具备城的形制，还是一个聚落建筑，都说不清。考古所能提供的只是无砖无瓦的有夯土层的"城址"。

　　3100 年的西安建城史，以建筑来说，有点牵强；以地点而论，至少是把长安扩大化了；从族群源头上讲，周与秦的先民皆起于岐山之下，汉与周、秦完全没有承继的关系，汉都城更有明确的另起炉灶之意。此外，若用现在的西安市行政所辖的区县范围，来定位"古长安"城，这个龙袍是不是做得太肥了？

所以，我以为将西汉作为这个都城的起点，而后新莽、西晋、前秦、西魏、北周、隋、唐等八个王朝，比较贴切。如果再要算上赤眉、绿林、大齐（黄巢）、大顺（李自成）等农民起义政权时以此为都城，西安是十几朝的古"都"，真就论不清了。值得提出的是，西安今天的这个名字，不是作为都城时的名字，而是朱元璋当皇帝的第二年（1369 年），废元的奉元路，改设西安府，而传承到今天的。

朱元璋封次子朱樉为秦王，驻西安，他在城东北部建秦王府，为了保卫城内的秦王府，占据有利的地势以利防守，洪武三年（1370 年），西安城进行了大规模的扩建，东城墙向东扩展了近千米，北城墙向北扩展了五六百米。城墙高至三丈，厚至四丈七尺，全部用黄土分层夯筑，每层厚 8～12 厘米。城垣周长约 14 公里，面积 115 平方公里。城设四门：东长乐门，西安定门，南永宁门，北安远门。每处城门都有三重城楼，即正楼、箭楼和谯楼。四隅有角楼，环城墙上有堞楼 98 座。城内配有登城设施。明中期以后，西安城墙又经历了几次修葺。隆庆二年（1568 年），陕西巡抚张祉在城墙外壁和顶部砌了一层青砖。一直到崇祯死的前一年（1363 年），陕西巡抚孙传庭，又在城门外四关增修了四个郭城。今天的西安古城的格局，基本上是在明朝几次修建后定形的。

令人安慰的是在现代化的城市建设中，西安老城的城墙基本上保住了，所以，现在去看仍还有个"古都"的样子。

临安，不得已的国都之选

在中国 3000 多年的信史中，有过统一，有过割据，有大一统的王朝，也有偏安一隅的小王朝，但不论大小王朝，都要有个国都。这样算下来，古代中国曾经有过大大小小的国都 200 多个。不过，真正统辖过华夏大地，有显著遗迹可寻的古都，少之又少；所以，民国时人们盘点中国历代国都，提出一个"五大古都"之说：即西安、北京、洛阳、南京和开封。新中国成立后，又有了"六大古都"之说，那个后加上的一都就是南宋国都——临安（今杭州）。

宋朝丢人的事很多，最丢人当数靖康二年（1127 年），徽、钦二帝被金人抓去北方，史称"靖康之耻"。知耻而后勇的南宋，"勇敢"地抛弃开封，落跑江南，勇敢地把杭州改为临安，过起了偏安的小日子。

游西湖的时候，我倒是见过一些宋代的遗迹，如苏轼的堤、岳飞的墓；但作为南宋都城的遗迹不多。"临安"偏安了一百多年，随着 1276 年元兵破城，宋走向了灭亡之路。算起来，临安仅是半个王朝的短命国都，收入"六大古都"实在勉强。但作为古代中国具有一定国际知名度的国都，和作为有国际知名度的港口，它还是可圈可点的。

杭州古称钱唐，隋朝开皇九年（589 年）废钱唐郡，置杭州。南宋建炎三年（1129 年），高宗南渡至杭州，升杭州为临安府。绍兴八年（1138 年）南宋正式定都临安，历时 140 余年。当年诗人林升在谴责宋人丢下开封，偏安江南时，曾写下了著名的讽喻诗："山外青山楼外楼，西湖歌舞几时休。暖风熏得游人醉，直把杭州作汴州。"其实，西湖只是临安生活的表象，真正使南宋得以苟安百年的是钱塘江的江海物流之利。

钱塘江发源于黄山，古名"折江"，到了杭州附近，它又称为"之江"，最后，在舟山一带流入东海。有着通海之便的钱塘江，自古就是江海运输的重要码头。唐初，杭州港即是漕粮大港，同时，也是制造大型江船、海舶的重镇。北宋不仅在此设立设两浙（钱塘江以南为浙东、以北为浙西）市舶司，并且规定："自今商旅出海外藩国贩易者，须于两浙市舶司陈牒，请官给券以行。违者没入其宝货。"各地出海的商船都必须向设在杭州的两浙市舶司办理手续。所以，临安不仅是偏安之都，还是大宋著名的通商口岸。

杭州唐代之前的模样已看不到了，好在咸淳四年（1268 年）由潜说友编纂的《咸淳临安志》里留下了一幅《京城图》（见图 4.9），我们可以借此看一下 700 多年前的杭州。从图上看，杭州南起凤凰山，北到现武林门，西接西湖，东至中河，万松岭脚下则是皇宫大内。"赢於南北而缩於东西"，南北长度是东西的一倍。《京城图》绘画精细，标识鲜明，山水城阙、宫殿衙门、街道坊肆、桥梁仓库，近千个地名布满图上，展示出南宋都城的庄严与繁华。

由于志书地图的受图面布局因素的制约，《京城图》的方位取向是上西下东、左南右北，但文字叙述却"东西南北"相混。图以大内中主殿的方位（坐西朝东）为图的方位，而志文将宫城厢的东西南北方位，叙述成北南东西形成一个假的上北下南方位，这种方位取向和叙述的"混乱"，具有明显的皇权观念。另外，由于志书地图受到矩形雕版尺寸的约束，使地图的比例总是失真。

咸淳《京城图》的图符以城墙、城门、河流和山峰最为明显，带有很深的传统山水画烙印。图中的城墙和城门均用写景法绘制，既淳朴又厚重，犹如宋人的界画，实受当时南宋画苑画家的影响，同时反映了宋代城楼建筑的华丽景象。《京城图》的图注除了有方位表示外，字体还分大小

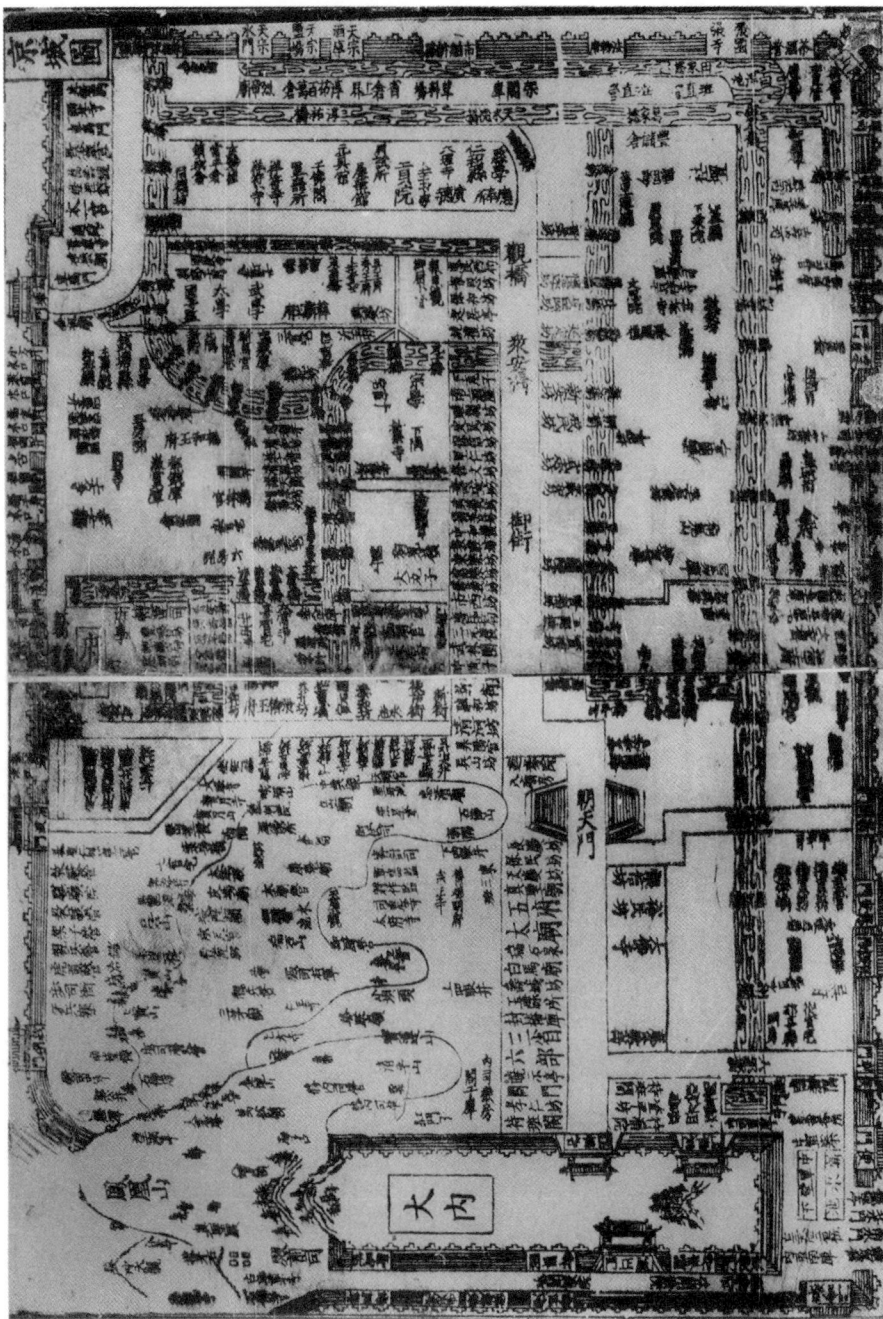

图 4.9 咸淳四年（1268 年）由潜说友编纂的《咸淳临安志》里留下了一幅《京城图》，我们可以借此看一下 700 多年前的杭州

等级，如"大内"太庙""五府""朝天门"和"御街"等图注明显大于其他图注，表示了封建等级观念。

大宋重视海外贸易，对远道而来的外商视为嘉宾，杭州羊坝头、新四三桥均有外国舶商居住地，城东崇新门内荐桥附近多住犹太人、基督教徒之富族；荐桥以西为回族人所居，俗称"八间楼"。外国商人居住地称"蕃坊"，由市舶司会同当地政府共管。杭州市舶司还经常为外商举行盛大"犒宴"，进港接风，离港钱行。宋代杭州舶商馆驿很多，著名的有：浙江亭是一所政府开设在杭州港候船的宾馆；都亭驿是馆专接待外国使人宾馆；怀远驿是南宋最早的国宾馆，绍兴七年（1137年），接待过三佛齐国的贡使；其他，还有北郭驿亭、仁和馆、邮亭驿等……如此热闹的海上商贸往来，西湖的歌台舞榭，能不"繁荣"一时吗？

杭州城的繁荣兴于大宋，但在西方的国际知名度，则得益于元代，这是因为元代，威尼斯商人和探险家马可·波罗游历过此城，并在他影响整个西方世界的《马可·波罗游记》中，以最多的笔墨记叙了"行在"，即杭州。所以，在欧洲许多版本的关于东方的描绘中，都有行在的图画了。这些图画将这座城市画为一个西洋城市的样子。

蒙元政权在陆上禁止汉人经营西域商路，但马背上诞生的蒙元政权不熟海路，所以，允许汉人参与海上贸易，也允许阿拉伯人为蒙元打理海上贸易。因此，杭州和泉州在阿拉伯世界很有影响，并由此将中国海上贸易的信息传递到了欧洲。所以，这两个大港成为当时许多世界地图上一定要标注出来的两个重要的中国港口城市。

南京，从"六朝古都"到大明南都

其实把历史不长的大明国都南京，放在"五大古都"中，也很勉强。

南京被称为古都，并不完全因为它是大一统的明朝的第一个国都，而是因为它有个很唬人的名头叫"六朝古都"，不过，很多人弄不清南京的"六朝古都"是个什么概念。多数人的脑里，王朝就是一统天下的王朝，如汉唐之类；对偏安一隅的小王朝，往往忽略不计，而南京的"六朝"恰好就是那些被忽略不计的"小王朝"。

秦始皇一统天下之前，南京这个地方叫金陵，秦统一中国后，将此邑改为秣陵。"天下三分"时，东吴改秣陵为建业，并在此建都。于是，有了"六朝古都"的"第一都"。三国归晋之后，建业又被分为秣陵、建邺两县，并在此地增设一县为江宁，南京的"宁"字别名，即由此而来。313 年，这里又改名为建康。西晋灭亡后，司马睿于 317 年春在建康称帝，建立起偏安江左的东晋王朝。于是，又有"六朝古都"的"第二都"建康。东晋偏安江南 103 年而终结。此后，历史进入了改朝换代最为频繁的时代，史家称这混乱的一段为南北朝，偏安于长江以南的宋、齐、梁、陈四个小朝代，在此后的 169 年的时间里，不论谁当朝，均以建康作为国都，于是，有了"第三至第六都"。这就是由"小王朝"构成的"六朝"和短命的"古都"，全加起来也就 300 多年的历史。

现在能见到的古都的最早城图是南宋景定二年（1261 年）出版的《景定建康志》中曾刻有的《府城之图》，它描绘了南宋建康府，即今天南京城的一部分，原宋本已佚，现为清嘉庆重刻本。但现在的南京城已找不到"六朝古都"遗迹了，我们所能看到的是"六朝"之后的另一个王朝——明朝的遗迹，而真正使南京成为一统天下的国都，恰恰是大明王朝。

元至正十六年（1356年），朱元璋率领反元义军攻克元集庆路，遂将这里改为应天府。这里要多说一句，宋代也有个应天府（今商丘），取的都是《周易》中"汤武革命，顺乎天而应乎人"之意。此时，朱元璋不仅没有称帝，甚至还没称王，仅被拥为吴国公。应天府也仅仅是一个反元的基地，而非一国之都。元至正二十三年（1363年）朱元璋在鄱阳湖歼灭陈友谅60万大军，次年在应天府即吴王位。随后，又用几年时间，打败张士诚，攻克平江（苏州）；并迫降割据浙东的方国珍。此后，才有条件命徐达、常遇春率军25万北上攻元。

元至正二十八年（1368年）正月，朱元璋即皇帝位，国号大明，年号洪武，定都应天。此后，朱元璋又展开了长达22年的统一天下的战争：洪武元年八月，明军攻克元大都（今北京），推翻元朝；随后四面出击，先平定福建、两广，继而发兵征漠北；接着遣军入川，灭夏国，取云南，平辽东；一直到洪武二十二年（1389年），大明才统一了全国。这之后，朱元璋仅过了八年太平日子，于洪武三十一年（1398年）病卒，终年71岁。

轻松承继一统江山的是朱元璋的孙子建文帝，但这个文弱皇帝仅坐了五年天下，就被叔父朱棣夺权，连应天这个国都也被废弃。朱棣改北京为国都。明英宗时，为了表示对祖上的功业的敬重，才于正统六年（1441年）改应天府为南京，设有与中央一致的政府机构，它也称南都或留都。

南京作为古代都城，有比较成规模的古城墙。西安的城墙，号称是隋唐的，主体还是明代的，南京古城墙更是以明代为主了。我到过南京多次，每一次都少不了看看那留在现代新城里的古代城墙、城门。当然，仅有城墙印证不了它当年的繁华，和开封人以《清明上河图》为骄傲一样，南京近年来，也有了讲解其繁荣史的历史画卷。

图 4.10 《南都繁会图》（局部），通过店铺前高悬的"西北两口皮货""万源号通商银铺""东西两洋货物具全"等店招，可以看出南京不仅是全国的商业中心，还是国外商品的销售中心

此画全名为《明人画南都繁会景物图卷》，简称《南都繁会图》（见图 4.10），卷首署"常熟翁氏旧藏"，20 世纪 50 年代末中国历史博物馆从翁氏后裔那里征集。卷尾署"实父仇英制"，经专家研究，从绘画技法看，并非明四家之仇英所绘，但可确定是明代宫廷作品。画卷绢本设色，卷长 355 厘米、宽 44 厘米。该图属国家一级文物，画面多处损伤，模糊不清，一直藏之高阁。2004 年，南京秦淮河建设指挥部，为开发秦淮河文化资源，两赴北京，请国家博物馆技术部的大力支持，才得已见到南都"繁会"的真容。

现在我就依据画面解读一下大明南都。此画的最左边，师假借了仇英大名，所以，此画应作于仇英成名后，大约在明中期。画中央有一个元宵灯会才有的"彩山"，此物兴于永乐年间，那么其表现的应是明初至明中期的南京。画中描绘地是秦淮河两岸，画由郊区农村田舍始，在明故宫前结束。画上方表现了明城门外最繁华的临水街区长干里，河面宽阔，有大船行走，画中央描绘了"南市街"和"北市街"，这两个"市街"均于南北走向（即今天的雨花路、东西干长巷），是当年城中的繁华之地。此画主要表现的是都市的繁荣与市井百态。画中有茶庄、金银店、药店、浴室，乃至鸡鸭行、猪行、羊行、粮油谷行……百多商行，应有尽有；画中的侍卫、戏子、纤夫、邮差、渔夫等，约有1 000多个职业身份不同的人物……它也因此享有"南京本土的《清明上河图》"之盛誉。

南京是商业广告的先祖，是传统广告"龙灯"的发源地。此画中共绘有109家商店及招幌匾牌，这一图景形象而具体的展示南京的商贸特点。

通过店铺前高悬的"西北两口皮货"（两口，即冀西北的张家口与密云东北的古北口）"立记川广杂货""福广海味发客""京式靴鞋店""川广云贵德森字号""南北果品""万源号通商银铺""东西两洋货物具全"等店招，可以看出，大明南京已是各地百货云集的全国商业中心。

同时，"东西两洋货物具全"招幌匾牌，告诉人们，这里还是国外商品的销售中心。"东洋货"指的当然是日本货，似乎为了印证"此言不虚"，这个店的旁边，还展现了一个"走海倭子进宝"的民间文艺表演。商业活动与文艺活动是此画卷的两个重要内容，画中有固定的戏台，也有踩高跷等行进演出。在"东西两洋货物具全"店铺旁边，一出名为"走海倭子进宝"的表演这在进行中，走在队伍前面的是两头狮子，随后，是举着三块"走海倭子"牌子的人物表演，几位艺人正在表演日本商人来中国进贡宝物的场景，其中，最为突出的进宝倭子举着一大枝日本海峡盛产的红珊瑚……这些内容表明，虽然，明廷有严格的海禁，但中日海上贸易仍然存在。大明南都，真是大繁荣。

北京，八百年不老的国都

新中国成立前夜，经中国人民政治协商会议第一届全体会议通过：中华人民共和国的国都定于北平，即日起北平改名北京。不过，北京这个名字并非是这时才有，北京之名古已有之，它是古代的东、西、南、北"四京"制产生的名字，随着王朝的都心不同，北京的位置也游移不定。

今天的北京，其都城的历史是从金代开启的。

公元1115年，女真族首领阿骨打建立金朝，定都上京（今黑龙江省阿城县）。北宋宣和二年（1120年），宋、金结盟攻辽，约定由宋出兵燕京，胜利后幽、云等州归宋，宋则把原来给辽的"岁币"转纳给金。宣和四年（1122年），宋军攻辽兵败，金兵接着攻辽，打下辽南京析津府（今北京），按原订协议交归宋朝，宋改辽析津府（今北京丰台区）为燕山府。宣和七年（1125年），金灭辽。同年，南下攻宋，占领了燕山府。第二年，北宋亡，金海陵王将国都从上京会宁府（今黑龙江阿城）迁至燕山府。金贞元元年（1153年），新都建成，改称中都。金由此建立了一都五京的政权格局。即东京辽阳；西京大同；南京开封；原中京（今辽宁宁城）改为北京；金世宗大定十三年（1173年），又将金太祖、太宗、熙宗、海陵王四帝之都会宁府改为上京，遂成五京一都之格局。按着当年金的势力范围，中都大体居中，统领大金的"天下"。

虽然，此地曾是唐朝的幽州城，但若作为金的新国都，海陵王还是觉得它人气不旺，于是颁令，凡四方之民，欲居中都者，免役十年。至世宗时期，为了便利漕运，又利用金口河引永定河水，开凿东至通州的运粮河。经过半个世纪的运营，中都慢慢成为一个交通便利、市井兴盛的大都会。据1966年中国科学院考古研究所的考古勘测，中都外郭城的东南角在今永定门火车站西南的四路通，东北角在今宣武门内翠花街，西北角在今军事博物馆南皇亭子，西南角在今丰台区凤凰嘴村。宫城位于全城的中央，平面呈长方形，颇有汉唐风范。

不过，好景不长，蒙古军队东征灭金，一路烧杀，被烧过的金之中都，被蒙古人视为不祥之城。忽必烈再建大元首都时，虽选择了燕京之地，却没在中都原址上建都，而是在它的东北海子一带重建新城。因北已有上都、中都，新建首都即称为大都。

元没有选择中原建都，因为 1267 年兴建元大都时，江南的南宋还没有完全灭亡。所以，这个都城只能游离于传统之外，再创新的传统了。

依建都的风水说，北京有"背山带海"之形胜。但作为一个都城，北京不仅是一个缺水的城市，而且也不是一个交通通畅的都城。因而，公元 1292 年，朝廷命郭守敬指挥修建元大都至通州的运河。前往大都的船只可由沿海进入河道，以及由大运河最后经通州直达元大都城内码头（即今天北京积水潭）。这个水道的打通保障了都城的生活需要与经济繁荣。

如果说，元定都大都是时势所限，朱棣一朝将明都城迁到此地，完成了，不过，朱棣迁都不是西安，而是北平府。为什么会有这样的选择？有两个理由是显见的，一是朱棣原是燕王，篡位以后选自己的封地为都，此"龙兴之地"比定都应天府更"名正言顺"，统治起来也得心应手；二是北平府虽不在天下之中，但北方是抗蒙前沿，在此建都能更好地巩固北方。所以，朱棣即位之初就升北平府为北京，称顺天府。

永乐四年，朱棣下令筹建都城，经过十余年的筹备，永乐十四年（1416 年），朱棣下令在北京建一座西宫开始，北京紫禁城的兴建也从此算是正式开始，到永乐十八年（1420 年），工程正式告竣。整个北京城的营造从筹备到完工整整用了 14 年的时间。永乐十九年（1421 年）正月元旦，朱棣在紫禁城中恢弘庄严的奉天殿接受了群臣的朝贺，宣告天下：大明的都城是北京。

永乐二十二年七月，朱棣病死在第五次北征的路上。但明朝将都城定在边疆而保卫边疆的传统被清朝承继下来。虽然，大清为北平城的建设做出巨大贡献，但这座都城的大格局已经在明朝定型了：城中心有一条庄严、笔直的中轴线，中轴线两侧是堂堂正正的对称街区，城中部有层层叠叠的紫禁城宫殿群，宫城周边是工工整整的四合院。

从金代开始，燕京之地，就被选为国都，元、明、清三代都城有些移动，但大体上已定在了这里（见图4.11）。选择此地定都，除了元蒙旧都即在这一带的故土因素外，也是受当时的势力所限。1267年开工兴建大都时，江南的南宋还没有完全灭亡。所以，这个都城只能游离于传统之外，再创新的传统了。元的汗国传统，是将四个皇族血亲分封于西域与中亚，建立相对独立的四大汗国。这一行政方式与历代不同，其地盘之大，也是空前绝后的。

朱元璋反元建明，原本想于中原西安定都，但最后还是选择了元朝的集庆路，改其为应天府（今南京）。燕王朱棣寻下王位后，也没迁都西安，而是先择了他的龙兴之地，以燕京为都。北京从前的内城是在明太祖1370—1419年建造，内城周长约24里，一共有9个城门，老北京话说的"四九城"，就是内城东西南北的四面城墙和它的九个城门。

清承明制，也没再迁都，以城市规模而论，天下没有比它再好的都城了。清不仅没有迁都，甚至，对这个都城也没再做大的改造。所不同的是，只在旗、民分城居住的制度方面。内城以皇城为中心，由八旗分立四隅八方。两黄旗居北：镶黄旗驻安定门内，正黄旗驻德胜门内；两白旗居东：镶白旗驻朝阳门内，正白旗驻东直门内；两红旗居西：镶红旗驻阜成

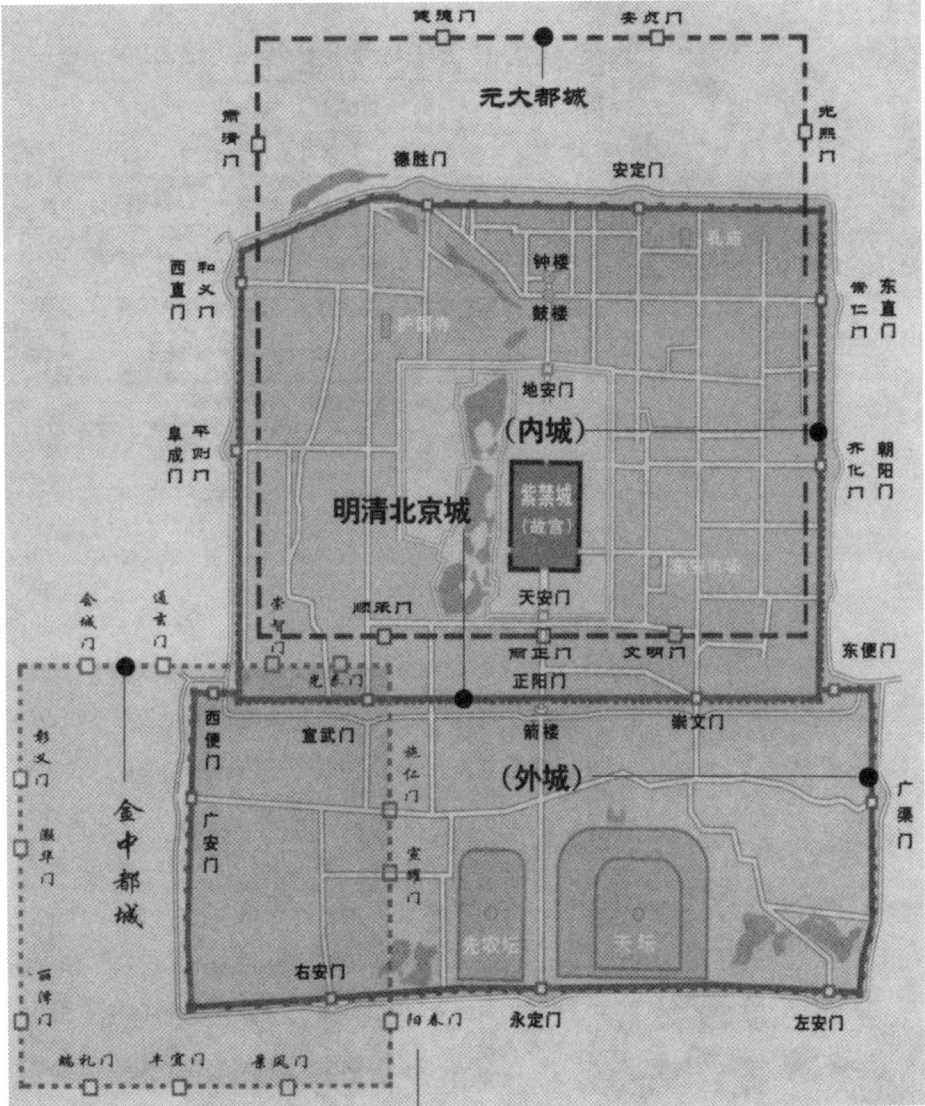

图 4.11 这幅北京旧城变迁图，描绘出自金朝以来，历朝在这里建都的情形

门内，正红旗驻西直门内；两蓝旗居南：镶蓝旗驻宣武门内，正蓝旗驻崇文门内。大清将子弟兵，在城里摆出了阵形，似乎这个模拟的格局可以守住天下与皇权，但无论是内部还是外部，天下的格局，都已发生了巨大的变化，而一切变化似乎从大金选择这里作为都城就开始了。

向内而生的旧世界，正变为向外扩展的新世界。

◇第五章

家即天下，万国来朝

古代中国的"天下"有多大

"天"与"下"这两个字，早在甲骨文中就已出现，但凑成"天下"一词，则是西周以后的事情。现在我们能看到的"天下"一词，最早文字样本存于《尚书·大禹谟》之中。如，"皇天眷命，奄有四海，为天下君"。此时的"天下"，从词面上看就是"天之下"，即所有土地的意思；若从民以王为"天"的角度看，它又是"天子脚下"王权表达。

如果说"天下"在春秋战国时，还多是纸上谈兵，但到了秦始皇建立中央集权制国家时，"天下"已有了真正的"一统"意义。秦统一中国后，不论是从"所有土地"，还从是"王的世界"来讲，其"天下"都偏于内指。此时的中国，北是荒漠，西是流沙，西南是高山，东与南皆是大海；其"天下"观也好，观"天下"也罢，终究跳不出先秦以来形成的"中原视野"。

秦以后，尊重"传统"的中国，渐渐成为"传统的中国"。祖先说：我们居天下之中；后人就认为：中国是天下的核心。汉代的"天下"，已不仅是指君临所及的王土，大汉已将"天下"观扩展为"华夷"观。华夏是天下的中心，文明的中心，华之外是夷；从中心向四边延伸，越处边缘，就越野蛮荒芜。这种以中国眼光看世界，以中国方式对待世界，成为中国式的天下观和中国式的方法论。

当然，这种认识也不是没有来由。让我们先看一看秦始皇的"天下"——秦的版图。如果仅从海疆来看，秦的海岸线与今日中国的海岸线差别不大：东至朝鲜半岛，西至越南湾；但我们若观察陆疆就会看到，西部与北部变化巨大。尤其是当我们看到清代的"海棠叶版图"，就会感到海陆两疆的变化完全不成比率。从陆上变化多、海区变化少的版图现实看，天朝"宁边"的诉求，远远大于扩张的需要。尤其是当我们再以长城作为历史回望的焦点时，就会看出历代君王为"治边""抚远"而做出的种种努力。

　　事实上，秦以后的中国皇帝都失去了以武力获得"天下"的扩张意识（这一点，元朝是一个例外）。相反，儒学传家的中国人，汉以后多以孔子"远人不服，则修文德以来之，既来之，则安之"（《论语·季氏》）的思想对待"四夷"。古代中国的"天下"实非侵吞小国的扩张"天下"，尤其是西部与北部，那是汉唐以来的战争与和亲、分治与一统的多重政治变奏中，一步步经略成的边疆的现实。

　　两千多年来，中国确实拥有着巨大无比的"天下"，其版图是任何一个国家都无法与之相比的东方老大。

　　处于"居天下之中"的中土王朝，对边缘政权或周边国家都不存在"食货"之需求，即使是人口最多的清朝，也就4亿人，中国也基本是自给自足。滋长"天下一家"和"四海归一"思想的不仅是中国之内因，外因也起着重要作用。

　　长期以来，边缘小国就对天朝的商贸、文化与政治有着依赖性。唐宋以来，日本、朝鲜一直是以中国的文化典籍为正宗。日本遣唐使来中国取经的故事就不用说了，宋时高丽使团每次来华，也都要带回大批书籍。史载，淳化二年（991年）高丽使者从中国带回《大藏经》《九经》《册府元龟》《文苑英华》《太平御览》等多部书籍。而宋理宗时（1225—1264年），即日本镰仓时代，日本商业迅速发展，但铜钱跟不上流通，日本市场干脆使用大宋的铜钱作为流通货币。中国不仅在文化经济上影响周边小国，而且在相当长的时间里，还要以宗主国的名义摆平这些小国的内部斗争和外来侵扰，而小国领袖也都以到中国领到执政大印或诏书为王权正宗。

在这样的大背景下，中国有了一种超越地理意义的人文构想：在"天下"这个最大化的空间单位里，中国是核心，所有的次级空间，都如"五服""九畿"一样围绕着它。在这个"天下"里，所有的"外"，都是"内"。如这幅朝鲜人绘于17世纪的《天下图》（见图5.1），它可能源自

图5.1　这幅《天下图》，可能源自中国明朝的地图，虽然，地图名之为"天下图"，但中国仍是天下中心

中国明朝的地图，中国被描绘成一块巨大的中央大陆，外圈是内海，再外一圈是岛屿或环状大陆，再外一圈是外海。虽然，地图名之为"天下图"，但中国仍是天下中心、文明中心，从中心向四边延伸，就是野蛮荒芜的"马蹄国""长臂国"。对尚未认知的地方，皆为八荒海外，则是圣人存而不论的。

在这样的"天下"观影响下，古代中国形成了中土王朝的最为简单的外交关系："华夷"和"朝贡"。这种观念一直维系到八国联军打进北京，那之后，我们很少再用"天下"这个词了，末世王朝在一个接一个的失败中发现，这个世界已非"一姓天下"了。连"天下"这个词，也被后来的"世界"与"国际"这些词一点点取代了。

云一样游动的"行国"

短命的秦朝，建立了统一的集权国家，却没有来得及编纂秦的国史。立国前后，曾有吕氏集百家之长，编出名为"春秋"的大作，但记录的却不是国史。秦灭六国，百废待兴，无暇写史，也无暇修史。大汉代秦，天下再度一统，文武二帝，天下太平，这才有闲编纂大历史，这才有了编史第一人司马迁。

司马迁是我国史官中的开创性人物，他的遣词造句就成了后来的定式与规矩。比如，这里所要说的"行国"，就是他的创造。太史公的创造这个词是否得之于《诗经》，我们不得而知。人们所能见到的最早的"行"与"国"的粘连，似乎也止于《诗经·魏风》中的《园有桃》。其诗曰：

园有棘，其实之食。

心之忧矣，聊以行国。

关于这句诗，郑玄释为："聊出行于国中，观民事以写忧。"这里的"行国"，也就是行游于国中。这个意思显然不是太史公的"行国"之意。那么《史记》中出现的"行国"是什么意思呢？

《史记》没有将国别史分章列出，这类的东西都放入到"列传"中，太史公的"列传"十分庞杂，既有人物，又有列国，既有经贸，又有风俗。"行国"就出现于《大宛列传》之中。《大宛列传》是一篇人事与邦国混杂记叙述的列传——"大宛之迹，见自张骞"。它主要记录了"张骞通西域"这一重要历史事件，又借此事件记录了几个西域国家。"行国"作为名词，首次出现于此：

"乌孙在大宛东北可二千里，行国，随畜，与匈奴同俗。"

"康居在大宛西北可二千里，行国，与大月氏同俗。"

"大月氏在大宛西可二三千里……行国也，随畜移徙，与匈奴同俗。"

太史公的"行国"，已讲得明明白白，就是"随畜移徙"的游牧政权，汉代的壁画中也有这类内容的反映（见图 5.2）。后世，也有进一步解释"行国"的，即"不土著"，也就是不依土地而居的居国，不以农耕为本，逐水草而居，不筑城建郭。如张骞第一次出使西域要找的月氏国，就是一个典型的游牧之国，忽而东，忽而西，后来还分出了大月氏和小月氏。

其实，这些行国早在商朝就和中原人打交道，后来的于阗国，也就是今天的和田一带，那里出产的美玉，曾经贩运到了商的首都。而先秦的许多国家，也都是"行国"，就连秦国的先民，也是从甘肃东部的"秦夷"，慢慢向东移动进入了今天的陕西。秦的子子孙孙，打打杀杀，东移南下，

图 5.2 　此为西汉匈奴人的牧羊图，反映了西域行国"随畜移徙"的游牧特色

最后"行"出了一统疆山。"行国"固定后，其统治核心基本不动，只有周边时不时地向外扩张。

汉代，汉文化对于边周边地区，或者说对于周边"行国"，完全称得上是先进文化的代表；汉实行的是封建制度，而匈奴等"行国"实行的则是奴隶制度。但是，汉人的农耕文明却不是当时华夏大地的主流，中原之北、西、东诸"夷"都是"不土著"的游牧政权。这些逐水草而居的马上英豪，经常风一样地侵入中原，又风一样地离去。"行国"的不断侵扰，令汉武帝头痛不已。只有摆平了"行国"，大汉的天下才能安宁。

于是，比文帝更有征伐资本的武帝，在公元前138年启动了摆平西北"行国"的宏大构想，其中最为后世称道的即是派使西行。西行带回的信息，不仅开阔了大汉的眼界，也直接促使了许多"行国"，在后来的或战或和之中，渐渐融入到大中华的版图之中。

"西域"到底有多远

经过高祖高后、文帝景帝等几代领导人的经营，汉至武帝，政府已有消除边患的资本，但对待风一样飘来飘去的匈奴，刘彻还是寻不到一个彻底根除边患的办法；思来想去，还是先秦远交近攻的老办法——选使西去和匈奴身后的游牧政权大月氏联盟，即使构不成夹击之势，至少也可钳制匈奴。这个算不上英明的决定，却为后世留下了一个伟大壮举——"张骞通西域"。

公元前138年离开长安西行的张骞，没等走到大月氏，就如预料的那样被匈奴抓到了。张骞不仅做了俘虏，还被"和亲"，娶妻生子了。后来，张骞成功逃亡，辗转找到了大月氏。但已定居西域的大月氏，无意再做行国，也不愿回师东进与匈奴为敌。灰心丧气的张骞靠着运气逃回阔别了13年的长安。虽然联盟失败，但大汉却从张骞那里得到了闻所未闻的玉门关以西的信息。这些信息后来成为《汉书·西域传》的原始线索，"西域"这个新鲜的地理名词，也是从这里第一次载入历史。

张骞赴西域之前，汉朝投向西方的视野，基本上停留在玉门关一带，没能跳出《禹贡》所说的九州。公元前119年，朝廷决定派张骞率领300人组成的庞大使团再赴西域，游说乌孙王东返。乌孙虽然没有答应东归，但却派使者随同张骞一起到了长安。其中，大汉与西域马的"贸易"，成为双方最初的交换。1969年在甘肃武威发掘的东汉"守张掖长张君"墓葬中出土的铜奔马（见图5.3），即后来被命名为"马踏飞燕"（中国旅游标志）。它反映的不仅是汉代"通西域"的良马贸易和尚马之风的延续，同时也反映了武威因汉人尚马，而发展成"凉州畜牧甲天下"的良马交易、繁殖基地的历史事实。

汉朝派出的使者与西域通商……这些交流所带来的地理大发现是前无

图5.3　1969年在甘肃武威发掘的东汉"守张掖长张君"墓葬中出土的铜奔马，反映出汉代"通西域"的良马贸易和尚马之风的延续

古人的，西域，渐渐进入了大汉的掌控之中。公元前60年，匈奴内部分裂，对西域的控制瓦解。汉宣帝任命卫司马郑吉为西域都护。这是"西域"一词，作为行政名词的首次使用。其治所在乌垒城，即唐代诗人岑参所说的"轮台九月风夜吼，一川碎石大如斗"的轮台，地处今天的乌鲁木齐以西360公里处。西域都护所辖的地区，史称"西域三十六国"，大约是现在的新疆南疆地区。

在敦煌莫高窟第323窟北壁西端，有一幅壁画表现的就是张骞出使西域的故事。此图是现存最早的"张骞出使西域图"（见图5.4）。这个佛教史迹壁画以山峦分隔故事情节，共四组画面，每组画面都有榜题。第一组画面位于全图右侧：上部是一座宫殿，殿内立金像两尊，匾额上书"甘泉宫"三字。榜题仅存方框。下面是一王者，手敬香炉，跪拜顶礼；左右各立三臣，躬身合掌，持笏顶礼。榜题："汉武帝将其部众讨凶奴，并获得二金［人］长丈余，列之于甘泉宫，帝为大神，常行拜谒时。"第二组画面位于全图下层：一王者骑于马上，臣八人跟随左右，后有侍者执曲柄伞盖。王者对面，一人手持笏，跪拜辞行。后有二侍从，持双节，牵四马。马上驮着物品。榜题："前汉中宗既得金人，莫知名号，乃使博望侯张骞往西域大夏［国］问名号时"。第三组画面位于全图左侧下部：一人骑马在先，二侍从持节骑马随后，穿行在荒无人烟的山峦中。榜题仅存方框。第四组画面位于全图左侧上部：三人行至一西域方城，两人手持双节。城内佛塔高耸，城外两僧人向城内观望。榜题仅存四字："［至］大夏时"。这组画表现的是汉武帝派张骞出使西域的故事，题记中"前汉中宗"应是画工笔误，"问金像名号"是唐朝人为造像需要编的故事，将张骞去西域招兵卖马，改成请佛问号，借此扩大佛教的影响。

画中说的大夏国是西域古国，在今阿富汗一带。从政治地理的意义上

5.4　在敦煌莫高窟第 323 窟北壁西端，有一幅壁画表现的就是张骞出使西域的故事。此图是现存最早的"张骞出使西域图"

讲，可以说是张骞把"西域"这片陌生的大陆带进了中原政权的视野。自《汉书》以来，"西域"一直是古代中的一个特殊地理名词，在历朝历代的《地理志》中，西域都是单列一章，都是浓墨重彩，都有故事可说……这个"西"到底有多远，"域"到底有多大，随着祖先的探索脚步，它不是不变的，而是一步步移动着的，从历史的时空讲，"西域"是漂移的地理概念。

汉代的"西域三十六国"：南缘有楼兰（鄯善，在罗布泊附近）、菇羌、且末、于阗（今和田）、莎车等，习称"南道诸国"；北缘有姑师（今吐鲁番）、尉犁、焉耆、龟兹（今库车）、温宿、姑墨（今阿克苏）、疏勒

（今喀什）等，习称"北道诸国"。此外，天山北麓有前、后蒲额和东西且弥等。当时的一个"国"，也就万人左右；龟兹人口最多，约八万余。所以，"国"之兴灭，转眼之间。

北魏时的"西域"分为"四域"：一域"自葱岭以东，流沙以西"；二域"自葱岭以西、河曲以东"；三域"者舌以南、月氏以北"；四域"西海之间，水泽以南"。这是《北史·西域传》的记载，其中的后三域，在今天的帕米尔高原以西以东。今天的中亚许多地区，被看作是"西域"的范围。

大唐的"西域"范围很大，在《旧唐书》列传中，尚无外国概念，用的是夷、狄，还有西域。当时的西域为：敦煌以西、天山南北、中亚、西亚地区均为"西域"。唐代的大西域概念，来自初唐的广阔疆域，当时设有安东、安西等六大边疆督护府和许多边州督护府，其西边势力，一度远达大食（波斯）。

经历了元蒙西征，"西域"的概念更加广阔。《新元史·外国》将西域放在"外国列传"中，这个西域甚至包括了东罗马（今土耳其）。

清代初的地理观念是最接近当时的西方地理，这一时期的"西域"，在乾隆时期撰修的《西域图志》中，有明确解释："其地在肃州嘉峪关外，东南接肃州，东北至喀尔喀（今蒙古国）、西接葱岭，北抵俄罗斯、南接蕃藏，轮广二万余里"。也是在这一时期，西域作为前朝故土，始被"新疆"一词取代；嘉庆时，"新疆"一词就完全代替了"西域"。1884年，清政府正式在新疆设省，并取"故土新归"之意，改称西域为"新疆"。

明史中的西域与外国同置于《列传》之中，在外国之后，单列西域。但在《清史稿·地理卷》中，不再单设"西域"一栏，代之以天朝诸省中的"新疆"。从此"西域"成为不再飘移的地理名词，凝固于历史文献之中。

远西"大秦"的时空定位

有些"历史结论"看上去合情合理，细究起来却发现有令人怀疑的"历史成因"。比如，历史学者常常诟病的"明清两朝对西方的了解，远不如汉唐两朝，是历史的倒退"。此说常以《明史·意大里亚传》为例，"意大里亚，居大西洋中，自古不通中国。万历时，其国人利玛窦至京师"。但哪个历史文献又能证明，意大利自古以来，或汉唐时就"通中国"了呢？

"意大利"原是亚平宁半岛南部部落的名字，公元前 6 世纪，罗马共和国成立时把亚平宁半岛正式命名为意大利。但千百年来"意大利"并不作为一个国家名字出现，这个帝国的大名或是罗马，或是东罗马，直到 1870 年撒了王国统一亚平宁半岛，"意大利"才正式成为统一王国的国名。也就是说，此前的古代中国，如果与意大利打过交道，史料上留下的也是别的名字。

在西方作为洲际概念出现之前，中国的古代文献都是以"西域"来描述西方的。在《后汉书·西域传》中，曾有"大秦"一说，被后世学者认为是指古罗马："大秦国，一名犁靬，以在海西，亦云海西国。地方数千里，有四百余城，小国役属者数十。……有官曹文书，置三十六将，皆会议国事。其王无有常人，皆简立贤者……其人民皆长大平正，有类中国，故谓之大秦。"

秦统一中国后，先民有了对外的整体形象"秦"。它可以是自称，也可依"有类中国"而他指。但这个西域的"大秦"到底在哪里，"海西"不足以指证它的确切位置。《后汉书》没能弄清的事，后来的史书，也跟着语焉不详。在弄不清"大秦"是否就是西方或罗马时，《隋书》和《大唐西域记》等文献中提到的"拂菻国",是一个可以参考的坐标。有学者考证"拂菻国"即指拜占庭帝国及都城君士坦丁（今伊斯坦布尔），希腊人称"斯丹波菻"或"波菻"。从希腊语转而为突厥语，又由突厥语转译成汉语，就成为"拂菻"。如依此说，我们或可认定，隋唐二朝所指的"拂菻"或"大秦"，也就是东罗马帝国。这一点在《新元史·外国列传·西域》中已有明确表示"在黑海之南，古拂菻国也"。

更有力的考古实证是，明天启五年（1625年）初，在西安的周至附近，农民在挖土建房时，从地下挖出了一块大石碑，碑额刻着："大秦景教流行中国碑"（见图5.5）。碑正面刻有楷书的2 000字碑文，碑的下面及两侧用叙利亚文刻着70位景教僧人的名字和职称。除8位外，皆用叙利亚文与汉字对照。碑的正文叙述了景教的基本信仰，然后说到大秦国的景教主教阿罗本到长安，受唐太宗的礼遇起最初的150年景教的发展经过。此碑的出土，证明了至少在唐代，"大秦"所指的是波斯，约今天的伊朗一带。

所以，我们一定要明白，东罗马毕竟不是罗马，这种"东西交流"，并没介入地理上的西方。实际上，自东西方宗教冲突以来，尤其是阿拉伯人封锁了西亚贸易通道后，东西方的隔绝一直延续到大航海时代的到来：此前，西方对东方的地理描述，多止于印度；中国对西方的地理描述，也止于君士坦丁。

如此说来，我倒是以为《明史》的记载，至少表明：元朝时到中国的意大利商人马可·波罗，其踪迹及影响在大明王朝是没有什么反映的；《后汉书·西域传》中提到的"大秦"，明朝也不认为它就是意大利亚或罗马。"大秦"作为汉代就写入中国史册的"远西"大国，千百年来一直就指向不清，直到意大利传教士都来拜见万历皇帝了，少数国人才从《坤舆万国

图 5.5 "大秦景教流行中国碑" 叙述了景教的基本信仰，和大秦国的景教主教阿罗本到长安受唐太宗的礼遇。此碑证明，至少在唐代，大秦所指的是波斯，约今天的伊朗一带

全图》中知道世界是什么样子，才第一次看到利玛窦用中文标注在地图上的"意大利亚"。

事实上，直到今天也找不出什么文献，证实明代以前的中国人或天朝使者，真的到过欧洲腹地罗马。即使是成吉思汗的部队，最西，也只打到莫斯科左右；即使是古代中国走得最远的旅行家，元代的汪大渊，也止步于东非。古代中国与博斯普鲁斯海峡以西的西方，真的没有什么实质性的联系。

妖魔化的"西游"

地理的妖魔化是世界性的"传统"。西方人自《荷马史诗》开始，就创造了折磨英雄的冥界唐塔洛斯和环绕大地的俄开阿诺斯河等虚构的地方；中国人至少从《山海经》开始，就有"山经"的怪兽，"海经"的妖魔（也难怪，清人编"四库"时，没将它收入经史部）。在地理认知上，东西方都有过漫长的"神秘主义"时期。古代交通不发达，对于去不了的地方，有过度想象，也属正常。但是，已经实地考察过的地方，又要妖魔化一番，则是另一种心态的折射。

古代国人的开阔视野，汉代就可圈可点了。那时人们似乎找到了通往"海西国"（东地中海一带）的道路。反复向西域派使团的汉朝没觉得有什么了不得，如邻居串门般稀松平常。到了唐代，去西域的手续麻烦了一些，但玄奘"私自出访"最终还是得到大唐政府的认可。受唐太宗之命，玄奘口述辩机记录，遂成《大唐西域记》，玄奘也成为后世歌颂的传经偶像，大雁塔壁刻《玄奘译经图》，即刻画了玄奘译经的业绩（见图5.6）。

图 5.6 大雁塔壁刻《玄奘译经图》，刻画了玄奘译经的业绩。但到了元朝末年，唐僧去印度取经的历史，就变成了神魔传奇的"西游"话本

可是，西天取经光辉业绩，到了宋末或元初已经变成《大唐三藏取经诗话》的"西游"话本（《永乐大典》收入其残本）。此唐玄奘取经故事，共分三卷十七段，将玄奘和尚远行万里去印度取经的历史，变成了神魔夹道的传奇；西行成功不是靠玄奘的伟大毅力，而是一只"泼猴"拔棍相助人的故事，取经成功变为神的功劳；丑化海外，美化神州；这是一种什么样的天朝心态呢？

显然，我们的文化中藏着一种"刻意的遗忘"。郑和七下西洋是国朝大事，但没出大明王朝，郑和七下西洋的国家档案就在皇宫里消失了，远航的事迹与所历的国家，半真半假，若有若无了。1601 年，利玛窦到北京时，坊间正流行罗懋登的《三宝太监西洋记通俗演义》。作者在叙言的最后说:"今者东事倥偬,何如西戎即叙……当事者尚兴抚髀之思。"此时,海上倭患严重,五年前,丰臣秀吉攻朝鲜,妄图进入中国,朝鲜有失,则北京震动。所以,虽然是魔怪演义,也表达了对外患的不安,所以,其作品不乏夸耀之词,希望有郑和与王景宏这样的民族英雄,以振中华之威风。希望"当事者尚兴抚髀之思乎!"。

此作品成于万历二十五年(1597年),国势日衰,全书偏于用兵,鲜于外交。

那段辉煌的历史已被编成神话,国朝人士不仅不知道利玛窦的大西洋国,甚至,连两百年前郑和远航所至的国家及地区也不清不楚了。在这部"演义"中,伟大的航海家郑和被写成一个蛤蟆精;牵星过洋的史实,转眼变得不可思议玄幻故事。中国知识分子再次退回"妙想方外,神游八荒",妖魔化的"传统"之中。

鲁迅在他的《中国小说史略》第十八篇明之神魔小说中讲,"所述故事杂窃《西游记》《封神传》,而文词不工,更增支蔓。"鲁迅据序文,虽认为,它有讽谕当局之意,但"惟书则侈谈怪异,专尚荒唐,颇与序言之慷慨不相应"。

此书志怪之事,也不能全怪作者罗懋登,他也多有所本,其中除了"所述故事杂窃《西游记》《封神传》"外,还有大半故事,直接摘自马欢的《瀛涯胜览》(载二十国)和费信的《星槎胜览》(载四十国)二书。仅《西洋记》所引二书相同之处,就有三十余处,两种"胜览",信史不少,志怪也不少。

西方之极谓"泰西"

历史学家都认为，汉唐中国是最为开放的中国。但站在地理学的角度看，较为科学的"世界观"是在明朝形成的。中国人心中的天下，也是在那个时代中进入了地理认识的"突变期"。

明以前的中国，以南岭之南的海域为南洋，将南海之西的中亚细亚及印度洋一带为"西洋"。此前的中国人在所谓的"西洋"之中，来来回回跑了上千年，但没能见识到"西"之外，还有更西——即万历年间所说的"泰西"。

泰，太也，极也。泰西，极西也。另，《尔雅·释天》关于四方之风的说法，也可参考。即，南方凯风，东方谷风，北方凉风，西方泰风。如此，说来泰西，是西之又西了。

大明王朝在宣德时，停止了"宣教化"的海外巡游，关上了国门，不许片帆出洋了；但洋人来"朝"还是允许的，利玛窦正是此时进入中国的。天朝恩威，四夷宾服。可利玛窦自报家门，谓之"大西洋人"。历代朝贡典录中，没有大西洋国家。他们在四夷之外，是鞭长莫及之"极"。为了区别传统中的"西洋"，自万历时起，国人把欧洲称为"泰西"。

利玛窦来自地中海北岸的意大利，为何称自己是"大西洋人"？因为，斯时大西洋航海风头正劲，他是经过葡萄牙的批准，才从大西洋绕好望角到达印度，又从印度登陆大明。1585年，利玛窦在肇庆建成中国内地最早的一座天主教教堂。知府王泮赠予两块匾额："仙花寺"与"西来净土"。西来的利玛窦，由此开始推广他的"西"。

利玛窦用对话体写的《天主实义》，对话人即为"东士"和"西士"。这位西来之士，想归化东方，但在传教上并取得多大成就。在西学传播与文化融合上，功劳就太大了。利玛窦不仅译介了重要的西方学术著作，还是第一个用拉丁字母给汉字注音的人，开汉语拼音化之先河（1955年周有光等搞汉语拼音方案，即沿用了利玛窦的方法）。

自利玛窦起，西学东渐，渐被称之为"泰西之学"。如，徐光启与意大利人熊三拔合译的介绍欧洲水利工程著作，即名为"泰西水法"。明末成书的《火攻挈要》，书上即题"泰西汤若望授"。此后，中国的学界就不断遭遇这个"泰西"。

今天还被我们广为引用的"哥伦布立鸡蛋""牛顿与苹果""特洛伊木马"等西典，皆源自近晚出版的著名西方掌故书《泰西五十轶事》（见图5.7）。而百年中国大学史，及今日中国的大学制度，其办学理念主要也是"旁采泰西"而不是"上法三代"的结果。地理方位，在不知不觉中，影响了我们的文化方位。

事实上，当大航海打开了世界之门以后，尤其是近代以来，人们对西方的整体性认同，已经超越地理指向，而更多地表现为文化指向，即"两

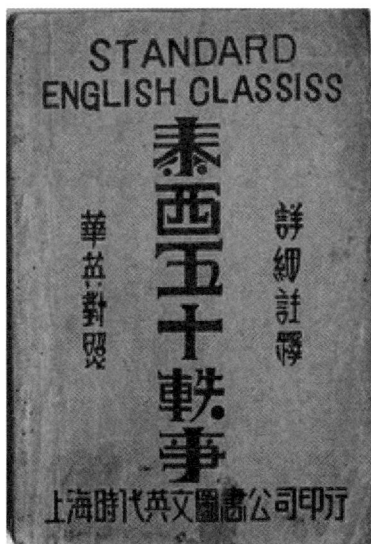

图5.7 《泰西五十轶事》晚清传入中国，上海商务印书馆1910年初版，后多家出版社竞相出版，可见社会需求量之大，其中英对照版《泰西五十轶事》是近代中国人学习英语的最佳读物

希"（希腊与希伯来）传统、基督教信仰、启蒙哲学、资本主义经济与民主宪政。

几个世纪过去了，世界最终是东化，还是西化，抑或是全球化？还未见分晓，一切只能留给下一个世纪去盘点。

天涯海角"下南洋"

齐国徐福从秦始皇那里游说来投资，带上三千童男童女到海中仙山寻找长生草，结果一去不归。东临大海的齐国，爱以海说事，徐福只是一小巫，他的前辈邹衍才是大巫。邹衍曾在战国的"百家讲坛"——稷下学宫讲"海洋学"，眼界远在"海上仙山"之外。他认为：九州之外，"有裨海环之"；"裨海"之外是"赤县神州"；再外"乃有大瀛海环其外"。虽然，齐人最远也就跑到日本，没有远洋的实践，但邹衍却推导出了近海与大洋的概念。

不过，真正将大洋与近海做出相对明确的地理区分，是明朝的事情。如同祖先以中原为中心指认"四海"一样，大明也是以中国为核心指认"四洋"。在东洋、西洋、南洋、北洋之中，与天朝在移民、商贸、海外行政等方面联系最为广泛、关系最为密切的当属南洋。

"南洋"在明、清两朝，近——可以表示江苏以南的沿海诸地，如清朝就将这一带称为"南洋"（江苏以北沿海称北洋），清末设有"南洋大臣"管理诸项事务；远——可指马来群岛、菲律宾群岛、印度尼西亚群岛和中南半岛沿海等地。

南洋的岛屿是各大洲中最为破碎的，仅印尼一国就有上万个岛屿。这里的先民，依人类学家的说法，多是马来人。但在印尼、马来西亚、菲律宾、泰国等地行走处，在他们的博物馆里，我却看到浓重的中国文化印记。似乎印证了"南洋的海水到处，皆有华人的踪迹"的说法。

古代中国与南洋是一种悲欢离合式的关系。传统中，国人一直把南洋看做海天之涯，不到万不得已，不会入海南渡。西汉时，南越王朝的最后一主赵建德，被汉军追至珠江口，逃生无路，遂率军南下入海，后被马弘将军所擒；南宋最后一个皇帝，8岁的少帝赵昺，也是被追兵所迫，最后由丞相陆秀夫抱着在珠江口跳崖投海；明建文帝朱允炆，被造反的叔叔朱棣追杀，一路南逃，后来消失于南海之中……

亡命天涯的不仅是皇上，老百姓在大陆待不下去，也选择"下南洋"。自唐朝起，为避黄巢之乱，即有众多汉人逃难于南海之上。南宋时，为避北方政权之奴役，汉人再度大举南迁，并漂洋过海；在南宋景定年间绘制的《东震旦地理图》中，南方部分已标示出了三佛齐真腊交趾占城（见图5.8）。明末之时，为摆脱异族统治的前朝子民，背井离乡"下南洋"，又掀起了史上最大的海外移民潮。

汉人南下渡海，使南洋的汉人越聚越多，他们在带去中原文化的同时，也在那里形成了自己的政治势力，甚至，在南洋的三佛齐、暹罗等建立了一系列的汉人政权。由于当时的中国是先进文化的代表，也是国力超强的大国，使得南洋的一些王国颇依赖于中国，连马六甲国王都是到中国领取的龙袍和玉玺。

不过，随着大航海时代的到来，东西方发生了历史性大冲撞，南洋的大小政权，最终都消失于西方列强的侵略狂潮之中。风云变幻，"南洋"又成了西方人的"东印度"。

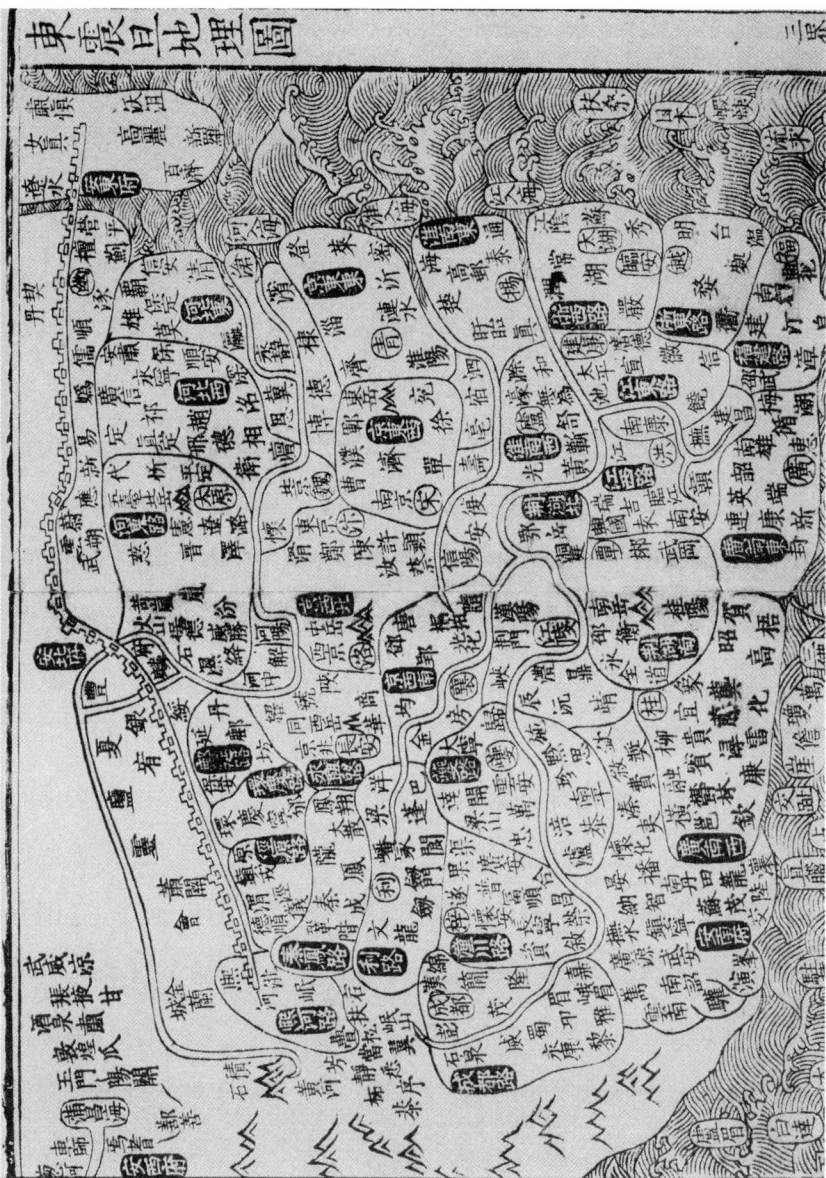

图5.8 南宋景定年间绘制的《东震旦地理图》(局部) 古代印度的佛教典籍称中国为"震旦"。此图的南方部分标示出了三佛齐、真腊、交趾、占城、东部标示出了日本

不辨东西"下西洋"

古代中国的海上交往体系是一个自大的体系，许多说法、看法、做法皆不与"国际接轨"。中国人不仅认为，华夏之外皆是"夷"，而且，以天朝为"上"，往哪里去都是"下"，遂有"下南洋""下西洋"。其实，中国人是西洋南洋不分的，在天朝有限的视野中，印度即是"西天"，印度洋即是"西洋"，而真正的西洋——大西洋，国人从未听说，或者，"不知有汉"。但中国人对"东洋"是熟悉的，定位也是准确的。只是"下东洋"，没能形成气候，或者说，中国不屑于"下东洋"。

中国人为什么对"下东洋"兴趣不大呢？一是，华夏的外交传统，自汉唐以来一直是"向西"，西边有商贸，西边求和平。二是，受自身的地理环境影响，中国东边除了小岛小国，实在没什么国家可以联系。

元蒙一朝，两次过海打日本未果，但日本列岛上的政权，也未对中国构成什么威胁，至多是不纳贡而已；明初，永乐帝登基后，即派使日本，告之改朝换代了，并遣在太仓筹备下西洋的郑和，到日本晓谕平定海患之事。永乐三年（1403年），日本主动示好，国王源道义（即第三代室町幕府将军足利义满）不仅遣使大明入贡，同时送来倭贼20人。成祖为显示天朝大度，请来使按日本的规矩自行惩治倭贼。于是，日本人在明州（宁波）支起大锅，将这些在日本也被通缉的海盗，投入沸水煮后，抛尸大海。东洋太平，大明更无"下东洋"之必要了。而日本列岛以东，则是看不到头的太平洋，当时中国人称日本海域为"小东洋"，称太平洋为"大东洋"。对于大明王朝来说，既缺少泛舟太平洋的可能性，也没有什么必要性。但西洋的情况大不一样，西洋不仅国家多，而且物产丰富，同时，海上交通也有近岸远航的便利条件，一直是中国海上交往的"主战场"。

从史料上看，唐末五代时，中国开始有了"东西洋"的概念。明代人是以婆罗（今文莱）为分界线，称婆罗以东为东洋，称婆罗以西为西洋。古代中国的"东西洋"主要是指南海海区的东与西两个海区。后来的"西洋"也指今天的印度洋。中国人的"西洋"航海实践，从汉以来一直就没有中断过，但是注重文字描述的中国文人，没能留下清晰的"西洋"地图，仅仅是在汪洋之中画上几个小圆圈，略作注记。

首次为中国人描绘出清晰的"西洋"地图的是利玛窦。现在我们能看到的六条屏式的《坤舆万国全图》，即是明万历三十六年（1608年），由宫中太监依照利玛窦5年前绘制的《坤舆万国全图》摹绘的。此图由于采用了将中国放于地图中央的椭圆形投影方法，所以，图中的东亚地区绘制得最为详尽，既有"小东洋"的标记，也有大小爪哇和马六甲海峡及印度洋的详尽描绘，其翔实的描绘达到了当时的世界先进水平（见图5.9）。

虽然，早在汉代中国船就已到达了印度，后来，又远抵波斯湾；但在清朝之前，中国船根本没有进入过地中海，更不用说大西洋了。中国之西的许多地方，比如印度、波斯，从现代地理与历史文化意义来看，这个"西"也皆处在东方之中。甚至，唐代以来中国人就到过的东部非洲，仍然没跳出文化上的东方。

此西洋非彼西洋。

"东洋"入"西"的错位幻影

在千百年来的华夏各王朝的眼里，从来不认为自己是西方所指称的"东方"，中国人一直认为"自古帝王居中国，而治四夷"，这个"气派"

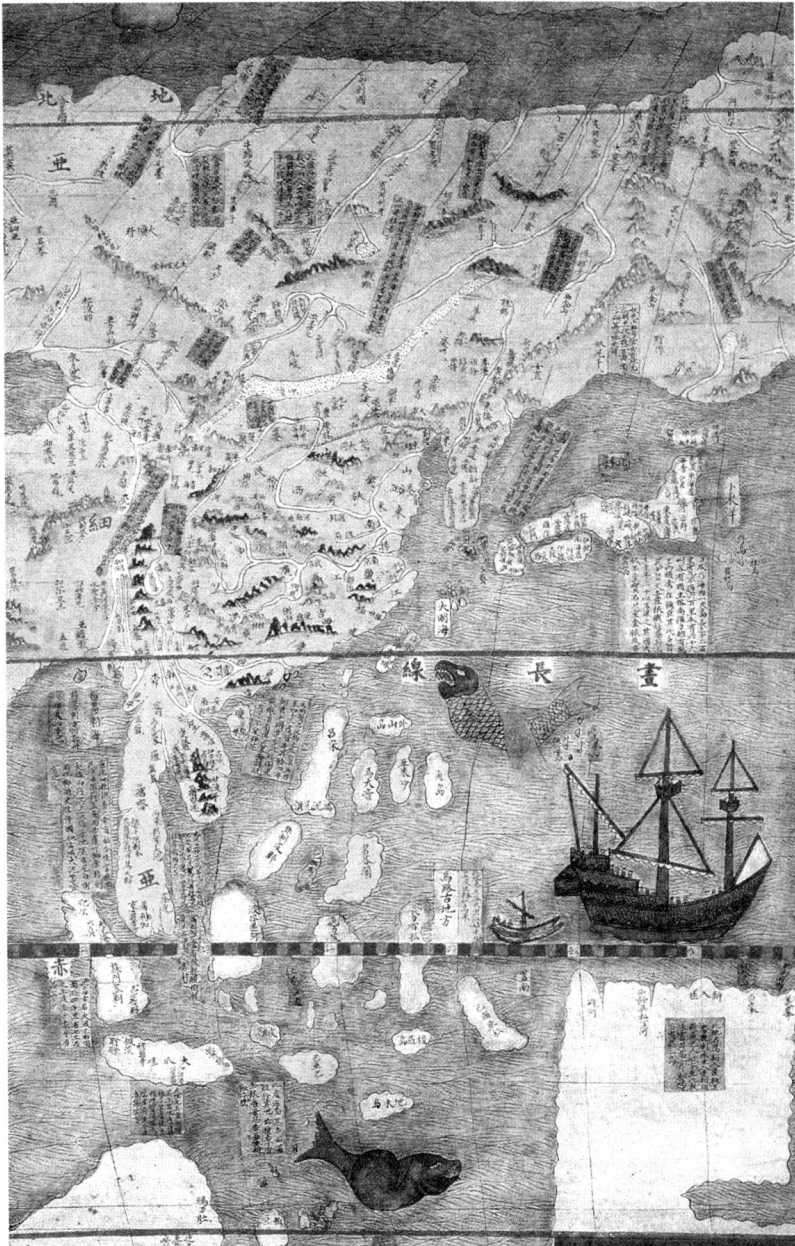

图 5.9 明代以前，中国一直没有清晰的"西洋"地图。首次让中国人看到清晰的"西洋"的世界地图是利玛窦的《坤舆万国全图》（局部图），人们这才知道"西洋"在世界的位置

一直是到康乾时代都没有丝毫改变。

不过，由于"对外交流"的需要，海外的概念也一步步明晰。当然，定盘星仍是以中国为"中"。有人考证说，"东洋"一词最早散见于宋书之中。宋时的东边，与中国打交道的，一是朝鲜，二是日本。在天朝眼里，这个"东洋"，只是东边而已，都是来中国朝贡的，一点"洋气"都没有，大唐、大宋才是先进文化的代表。所以，一直到明代，中国对日本的地理描绘都是很粗糙的，即使是在《筹海图编》这样抗倭意识明确的海防地图中，日本岛的轮廓也描绘得不清不楚，"东洋"似乎上不了天朝的台面。

元、明两朝，有了相对宽阔的海洋视野，但在东西洋的问题上，常常是东西混杂，语焉不详。但错误的认识，或落后的认识，与刻意把地理方位意识形状化是两码事。

事实上，自唐以后，佛教传入日本后，日本人在接受汉唐中国的"天下"观，模糊和有限地认同中国人赋予它的"中华中心主义"内涵之时，日本也创造了"神国"的立国观念，并在 10 世纪，借助佛教瞻部洲的观念，在日本大力宣扬"三国"世界观。从 14 世纪日本绘制的《五天竺图》（见图 5.10）来看，瞻部洲的中心是天竺，中国是偏远的国家，海上是日本国。这个基于佛教思想的"三国"观，到 16 世纪中叶之前，已成为日本人传统的世界观。日本国的这种淡化和摒弃"中华为天下中心"的中国人的天下观的做法，在近代的世界大变局中，也自然而然地迅速将眼光投向西方以及整个现实的世界，并采取了更加激烈的动作。

研究近代史的学者早就指出：日本对东洋与西洋这两个单词解释，不仅与中国完全不一样，而且别有用心。近代日本的东洋与西洋，是从 Orient 与 Occident 翻译过来的。西洋大体指欧洲，而东洋的范围不甚明

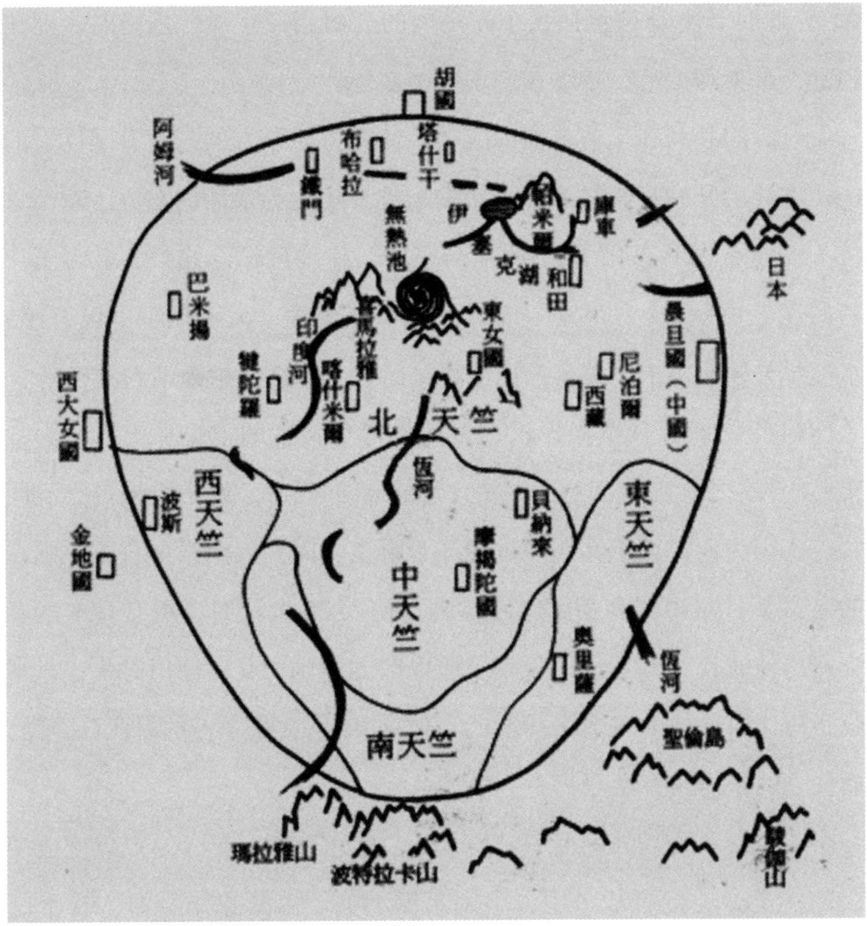

图 5.10　从这幅 14 世纪日本绘制的《五天竺图》(墨线图)来看，天竺(印度)在瞻部州的中心，中国和日本一样而是偏远国家，中国并不是世界的中心，日本列岛与其中国大陆隔海相望

了，有时指全亚洲，有时指远东。但在近代日本的表述中，东洋通常是不包括日本的。

据中科院日本研究所王屏先生研究，近代日本之所以赋予"东洋"一词特殊的含意，是有战略考虑的。它不仅表达了脱离传统的中国属国的旧体系的意愿，而且表达了日本在新的国际关系中全新的自我定位。当面对西方对东方的侵略时，日本人的"东洋"是外指的，如对西方说"大东亚共荣"，此时日本是被包括在东洋之内的。而当"东洋"内指时，即在东洋内部，日本却把自己排除在"东洋"之外。

大航海的胜利和工业革命的成功，使西方对东方的态度有了巨大的转变。西方社会开始将崇拜了上千年的东方，矮化为落后的东方。东西方的方位，进而意识形态化了。"西洋与东洋"在地理概念之外，又多了"文明与野蛮"的定位。"东方"或"东洋"被矮化，大清国根本没有感觉，日本却早早体察出来，并有意识地将自己从"东洋"中渐渐剥离出来。

1894 年，即有日本人提议，将其教育科目中的"支那史"改为"东洋史"。日本之所以要创造出一个"新东洋"概念，就是要将自己混同于"西方"，因为西洋等于文明，东洋等于野蛮。而混入西洋的日本，则在文明的名义下，对中国和朝鲜施以拳脚。初入 20 世纪时，更有日本学者强调，遣唐使时代，日本已经吸收了唐以前的中国文化；德川时代，日本又吸收了唐代以后的中国文化；现在，日本向中国文化学习的时代已经结束，取而代之的是向西方学习。

在"脱东入西"的进程中，日本从"远东"的一员，一点点变成"西方"的一员。在抗日战争中，中国军民高喊"东洋鬼子"时，日本已从"理论"上，跳出"东洋圈"了。这是件既滑稽又严肃的事情。

脱东入西，是日本当年的"远见"，而今它已成为一种时尚。同在一条经度线上的朝鲜半岛的南北两个国家，韩国已然和日本一样将自己划入西方。而比中国还要东方的澳大利亚，好像从建国那一天起，就"西方"了，现在连它的邻居新西兰，也脱东入西。"西方"这个概念，在东方脱离地理方位而被美化已然成了一种抬高自我的"传统"。这是一种世界观的异化，是东方的悲哀。

忽近忽远的"佛郎机"

四百多年前的一个早晨，两个失去方向感的红毛洋人，登上了中国南部的一个荒岛。红毛向两个晒网的渔民，不停地问："这是什么地方，这地方叫什么？"渔民不胜其烦说了一句"妈的"。红毛摇着头想了想，依此为这个岛起了一个至今也说不清由来的洋名，第一个字母就是个M。

那是一个缺少沟通却相互指认的时代，东方西方各自命名对方。

最早侵入天朝地盘的是葡萄牙。对这些长身高鼻、猫眼鹰嘴、鬈发赤须、诡服异行的人，不论是沿海的百姓，还是帝国的官吏、皇帝都是一个谜。他们来自何方、有何公干？不甚了了。中国人给这些番人，起了一个绰号"佛郎机"或"红毛夷"。

1517年即明正德十二年，葡萄牙使团从海上来到广州。在大明皇朝的眼里，他们是来朝贡的番使，只是此前从未听说过这么一个"番邦"，也从未见识过那么野蛮的习俗，"贡船"驶入珠江口，竟用杀人攻城的火炮来表示友好与尊重。这些"礼炮"让怀远驿的守备吃惊恼怒，于是，葡萄牙的"贡使"被扣在光孝寺学习了三天的天朝礼仪，然后，才定好日子引他们去见总督陈西轩公。这件事《广州通志·夷情上》记载很清楚："佛郎机素不通中国，正德十二年，驾大舶突至广州澳口，铳声如雷，以进贡请封为名。"

中国人从何时开始称西人为"佛郎机"，又为何以"佛郎机"称之？我们从《元史》及一些元代的文字中，可以看到，那时已即有"富浪"或异写为：莆郎、法郎、佛郎、拂郎、发郎的译音。如，元代诗人顾瑛《天马歌》中即有"至正壬午秋之日，马天西来佛郎国"。可见，元人已将欧洲称之为"佛郎国"。这里的"佛郎"译音，也就是明代的"佛郎机"。

"佛郎机"之名，应当是历时几个世纪，经东罗马、阿拉伯地区辗转传至中国的。按照利玛窦神父的解释，西亚人将欧洲人称为法兰克"Frank"。中国人与西亚素有往来，便随了他们对欧洲人的称呼，因为发不出"r"这个音，就成为"佛郎机"。这个称呼，最初并无恶意。

但是，对于马来半岛、苏门答腊或爪哇岛来说，"佛郎机"绝非善类。1511年，葡萄牙"战神"阿尔布克尔克攻陷马六甲。满剌加（马六甲）国王苏端妈末派使者向大明帝国求援。十年以后，也就是"佛郎机"已经来广州"朝贡"之后，明武宗换成世宗时，才想起让兵部议一议这件事，并大大呼呼地下了一纸诏书：令佛郎机，退还满剌加，并谕暹罗等国前去援救。

世宗皇帝，为什么敢给佛朗机国下诏呢？看看《明史·佛郎机传》就知道了，原来明人认为"佛郎机近满剌加"。大明以为它是臣服中国的一个南洋小国呢。

明朝以来禁海，外番贡使从海路来，限走广州。见怪不怪，如今多了个回族打扮的佛郎机，似乎也不足为奇。若不是他们过分剽悍凶险，经常如海寇犯边扰民、劫财掠物，天朝似乎也不会特别注意他们。但是，由于他们在中国海岸的暴行，天朝民间出现一些关于他们的恐怖传说："番国佛郎机者，前代不通中国。……其人好食小儿……法以巨镬煎水成沸汤，以铁笼盛小儿置之镬上，蒸之出汗。汗尽，乃取出，用铁刷刷去苦皮。其儿犹活。乃杀而剖其腹，去肠胃，蒸食之。"

这段吃人故事，见于1574年阎从简的《殊域周咨录》。当然，记载这段故事的远不仅这一部书。佛郎机在明朝的印象早已被涂抹得一团漆黑。这里有外夷的暴行，也有国人的想象。1521—1524年间发生在广东屯门岛与1549年发生在福建走马溪的剿海战役，使佛郎机人的形象进一步恶化。他们被中国抗倭海盗生擒、斩首，值得注意的是他们出现在中国史书中的怪诞甚至丑陋的译名，诸如别都卢、疏世剌、浪沙罗的哗唎、佛南波、兀亮别唎、鹅必牛、鬼亦石、喇哒，据说还有"贼妇""哈的哩"之名。

连佛郎机与满剌加都分辨不清，就更难辨清历史上合合分分的葡萄牙与西班牙了。

绕道美洲，并于1565年占领了菲律宾的西班牙人，晚半个世纪来到中国海岸。大明官民仍把他们也称为"佛郎机"。于是，有了澳门的佛郎机，有了吕宋岛的佛郎机。转眼又有西洋人杀到了家门前，《辛丑年（1601年）记事》中说："九月间，有二夷舟至香山澳，通事者亦不知何国人。人呼之为红毛鬼。其人须发皆赤，目睛圆，长丈许。其舟甚巨，外以铜叶裹之。入水二丈，香山澳夷，虑其以互市争澳，以兵逐之。其舟移入大洋后为飓风飘去，不知所适。"其所谓"红毛鬼"，就是荷兰人，这伙人并非"为飓风飘去，不知所适"，而是，转而打台湾主意，1604年荷兰人攻打澎湖，1624年荷兰人离澎湖而占了台湾。

遗憾的是明末清初的大学问家顾炎武，在康熙初年编定成书大作《天下郡国利病书》中，仍说，"佛郎机国，在爪哇南，古无可考……素不通中国……略买食小儿，烹而食之。"甚至到鸦片战争时，中国人绘制的宣传画上，西洋水兵仍是红毛怪物（见图5.11）。以为西洋人是妖，后来也生出了义和团以妖术抗击西洋鬼子的可笑故事。

对世界的误解越深，造成了我们与世界的距离越来越远。

图 5.11　直到鸦片战争时，中国人绘制的宣传画上，西洋水兵仍是红毛怪物，政府奖励民众擒此会游水的食人怪物

自娱自乐的"万国来朝"

中国人喜欢用抽象的数字表达具体的收获。比如，万国来朝。在封建王朝的概念中，万国来朝就是全世界都臣服于中国的意思。实际上把目前在联合国挂号的国家全都算上也就 200 来个。万国——姑妄说之，姑妄听之。

朝，这个字甲骨文中就有。表现的是草木间，日初升、月未落的图景。《说文》解："朝，旦也"。后来它演变为，朝拜之意。再后来，又引申为朝向，面对。百鸟朝凤，百花朝阳。朝，在很多时候，将方向与态度一并表示了。

多年以前，有个来中国执教的外国足球教练，他对中国的球员说："态度决定一切"。大家都把这句话理解为：洋逻辑。其实，恰恰相反，这句话是典型的中国式思维。外国人才不认为，态度能改变什么呢。

研究西方哲学的专家说，黑格尔所谈的 Eigentum 问题，通常被译为"财产"。其实黑格尔讲财产的同时，也有所有权的意思。西方概念中，财产不是一个简单的物的概念，其中包含了所有权的意思在里边。也就是说，一个东西只有被人占有了，它才是个东西，而占有东西的人才是真正的人。不占有物的人，没有所有权的人，不是社会意义上的人。甚至，不占有东西的人，本身就是一个东西，就要被人占有（这让我想起了黑奴与畜奴制）。这就是西方的普遍真理。

我们与西方完全两样，物与所有权是分离的。

我们的哲学会轻松地将千里之外的东西划为己有，是不是真的具有所有权，是不是真的占有，全都不管。正如《诗经》所云，"溥天之下，莫非王土，率土之滨，莫非王臣"。因而，我以为郑和下西洋时，财大气粗的大明王朝不是不想占有世界，而是天真地以为它已经占有了世界。

古代中国有个习惯，每当外国友人带着礼物来见我们的皇帝，天朝都会对全国人民说，某某国来朝贡了。在全国人民的意识中，那个来访问的国家就已经臣服了，当然也无需再去占领了。

唐朝时期，中国为世上强大的国家，连接东西双方的通商大道行旅不绝。首都长安在当时已经是一个拥有百万人口的国际性都市，并且成为欧亚大陆上的一个活动中心。在长安的街道上，各类种族、肤色的人群熙来攘往，呈现着嘉年华般的热闹与多样。如唐代画家阎立本的《职贡图》，描绘的便是唐太宗时，南洋的婆利、罗刹与林邑国等前来中国朝贡及进奉各式珍奇物品的景象。画上绘有二十七人，如同游行的队伍一般，自右向左行进。行列中央有仆人持伞盖随行的，暗示出使者的尊贵地位。画中贡品有鹦鹉、怪石、象牙等等，其样式之多，令人目不暇接（见图5.12）。

明代以来，中国与非洲和西亚交往增多，非洲与西亚国家给中国送来的礼物中，最受天朝欢迎的动物要数长颈鹿了。因为，当时的中国人不认识这种动物，就硬把它说成是麒麟，而麒麟又是传统中的祥瑞之兽。这种动物作为贡品，既体现了天朝的威风，又给天朝带来了福气。所以，在明清两代的绘画中，都能见到外国使臣朝贡麒麟的图画。

黑格尔说过："只有实体才是主体"。中国当然是个大实体。但古代中国哲学不重实体，爱玩虚的。以虚代实，以无为有。这样的主体用一个"朝"字，把自己与世界的关系给架空了。这样的"朝"，不仅不是实体，有时连方向都不是，态度更靠不住。"万国来朝"的游戏，祖宗们玩了千百年，直到"八国联军进北京"，慈禧、光绪一干人等，朝——西安逃去……

图5.12 阎立本的《职贡图》描绘了唐太宗时，南洋的婆利、罗刹、与林邑国等来大唐朝贡。画上绘有27人，行列中央有仆人持伞盖随行，暗示出使者尊贵地位。画中贡品有鹦鹉、怪石、象牙等等，其样式之多，令人目不暇接

从有"国"无"际"到国际

依地理学的角度看，我以为全球化的起点，应定位于改变世界的15世纪。此间，东西方在地理探索上都做出了划时代的努力。不同的文明有了前所未有的大碰撞。在这样的背景下，中国对世界有了新的认识。其说词，也突破了传统的"华夷"，有了新鲜的描述外部世界的辞令。

自秦始皇建立中央集权制的帝国开始，中国就长期处于统一的国家状态。由此构成的以中国为中心的世界秩序，我们的先人是有"国"无"际"。那么，中国人接近现代的"国际"观是什么时候出现的呢？

中国的"世界"一词，是从焚文的"loka-dh atu"的汉译，本意是"天地万有"，因而佛教所说的"世界"，其实就是"宇宙"。它更多地表达的是整个物理空间，并不完全是后来的人类空间和国际空间。而古代中国表达"国际观念"时，更多使用的是"万国"一词。

近有陈晔先生撰文说：中国人表达"国际观念"的"万国"一词，兴之于清末民初。他举例说：随着列强入侵，飘来欧风美雨，国际的概念逐渐流行起来。清末民初时，人们将国际称为"万国"。比如，万国禁烟会，万国邮政联盟，万国博览会等等。那一时期，几乎只要有两个以上外国参加的组织或者事件，都被冠以"万国"。

这些例子都很典型，我们现在还能找到的1839年出版的《万国公法》，还有1868年由西方传教士林乐知创办的《万国公报》（见图5.13），这些都是晚清学人认识世界的重要媒介。《万国公报》甚至是国内刊物上最早提到马克思和《资本论》的。

近晚以来"万国"之说的确盛行，不过，"万国"之概念，并非这么晚才在中国出现，它甚至先于"世界"就在中国出现了。早在《战国

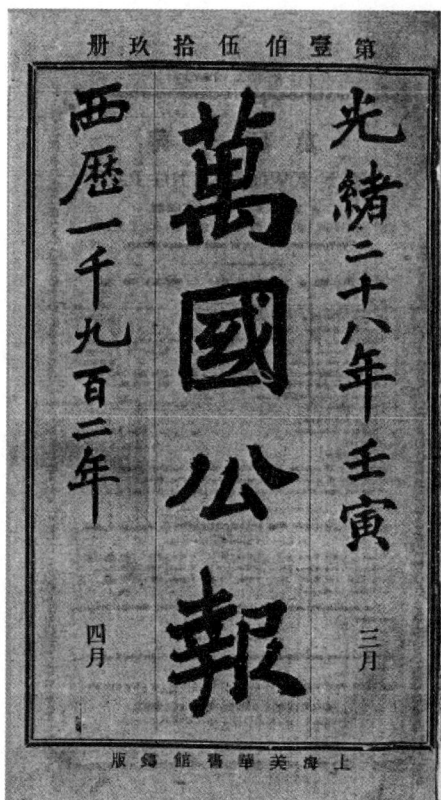

图 5.13 《万国公报》是美、英传教士在中国创办的中文报刊（周刊）。原名《中国教会新报》。1868 年 9 月由美国传教士林乐知在上海创办并主编。1874 年 9 月改名《万国公报》后，增加介绍西学与时事等内容

策·齐策》中，先民就已有了这样的记载"古大禹之时，天下万国"。而真正以世界之眼光看现代世界，并以"万国"之名而指代之，也不是清代才有，至少应是利玛窦来大明之时。

从存世文献看，利氏在广东肇庆画的第一幅世界地图曾题名《山海舆地全图》，但后来应中国官员与学人要求绘制的大幅世界地图，则多名之为《坤舆万国全图》。其后，传教士艾儒略在中国绘制的世界地图，也名之为《万国全图》。显然，"万国"是明朝学人对世界与国际的一种命名，清人只是热烈延用"万国"之说而已。

为什么清朝人愿意用"万国"来表示世界与国际的概念，陈晔的说法也合乎情理。他说：清人当时正处在反思"什么原因造成被夷人打败"的

阶段，很多国人认为"不是我弱，而是敌强"。敌人究竟有多强，他们是"万"，而我方是"一"。以"一"抵"万"，失败理所当然。在这种心理的影响下，国人乐于将国际称为"万国"。

不过，陈先生说：以"万国"代"华夷"，这一称呼的改变，有着积极的意义，但却看低了自己。只有等到"国际"称呼的出现，才意味着中国从自卑的阴影中走出，以平等的心态看待世界各国。我以为陈先生的说法，也不尽然。"国际"一词晚于"万国"，但也源于"万国"。据我所知，应该是日本学人率先借汉字"国际"二字来表达世界秩序，而后又转入中国的。"际"强调的是双边或多边关系，"万"强调的是数量等级。"万国"之说，实是汉语丰富性的一种表现。虽然，世界发展到今天也不过200来个国家和地区，但以"万"言之，使字词有了一种可爱的张力。比如，世界十大名表中的"IWC"，香港的译名就是"万国"，远比译为"国际"，更有意味，更有数量级的美感。我们只是别再用"万国来朝"就好。

◇第六章

穿越阻隔，海陆通达

古长城，自然切割与防御之功

依我走过的长城来看，最不受看的长城，就是八达岭长城，一点古意一点沧桑都没有；近不如金山岭长城的雄、奇、残、险，远不如甘肃长城的古、朴、真、壮；它不像一道界线，更像它现任的角色——中国首席景点。

在甘肃、宁夏眺望山脊上的土墙，我不知道，与八达岭的相比，它们该不该叫长城。然而，长城最初的样子，就是这一段段独立的土墙而已——诞生于战火纷飞的战国——西周破灭后，封国各自为政，天下大乱，诸侯纷纷修筑自己的防御体系。燕国修城、赵国筑墙、秦国也是如此……秦厉公和秦简公先后在黄河和洛水西岸修筑长城，史称"堑洛长城"（"堑"就是掘的意思，"堑洛"就是削掘洛河岸边的山崖以利防守）；秦昭王时西线吃紧，于是修建了西起甘肃、东至宁夏的西北长城。

秦之长城最为经典，具有双重防御意义：东边的有"互防"之功，西边的有"拒胡"之用。秦统一六国后，列国之间的"互防"长城失去了作用，"拒胡"长城的任务则更加突出。于是，秦始皇下令将战国时期的燕长城、赵长城、秦长城的连成一线，构筑了统一之后的天朝防御体系，东起辽东、西至临洮的长城，始有"万里"之称。

长城是古代国家概念的最直接的建构。

从山海关到嘉峪关，我断断续续考察过若干段长城。长城之长，给了我雄伟壮阔的感受。但长城之荒，却让我迷惑不解：祖先为什么在这么荒凉的山岭上修筑长城，先民们为什么在这样的地方展开拉锯战呢？最终是2006年夏天出版的《大科技》杂志，为我解开了这个谜团。那篇题为《长城与400毫米等降水线——神奇的巧合》，让我相信这是长城选址的可信理由。

地理专家发现：在全国降水分布图上，有一条几乎与长城完全吻合的线，斜穿过中国北部，它就是400毫米等降水线。这条线恰是中国半湿润和半干旱的地区分界线。此线的东南，是适宜农业发展半湿润地区；此线的西北，是游牧生产的半干旱地区；400毫米等降水线在地理上讲，就是农耕民族和游牧民族生产生活的分界线。从文化上讲，它也是中华文化圈内农耕与游牧这两大文明形态的分界线。

两种不同的文化，在400毫米等降水线上相遇：和平时期贸易往来，战争时期兵戎相见。然而，游牧人来去无定，农耕区却固定难移，彼动我静，注定了农耕人在军事上的被动状态。为确立一种退可守、进可攻的态势，中原人在两千多年的时间里，不断修筑长城，创造出世界文明史上的一大奇迹。

早在宋代，中国的地图上就已把长城作为一种重要的地理标记绘入图中。如刻于南宋绍兴六年（1136年）的石刻地图《华夷图》，是最早绘出长城的地图。城垛口状的长城符号蜿蜒于中国北部边疆，它不仅描绘出华北长城，还描绘了西部居延汉长城。虽然，长城以北的地形没有详绘，但注记了北狄、肃慎、契丹……等北方部族。玉门关以西也没有详绘，但也注记了鄯善、碎叶、于阗等几十个西域国名地名（见图6.1）。长城这道防线，一直到明代还在完善，直到清兵入关，长城才失去了它防线上的意

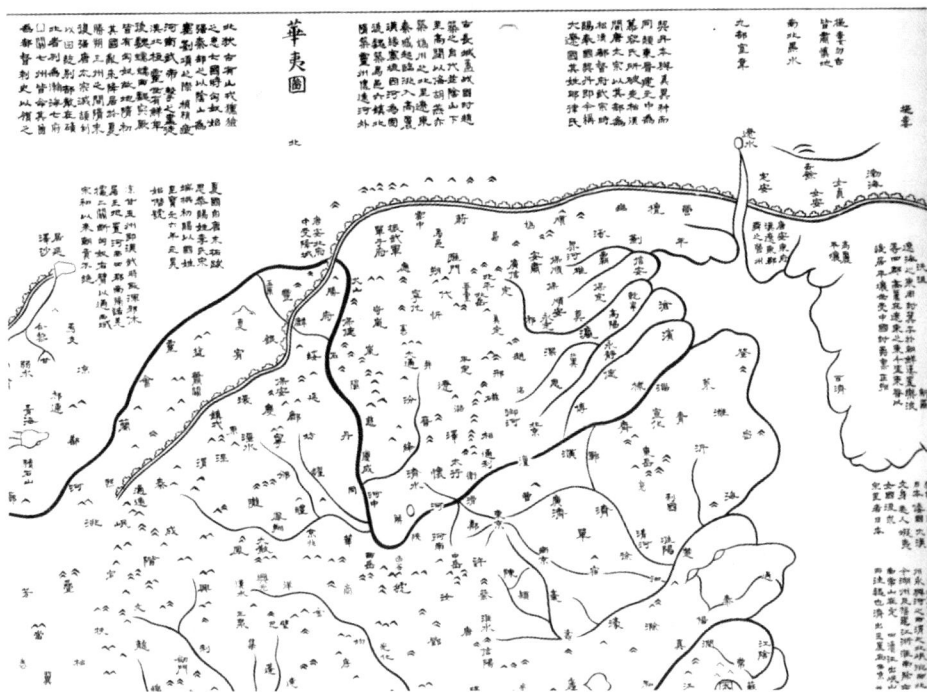

图 6.1 《华夷图》墨线图（局部）原图为石刻地图，刻于南宋绍兴六年（1136 年），是最早绘出长城的地图。城垛口状的长城符号蜿蜒于中国北部边疆，不仅描绘了华北长城，还绘出了西部居延汉长城

义。清代基本上不再修筑长城，应当说是大清朝的英明之举。

但清代对于海上长城的轻视，最终把中国拖入了半殖民地的昏天暗地。在历史的重要关头，慈禧不听李鸿章等人的意见，硬是把 7 000 万两银子用于内陆防卫，仅将 2 000 万两银子用于海防。1900 年，八国联军进北京，长城从这一刻起成为了真正的古迹。

长城挡住了打猎的族群，或者说融合了放牧的族群；但长城挡不住捕鱼的外族，或者说是无法抵御海上强盗。我们农耕文明与游牧文明，打也好，和也好，终归是一种文明——大陆文明；对于海洋文明，对于海盗文化，对于海所架构的世界格局，我们是在长城退为历史背景之后，才在血与火的洗礼中慢慢反省……

大运河，两千年的内陆物流传统

每去扬州，我都会绕瘦西湖一圈，一直当它是道风景。其实，它的前身可不是风景，而是一个了不起的工程，它就是运河之母"邗沟"连通的水系之一，也有人说，瘦西湖就是最早的开凿的那一段古邗沟。

在"2007 世界运河名城博览会"召开之际，扬州复建了邗沟大王庙，新庙虽不是建在古庙的原址，但庙后面那条流淌了两千五百年的古邗沟，述说的却是曲曲折折的春秋故事……

汉代始建的邗沟大王庙，供奉的神灵即是开凿邗沟的吴王夫差。"卧薪尝胆"的故事使夫差成了一介有勇无谋的武夫。但庙堂上的夫差则是个志向远大的大英雄。当年，夫差在灭越国俘勾践，取得称霸的阶段性胜利之后，决定北上争霸。但吴军主力皆是精锐舟师，必须依托水路才得以施展。于是，夫差决定借鉴楚国沟通太湖和长江的"堰渎"和太湖通向东海的"胥浦"的经验，利用江、淮间湖泊密布的条件，局部开挖把湖泊串连起来，打通一条江、淮通道，北上伐齐。这项前无古人的工程，不久就被"载入史册"：（鲁）哀公九年，"吴城邗，沟通江、淮"。《左传》所记载的这条"沟"，因以吴国邗城为起点，后被史家称为"邗沟"。夫差到底从这条"沟"里运送了多少吴兵和粮草，史家似乎兴趣不大，载入史册的是：哀公十一年，吴伐齐得胜。邗沟成为一条胜利之"沟"。

春秋的邗城到战国时改称广陵，北周又改称吴州，隋代又改吴州为扬州……公元前 486 年开凿邗沟的夫差，无论如何也想不到，当年的一条沟，成就了千古名城扬州，更想不到那利用天然湖泊沟通的 200 公里邗沟，千年之后，在隋炀帝手里被打造成以洛阳为中心，南通杭州，北通北京，全长 2 700 余公里的物流之河。

扬州总是给帝王以地理上的暗示。

杨广还没有成为炀帝时，其封地即是运河的滥觞之地扬州。杨广在扬州做晋王时，好像是个职业书生，不仅写书，而且主持编撰了一万多卷书。或许是权谋的书读多了，城府日深的杨广，用计让父王文帝，废掉了哥哥杨勇的太子位，自己取而代之。后来，夺权阴谋败露，杨广索性杀了父亲隋文帝和哥哥杨勇。

洛阳夺位称帝的杨广，颇感京师陆路交通之不便，南北沟通之困难。身上沾着江南的水气，让他想起了扬州的邗沟，遂启动了史无前例的开河工程。这条人工河以洛阳为中心，将工程分为四段：自沁水入黄河处至涿郡（今北京），名永济渠；自洛阳至盱眙（今江苏盱眙）入淮，名通济渠；自山阳（今江苏淮安）至江都（今江苏扬州），名邗沟；自江都至余杭（杭州），名江南河。比之小小的邗沟，它自然被人们称为大运河了。

大运河工程自炀帝大业元年（605 年）起，至大业六年（610 年）即告完成。在短时间内完成如此巨大的开河工程，可想用工之众，劳役之苦。晚唐文人韩偓写的《开河记》中载，隋炀帝派遣了酷吏麻叔谋主管修河，强制天下十五岁以上的丁男都要服役，共征发了三百六十万人。另派五万名彪形大汉，各执刑杖监工。不到一年，死者竟达二百五十万人。大运河修成后，隋炀帝倒是享受了三次乘龙舟游运河威仪天下的荣光。但修河暴政激起的强烈民怨，转化为此起彼伏的农民起义，修运河的隋朝和修长城的秦朝一样短命，二世而亡。

唐宋两朝好日子都和大运河有关，但使大运河面貌大变的是元朝，即我们今天所说的京杭大运河。从成吉思汗伐西夏，到 1276 年忽必烈大军攻占临安，南宋小皇帝恭宗降元，历七十载，马背民族用了 70 年的时间，结束了公元 907 年唐亡以来的 300 年乱世，初步奠定了中国空前的大一统疆域格局。

改朝换代，运河的服务中心再度转移。拿下临安之际，元朝廷即着手南北经济的恢复与发展，运用大运河北运漕粮。但旧运河多有阻塞，走海路又受制于信风。于是，元朝决定重修大运河。从 1276 年开始，元朝廷以大都（今天的北京）为中心，对河道进行了截弯取直的大规模改造，河道南行越过黄河、淮河、长江、太湖流域，直达杭州。这条大运河自汴河以南利用了隋朝以来的旧有河道。汴河以北主要是新开的河道。新开的河道有两段：一段是会通河，从山东东平，向西北至临清，接通原有的运河河道。再有一段是通惠河，从大都到通州。从通州顺白河就可到天津，然后接通隋朝修的旧御河河道，到达临清。这条新河道直接从山东境内穿过，不再绕道河南洛阳，形成贯通南北的大运河，全长 1 794 公里，比经洛阳的隋唐运河缩短了 900 多公里（见图 6.2）。

南北大运河的修通，对沟通南北经济、繁荣大都商业都有着极大的作

图 6.2　绘于清乾隆年间的《潞河督运图》，图长 6.8 米，此画描绘了潞河尾闾天津三岔河口一带的漕运盛景和民俗民风。此为"过浮桥"部分。

用。同时，大运河的也成为连接海上丝绸之路与中国内地的最好通道。那年，我参加中国博物馆协会航海博物馆专业委员会的聊城年会间，得到主办此会的陈清义馆长的两部大作《聊城运河文化研究》《运河图鉴》，话就由运河人物与文献说起……至少明代，即有两个从海上漂来的外国人是从大运河访问中国、了解中国、向世界介绍中国的，一位是明弘治元年（1488 年）从朝鲜半岛来的崔溥，他写了《漂海录》，另一位是于嘉靖十八年（1539 年）与嘉靖二十六年（1547 年）受幕府之命两次进入大明的日本使者，高僧策彦周良，他写了《入明记》。这两个人的两部书——就是运河与海上丝绸之路有着密切关系的最好例证。

中国有两个伟大的工程，一个是长城，一个是大运河。这两件工程对国家的统一和民族融合都起了积极作用。从某种意义上讲，没有长城，国家肯定会四分五裂；没有运河，也没有南北融合与国家的繁荣昌盛。

古运河、隋唐大运河、京杭大运河……在没有汽车、火车和飞机的时代，修运河是一个了不得的创举。很多人都会骄傲地说：中国大运河是世界上开凿最早、最长的一条人工河道，其长度是苏伊士运河的 16 倍，是巴拿马运河的 33 倍。这句话的前半句没说错，后半句有点不靠谱：不要忘了，中国大运河再长，沟通的也仅仅是中国的南北，而那两条大运河，则是沟通大洋的海运之河，不论它的运力不知又要超我们多少倍，更重要的是，它沟通的是世界。

秦直道，一条没能高速发展的"高速路"

秦国早在统一六国之前，就尝到了"要想富，先修路"的甜头。所以，在说秦直道之前，我们必须先说说"秦蜀道"。先秦时，古蜀没有通往外界的比较像样的陆路通道，一般都是取道重庆从三峡水路出川。战国后期，秦国日益强大。为了富国强兵，秦南攻蜀国，东击巴国，出三峡以图楚国。

巴蜀福地，沃野千里，物产富饶。但剑门之险，江河之阻，让秦国无处下口。无法强攻的秦惠文王，公元前337年诈言秦得"天降石牛，夜能粪金"，愿将宝物石牛馈赠蜀王。请蜀国开一条大道，迎接宝物入川。蜀王不知是计，便派力士在大、小剑山和五丁峡一带峭壁处，日夜劈山破石凿险开路，入秦迎接石牛。

其实，在周原发现的甲骨文中，已有"周王伐蜀的铭刻"。也就是说，远在三代之时，蜀与秦之间，至少已有一条低等级的"乡道"了。此后，秦人和蜀人也都对它进行扩修，只是缺少记载。最早的记载扩修入川之路的，就是石牛道"国道"工程。历史就这样为秦蜀道，插上了一个"引狼入室大道"的标签。

秦国等蜀道开通后，就暗派大军长驱直入，蜀国没有防备，前线军队又寡不敌众，节节败退，蜀国随之灭亡了。蜀国没了，但石牛道则被广为利用。因古人在开辟道路时就懂得在路的两边种植柏树以保护路基，后人又不断维护柏树和路基，使古道保留至今，连名字都刻记着那个滑稽往事，如今它仍叫石牛道（又叫金牛道）。

统一六国后的秦国，深知边防在国防中的作用，亦懂得道路在战争中的作用。

公元前214年，秦始皇整顿疆土，派大将蒙恬率领30万人，北逐匈奴，占据河套，并修筑和连缀古长城。

公元前212年，秦始皇不甘于消极防御匈奴，采取了积极反攻的策略，命蒙恬率领30万人，修筑一条快速驰往北方边境的道路——秦直道。

秦直道是名副其实的"国道"（见图 6.3）。它北起九原郡（今包头市西），南抵秦都附近的云阳（今陕西淳化县北）。从直道考古来看，路面一般宽 23~26 米，最宽处达 47 米，道路坡度平缓，相当于今天的二级公路标准。展开秦朝古地图看，这条全长约 700 多公里的大路，保持着几乎垂直的南北走向。所以，古人称它"直道"。由于这条大道宽阔平坦，可供大队人马疾驰，所以，人们又称它为"驰道"。当年，在这条大道上，铁甲骑兵仅用 3 天时间就能够从秦国的都城咸阳赶到北方的阴山脚下。所以，今天的人们更愿意说它是中国最早的"高速公路"。

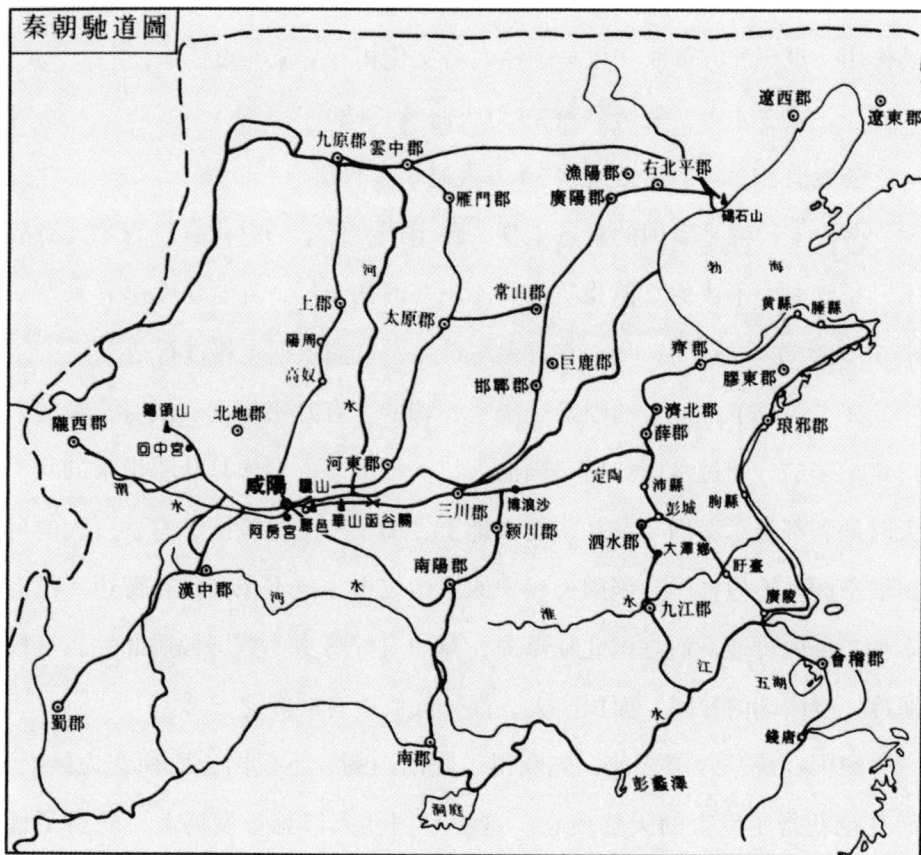

图 6.3　秦始皇非常重视道路建设，在不长的执政时间内，在秦国修建了四通八达的交通网

直道的便利，使秦军能够在匈奴来犯时，火速赶到阴山进行抵抗。史载，直道修好之后，"胡人不敢南下而牧马，士不敢弯弓而抱怨。"可见这条直道的威力之大。

最新的考古发现证明，秦直道生土路面距地表的平均堆积厚112厘米。按年平均堆积厚度计算为352年，即路土形成的时间贯穿几乎整个汉代。如果考虑到路土层的密度和坚硬超过其上的两层，其堆积的时间要超过352年，这表明从两汉到魏晋或稍晚，是秦直道频繁使用的主要时期。

专家们认为：秦直道修筑之初，主要是考虑它的军事用途，但真正用于作战的时间反而很短。在汉代以来，秦直道在经贸交流方面发挥了巨大的作用，也是北方草原文化与中原农耕文化相互交流的重要途径。

公元前214年，蒙恬率领30万人修筑长城。

公元前212年，蒙恬又领30万人修筑秦直道。

两大工程都是秦国的重点工程。在生产力低下的时代，没有"人海战术"是绝对完不成的。但我实在算不出当时的秦国，究竟从哪里弄来左一个30万大军筑城，右一个30万大军筑路？只能依据史料进行猜想。

在古代战争中，人的因素是决定一切的。有专家推论战国时，秦的人口是最多的，超过六国任何一国的人口。那么多的秦人是从哪里来的呢？天时地利都帮了秦国。秦在华夏大地上，属于一个边缘国，有着巨大的可扩展空间。不像韩国、魏国夹在中原诸国之中，也不像齐国在海边，没有多少扩展的可能。而赵国北临草原，草原气候恶劣。燕国偏居北端，气候寒冷，唯南端的楚国，面积广大，都是气候适宜的好地方。

秦国在统一六国之前，先获得了陇西与蜀，不仅国土面积变为最大，而且也获得了巨大的天然粮仓。这使秦国在人口总量发展上，获得了优势。有学者粗算，十年统一战争时，秦国的人口大约有500多万，其中

100万人充了军，遂成为真正的军事强国。至于治国方略，其实与六国大同小异。

在郑国渠完工的那一年，秦始皇发动了统一中国的全面战争。统一六国后，天下优势全归了秦国，其人力物力在当时世界来讲，都是老大。修两个让全世界吃惊千年的工程，亦在情理之中。

历史给秦以独一无二的机遇。秦创造的是空前绝后的历史。

秦直道的终点是北部的九原郡（今包头市九原区麻池古城），善于攻城掠地的秦始皇，一定是用了一番心思的。九原郡是阴山脚下的一块风水宝地，后人总结这里的地理环境说：前有抱（指黄河环绕），后有靠（指北靠大青山），东有川（指土默川），西有套（指河套地区），中间有照（指阳光充足）。九原郡不仅是秦直道的终点站，也是北部边疆的前哨站。这块风水宝地，解决了驻扎在阴山的大批秦军的部分粮食问题，成为了秦军的最后，也是最靠前的一个战略要地，为秦始皇实施"北抗匈奴"的战略提供了重要保障。如此重要的地理位置，为包头后来成为"塞外通衢"、北方地区重要的"水旱码头"，奠定了坚实基础。

司马迁似乎对直道的修筑，没有太好的印象。他在巡游北方，沿秦直道返回时，眼见长城、直道工程之浩瀚，人民为其付出之艰辛后，发出了"吾适北边，沿直道归，行见蒙恬所为秦筑长城亭障，堑山堙谷，通直道，固轻百姓力矣"的感叹。所以，在司马迁写的《史记》中，对秦始皇筑直道的原因，他只留下"始皇欲游天下"这6个看似负面的记录。其实，"游"在古代皇帝那里，并非游玩，其真正的意思是"巡行""临察""游观"等意。

秦始皇参没参加直道竣工的"剪彩仪式"，史无记载。

秦始皇到底用此直道，"游"了天下没有？也是史无记载。

太史公倒是选择了一个最重要的时刻，将秦始皇与他的直道一并写入历史。那是公元前 210 年，当了 12 年皇帝的秦始皇，在第五次视察天下的归途中，病死于沙丘平台。随同出巡的赵高、李斯决定密不发丧，从直道归。司马迁在《史记》中这样写道："行遂从井陉抵九原。会暑，车臭，乃诏从官令车载一石鲍鱼，以乱其臭。行从直道至咸阳，发丧。"这是秦始皇"走"秦直道的唯一记载。

东汉以后，随着中原王朝政治统治中心的东移洛阳。秦直道的功用就开始减退。而且，随着秦直道地区水土流失，气候变化等因素，直道的很多地段被洪水冲垮。另外，秦直道的重要功能也被更多方便快捷的道路所代替，它渐渐荒弃，消失在历史的烟云中，而今残存的一小部分，也已经模糊难辨了。

通西域，为招兵买马而开的丝绸之路

在中国古文献里，我们找不到"丝绸之路"这个名词，它完全是外国人生造出来的。事情要追溯到流行跨国旅游的 19 世纪，德国地理学家弗尔南德·李希霍芬借助旅行与访问，先后 6 次进入中国。1877 年，他开始整理出版五卷本的《中国：我的旅行与研究》，在第一卷谈及中国经西域与希腊至罗马社会的交通路线时，首次将这条东西干道命名为"丝绸之路"。这个地理学新名词，后来被德国的赫尔曼所接受，并将自己 1910 年出版的东方学著作题名为《中国和叙利亚间的古代丝绸之路》。真正使这个名词成为 20 世纪的学术用语，并推向跨世纪显学位置的是斯文赫定。这位终生未婚的瑞典学者，在中国的最大名声是发现了"楼兰古城"，而在西方，他几乎是东方学的代名词。他在德国读大学的时候，正好认识了创造"丝绸之路"一词的弗尔南德·李希霍芬，后来，他将自己的西域研究著作定名为《丝绸之路》，也是一种天然地传承。从此，"丝绸之路"的概念就扩大到了整个古代东西方经济、文化交流路线的总称。

毫无疑问，这个西方视野下的东方命名，在二战后并没有得到更高的国际认可，因为，还有漫长的"冷战"期。后来，"丝绸之路"渐成焦点，有两个因素非常重要：一是 1971 年中国恢复联合国合法席位，中国再一次与"国际"融合。二是中国改革开放，此前中国许多地方都立着"外国人止步"的牌子。这两个节点打开，为世界重新研究中国文化奠定了政治基础。于是有了标志性的国际交流活动——1988 年联合国教科文组织发起为期 10 年（1988—1997 年）的"丝绸之路"综合考察。原本还有人认为应是"玉器之路""瓷器之路""皮货之路""骆驼队之路"等的诸多说法，都因联合国的这个以"丝绸之路"来冠名大型活动而终止了。

关于陆路"丝绸之路"的开通，中国与外国的"传统"说法，都是以"张骞通西域"为开端的，——这完全是一种因果颠倒的理论。如果我们相信《史记》，尊重《汉书》，就应看清楚这些文献上清清楚楚地写着，张骞两出使西域，皆为"招兵"，李广利两次远征西域，皆为"买马"。如果，我们依班固的史笔来论定东西政治经济通道，此路应为"招兵买马"之路。至少，在《汉书》及《后汉书》的框架里，这条西域通道与丝绸贩卖，完全是两档事。

如果与丝绸西去的时间与路线而论，劫掠与迁居的丝绸传播显然先于商贸。有人认为，先秦时已有了丝绸之路。西晋武帝时，汲郡（今河南安阳地区）魏襄王墓出土的"汲冢书"中的《穆天子传》载，大约公元前 963 年，周穆王经河西走廊，赴阿尔泰地区与"西王母"宴饮，并赠"锦组百纯"，即带花纹的丝织品，这是丝绸之路活动，先于西汉文献的记载。

再进一步讲，最早若不是匈奴人把丝绸带出中原，也是安息（波斯）人将丝绸，弄到了罗马城。史有所载，罗马人很想知道，这种曾被波斯人作为战旗的东西是哪里出产的。但安息人封锁消息，不告诉丝国的位置在哪里。如此说来，张骞在西域的出现，只是证明他来自丝国的意义上，指明了丝绸出产地的方向，真正将丝绸贩运到更远的西方，并非是中国商人，相反，是西域人在一直扮演丝绸商贩的角色。

如张骞对汉武帝所说"蛮夷俗，贪汉财物"。王国维在他的《西胡考》中曾说过，"自来西域之地，凡征伐者自东往，贸易者自西来，此事实也"……乌孙之徙、大月氏之徙、大夏之徙、匈奴之徙……"莫不自东而西"。西域与东部各族的主要联系，至少在秦以前，并非以贸易这主，而是征战与迁徙。其后，西域与中原政权的关系，也是以和亲与朝贡为主。

德国地理学家弗尔南德·李希霍芬 1877 年首次在他的《中国旅行记》中提到"丝绸之路"时，其"路"所指即：中国经西域与希腊并至罗马社会的交通。同时，李希霍芬还在他的书中绘制了一幅《中亚地图》，并用明显的橘色标示出"丝绸之路"，它也由此成为了世界上第一幅丝绸之路地图（见图 6.4）。

西谚所言：条条大路通罗马，但古代中国真的有人到过罗马吗？汉史文献是最早记录"大秦"的，后代的史学家多认为它指的是罗马帝国。但是，至少在汉代的史料中，没有中国通大秦这方面的记载。《后汉书》中曾有"和帝永元 9 年，派甘英使大秦"的记载：甘宁临大海欲渡，而安息（波斯）的船家告诉它，海水广大，渡海顺利要三个月，不顺利要存三年的粮食，才能渡海。甘英于是放弃了渡海西去。

那么，中国独有的丝绸是怎么与罗马帝国联系在一起的呢？据法国的丝路研究专家布努瓦尔夫人讲，最早记录中国丝绸传入西方的是公元前 4

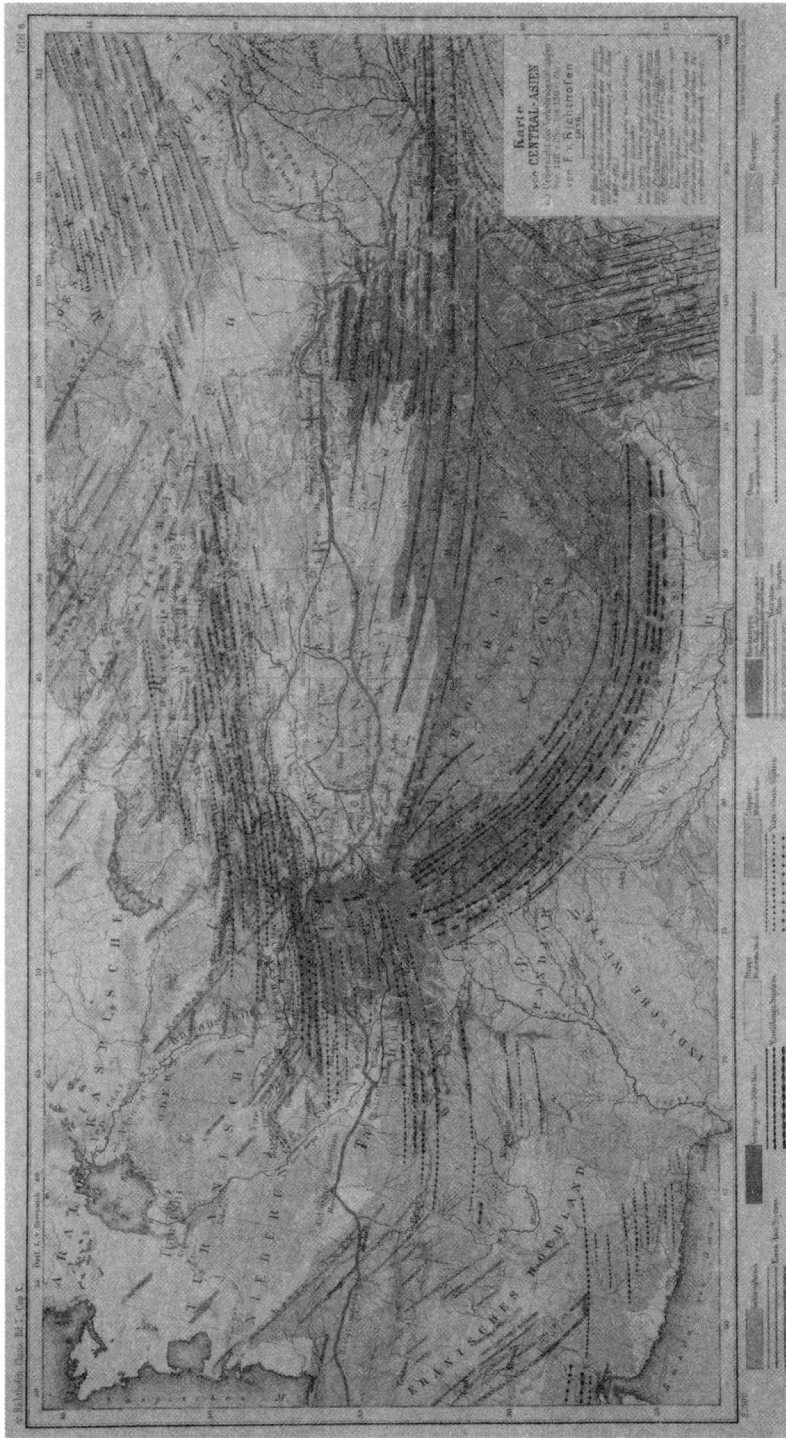

图 6.4 德国地理学家李希霍芬在他 1876 年绘制的《中亚地图》中，用明显的橘色标示出 "丝绸之路"，它也由此成为了世界上第一幅丝绸之路

世纪的拉丁作家，但在这条通道上，中国与欧洲绝少有直接往来。所以，罗马人不知道丝绸是从哪里来的，更不懂它是如何生产的。在罗马诗人维吉尔的《农事诗》中，"赛里斯人（丝国人）从树叶上采下非常纤细的羊毛。"是波斯人在中间，不让两头见面。这种方式一直保持了几个世纪。

古代中国与真正的欧洲国家，绝少直接往来。当时的希腊人和罗马人，也只是听说过"赛里斯"国，而见不到生产丝绸的"赛里斯"人。所以，用物资流动来代指人口流动，或者以物资流动来代替文化流动，都是不客观的。后世命名的"丝绸之路"，在当年，并没有那么多的实际内容，也没发挥那么大的作用。

西域这个地方，对于"丝绸之路"非常重要，它是一个重要的连结点，只有通了西域，才会打通欧亚商路，如，西安出土的东罗马金币，反映了那个时期东西方的商贸往来。正是因为这一点，"张骞通西域"才会有那么高的历史评价，甚至放到古代西域之交通的开山祖师的神位上，认为张骞是前无古人。

不过，一直有个流行说法：玉石之路早于丝绸之路。其"理论依据"即河南安阳商代妇好墓挖掘出"软玉"，专家曾鉴定产自新疆，推论"3200 年前，昆仑山的玉石就运送到了安阳"。不过，这个说法近年又受到怀疑。

2017 年春天，"商代王后妇好玉器特展"在广东省博物馆展出，此展再次引发关于妇好墓"软玉"来源之争。专家丘志力观点是，妇好墓里的玉石应该叫"透闪石质的玉石"。在世界范围内，俄罗斯、加拿大、韩国等地都有这种玉石产出；在国内，如青海、甘肃、辽宁、四川、江苏、贵州、山东等地也都有这种玉石产出。新疆开采玉石的时间很晚，新疆也很少有遗址出土古老的玉器；而古玉又太珍贵了，也无法切割验证，所以，此前对妇好墓玉料来源的"大胆推测",并非科学测试的结论,自然不很严谨。想象中的"通西域前传",或"丝绸之路前传",都因没有考古实证,无法更好地实证,"玉石之路",才是欧亚贸易的最初通道,也只能是假设。

但有一点可以落实,就是张骞之路,或丝绸之路并非一条通道。按专家的说法,至少有三条路通往西域。第一条是南道,沿着昆仑山北麓到达安息(今伊朗),直至印度洋。第二条是北道,顺天山南侧行走,越过帕米尔高原,到达中亚和波斯湾等地,这是西汉时的通道。汉以后,天山北路又增加了第三条丝路,通往地中海各国,称新北道;原来顺天山南侧行走的那一条老北道,改称为中道了。这就是后来所说的"丝绸之路"。

汉朝真的需要一条通往西边的商路来贩运丝绸之路吗?如果汉朝不需要,那是唐朝需要一条通往西边的丝绸之路吗?大家知道,中国一直是完全自足的农业经济,对西域市场和波斯市场,没有大量的实际需要,而即使有商业需要,也不是单一的需要。中央政府是不经商的,也不鼓励其他人经商,商人在中国被中国文化所鄙薄。但民间贸易或走私始终存在,在欧亚商路上,至少有百余种物产被运输、交换、掠夺、朝贡;此中的某些产品如丝绸、香料,其原料的原产地和生产技术也随之移动。不过,正如有的学者所说,最理想的帝国秩序,就是所有的人民都是农民,所有的农民都固定在故乡的泥土上。这样它就不动,就稳定。而商是动的,从体制而言,中国历朝帝王都不喜欢商人,也不善于经商。

所以,就算有这么一条丝绸之路存在,也多是人家来进货,很少我们出去贸易。因而,丝绸之路绝非前朝的政府经济目标,它更多的是政治愿景。这个愿景更想看到的是万国来朝,世界通过丝路涌入中国。这一点我们看一看宋代摹本《职贡图》(见图 6.5)所描绘的 12 国(滑国、波斯、

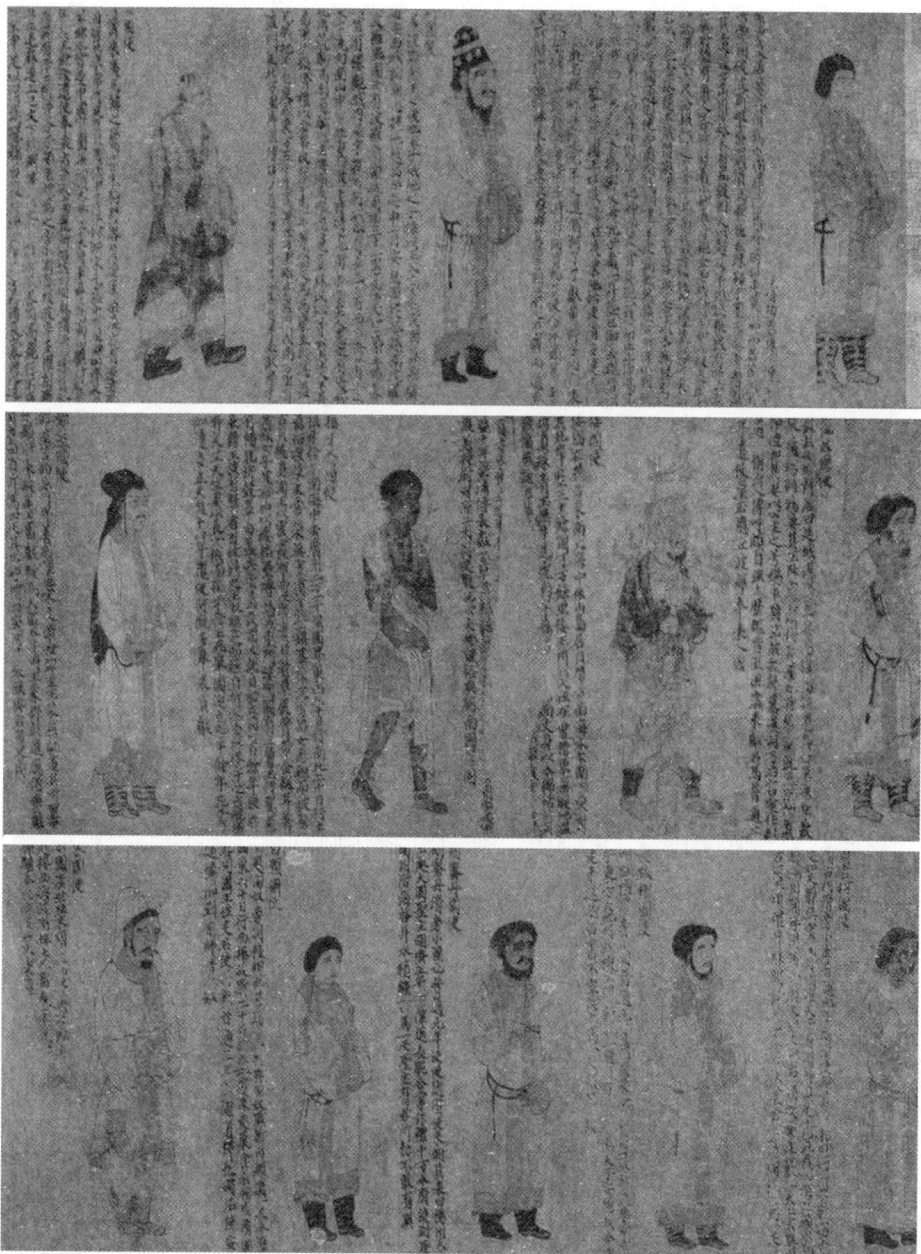

图 6.5 《职贡图》原为南朝梁元帝萧绎（约 508—554 年）所绘，原图共绘有 25 国使，反映了当时南朝与各国友好相处，来朝贡的使臣不绝于途的盛况。但存世的宋摹本上仅余 12 使臣，及题记述各国风情。此图为宋摹本局部

百济、龟兹、倭国、狼牙修、邓至、周古柯、呵跋檀、胡蜜丹、白题、末国）使臣像，就会领略些许外国人来中国访问的盛况，以及天朝当时接受"朝贡"的中央之国的心态了。

《职贡图》原为南朝梁元帝萧绎（约508—554年）所绘，他应是已知的中国历史上最早的皇帝画家。《艺文类聚·杂文部一》引梁元帝《职贡图序》曰：汉氏以来，南羌旅距，西域凭陵，创金城，开玉关，绝夜郎，讨日逐。睹犀甲则建朱崖，闻葡萄则通大宛，以德怀远，异乎是哉。……晋帝君临，实闻乐贤之象。甘泉写阏氏之形，后宫玩单于之图，臣以不佞，推毂上游，夷歌成章，胡人遥集，款关蹶角，沿溯荆门，瞻其容貌，讯其风俗，如有来朝京辇，不涉汉南，别加访采，以广闻见，名为贡职图云尔。《职贡图》原图共绘有25国使，反映了当时南朝与各国友好相处，来朝贡的使臣不绝于途。但存世的宋摹本仅余12使，并有题记述各国风情。

元明两朝，更有威尼斯的马可·波罗来到大元，有意大利的利玛窦来到大明。他们的著述影响了整个西方世界。但此间中国则没有作家、僧人或使臣到访过真正的欧洲国家，比如意大利。所以，说丝绸之路沟通了中西文化，至少在交流主体上，古代中国是处在被动地位的。

海上探索，丝绸仅是个美丽的开头

中国大陆海岸线1.8万公里，我有幸从东端鸭绿江的黄海入海口，考察到了西端北仑河汇入的北部湾，虽然是蜻蜓点水，但还是为我考察古代中国的海上探索积累了一点资料和思索。

中国古代的海上探索，南北两个海区起步的时间大体相同，但目标却有不同：北方入海，以求仙为先导；南方入海，则是贸易先行。在蓬莱，我所见到的多是先人的求仙遗迹；而在北海的合浦、湛江的徐闻，感受的是古老的开海之风。所以，也很认同广东学者把中国最早的远洋始发港和出口港定在徐闻与合浦。

秦统一中国后，在建立三十六郡的基础上，又在南中国建立了南海郡、桂林郡、象郡等三郡。此三郡，濒临南海，海岸线长，大小岛屿星罗棋布。很早以前，南越先民就已经使用平底小舟，在海上从事渔业生产。在广州，今天仍能看到秦汉的造船工场遗址，能看到古船厂的滑道、枕木，还出土有锛、凿等铁质工具。但我们却看不到专家所说的"可以造出宽8米、长30米、载重五六十吨的木船"。所幸的是，手工精巧的先民在汉墓随葬品中，留下了他们的泥塑船模。这些陶船有前、中、后三舱，前舱低矮宽阔，蓬顶为拱形；中舱略高，呈方形；后舱稍狭而高；船尾还有一间矮小的尾楼。据说，这种船吃水深，负载量大，适合深水航行。但我没见到塑有风帆的陶船。

据《汉书·地理志》载"自日南障塞、徐闻、合浦船行……有译长，属黄门，与应募者俱入海市明珠、璧琉璃、奇石异物，赍黄金杂缯而往"。这个记载，说明至少从汉武帝时，南中国的船队，已开始了跨洋远航，甚至远及印度。

汉黄门译长"赍黄金杂缯而往"，显示出当时中国海外贸易靠的是黄金和丝绸。汉代之前，中国是世界上唯一种桑养蚕和掌握丝绸纺织技术的国家，丝织品自然成为主要输出商品。不过，汉之后，魏晋南北朝时期，几百年的战乱，使中西国家与中国的陆路丝绸贸易受到严重影响。于是，波斯人转而改走海路，从中国南方进口丝绸原料。此时，波斯人已掌握了丝绸的加工技术，他们从中国大量进口生丝和素锦，进行织染加工，然后转手高价卖给罗马。

330 年罗马帝国一分为二，君士坦丁堡的东罗马帝国，不满波斯从丝绸贸易中盘剥，于是，也通过海上丝绸之路自己进口丝绸原料，并在现今的叙利亚地区建立起了自己的丝绸加工业，以此对抗波斯的商业封锁。在大英博物馆时至今收藏有一匹原本有 0.5 米长，后来断成两段的公元 3 世纪至 4 世纪的丝绸（见图 6.6）。它既是一匹进口的丝绸，同时，它也是可以当做硬通货来使用的丝货币。这是目前所以见到的最早的一匹完整的丝绸，或丝货币。大约在 550 年，东罗马人成功地将蚕桑卵种移植到君士坦丁堡，使桑蚕养殖业在国内迅速建立起来，随后，丝绸生产技术进入西方其他地区。

此时，不独东罗马、波斯开始自己生产丝绸制品，印度的细棉平纹布，也受到欧州人的追捧。因为这种三尺宽的细纹布可以从一个戒指也中

图 6.6　大英博物馆至今收藏有一匹原本有 0.5 米长，后来断成两段的公元 3 世纪至 4 世纪的丝绸。它既是一匹进口的丝绸，同时，它也是当做硬通货来使用的丝货币

穿过去，罗马人称其为"云雾纱"。这种布在罗马人追求透明服装的时代，是最走俏的东方商品。

汉代以来，中国的所谓贸易即是朝贡，一是中国政府派使团出访，二是外国政府遣使来访。所以，这一时期的中国海上丝绸的贸易量有多大，是否统治了西亚市场，还是一个未知数。

中国真正的海上商贸活动，还是唐宋以来的商贸活动最为兴旺，而那时的大宗贸易，陶瓷已占了主流。这种情况，甚至延续至元明两代。因而，转借陆上的丝绸之路，指称海上贸易为"海上丝绸之路"，多少有些勉强。

在海底沉睡千年的南海1号，2007年随沉箱移步水晶宫之后，我专程赶去一睹其真容：目前发掘的这200多件文物，主要是福建德化和江西景德镇的瓷瓶、碗、碟等。景德镇的瓷器色泽偏青色，而德化的瓷器则色泽洁白。根据发掘的情况分析，在船体的表层下面，还有大量的瓷器存在，它们整齐叠放在一起。估计，此船至少有6万多件瓷器。而在波斯的古代图画中，我们也可以看到青花瓷的突出形象，从另一个角度印证了，中国瓷器是古代波斯最受欢迎的商品。

同样，我还关注了关于勿里洞沉船的新闻：勿里洞沉船是1998年德国打捞公司在印尼勿里洞岛海域发现的一艘满载货物的唐代沉船，船上装载着运往西亚的中国货物，仅中国瓷器就达到6.7万件。这次打捞出水大量长沙窑瓷器、金银器和3件完好无损的唐代青花瓷盘。这艘沉船被打捞后，文物长期处于保密状态。2005年，最终以3 500万元的价格，整体卖给了新加坡政府的学术机构。作为新建的海洋博物馆的展品。因出水长沙窑瓷碗上带有唐代宝历二年（826年）铭文，结合船上的八角茴香的碳十四测定等考证，沉船的年代被确认为9世纪上半叶。

从南海 1 号和勿里洞沉船打捞出的文物看，至少在唐、宋时期，中国的外销产品是以瓷器为主，次之为香料，当然，丝绸制品也有一些，但不是主流。

值得注意的是，中国的海上贸易，在唐宋时代是双向的。勿里洞沉船，据专家考证就是一艘阿拉伯沉船。此时的西亚，丝绸早已不是神秘的宝物，这里早在唐以前，就已来料加工丝制品了。波斯的丝制品，甚至，还有返销于中国上流社会的。这一时期，西亚主要是从中国进口陶瓷。勿里洞阿拉伯沉船上出土的文物中有 98% 是陶瓷。

唐代的陶瓷，没有宋代那么讲究，但产地与品种都极为丰富。勿里洞阿拉伯沉船上的陶瓷就烧造于中国的各个窑口。其中长沙窑的数量与品种最多，如日常生活用品中的壶、瓶、杯、盘、碗、枕、灯等。其艺术装饰主要表现在釉下及釉中彩绘、印花、模印印花、模印贴花、堆花、刻花、彩色斑点等手法的运用。纹饰有花草纹、鸟兽、鱼、人物、园景等。特别值得一提的是长沙窑器大量采用文字作装饰，这在当时是一大创举。另外，也有以诗和商品宣传文字为题材的装饰（见图 6.7），有的瓷器上还写有"茶盏子"字样。

比之勿里洞沉船，南海 1 号打捞出的陶瓷制品要高级多了。我们曾专门采访过，参与打捞的广东专家，他告诉我们，这艘商船至少有 6 万件瓷器。目前一期打捞出来的瓷器有 200 多件，有中国瓷都为景德镇的产品，也有福建德化窑的产品。

勿里洞沉船和南海 1 号出口的陶瓷，还有一个明显的特点，就是这是一批出口方向明确的商品。比如，勿里洞沉船中的一些器物装饰，已具有明显的伊斯兰元素，看得出它们是以伊斯兰工艺品为模板，为迎合伊斯兰市场制作的，甚至，可以说它们是专为中亚国家而生产的。而在南海 1 号

图 6.7　勿里洞阿拉伯沉船上的陶瓷就烧造于中国的各个窑口，以长沙窑的数量与品种最多，其中还有以汉诗文字为装饰的陶瓷

发掘的文物中，也可以看到，带有鸡冠花纹的石砚台，鸡冠花纹石砚台倒置后是一个高脚玻璃杯的造型。据专家介绍，鸡冠花纹和高脚酒杯是当时阿拉伯世界的流行纹饰。

这些打捞出水的文物告诉我们，这两条沉船的出口目标是中亚，而不是欧洲。它间接地为我们提供了古代中国海上贸易的主要商品、客户群体、商品集散地点。值得一说的是，海上贸易远远超过了陆上的所谓丝路之路的作用。我们仅以泉州 1973 年出土的 34 米长的海船为例，这艘船可装载 200 吨的货物，相当于丝路上 700 头骆驼的承载量。海船借助季风，即使是去东非，160 天也就够了。东西贸易无论是速度上，还是运量上，海上运输都是陆路运输所无法比拟的。

繁忙的东西海上贸易，在宋元时代成就了中国名扬海外的漱浦、泉州、广州等几大世界级名港；开创了从南中国到南洋、印度、波斯、阿拉伯、东非洲的海上贸易之路，它是目前世界上已知的最长古代海上贸易之路。

不过，中国人与海洋的亲密接触，在接下来的改朝换代中，频遭破坏。明代虽然有过开放式的海上交往，但纠其根本还是以海禁为主的。仅明洪武七年（1374 年）朝廷撤销了泉州、明州、广州三个市舶司，至洪武二十七年（1394年），连下四次"片板不许入海"的海禁令。宣德之后，更是回到闭关自守的老路上，最终没能达成开放的共识。

晚明与清的海上贸易，更是乏善可陈。即使民间尚余一点走私贸易的胆量，但"国际大环境"已不同宋元时代了。此时的中国以为关上大门，或是在海边建几个卫所，看住自家的船不要出海，不要与海外势力勾结，就可与外部世界相安无事了。没有料到，以前中国人兴致勃勃地开辟的经马六甲北上进入印度和波斯湾的商路，撞入了一伙接一伙的西方强盗。

自 1511 年，葡萄牙人攻占了马六甲后，这条连接东西方的海上"丝绸之路""瓷器之路"，转眼就变为了西方人改变世界的"香料之路"。对于中国人而言，更不应忘记的是它在 1840 年前后，又变成了英国等西方列强，打入中国的"鸦片之路""殖民与奴役之路"……

唐宋市舶司，开放口岸的伟大开端

"在中国，出了个叫黄巢的人物，他从民间崛起，非皇族出身。此人初时，仗义疏财，后来便打家劫舍。他在众多城市中，选择了攻打广州。攻破城池后，屠杀居民。这里是阿拉伯商人荟萃的城市，所以，有十二万寄居在城中的外国商人被杀，这个确凿的数字是根据中国按人头数课税而算出的。此外，黄巢还把那里的桑树都砍光了，为的是让阿拉伯各国从此断掉丝绸的货源。"——这是 9 世纪末阿拉伯作家所写的《中国印度见闻录》所记载的黄巢广州屠城的历史事件。

这则不见于中国文献的海外记载，至少透露了三个重要的历史信息：一是黄巢广州屠城是影响海外的一件大事，二是广州蕃商至少有十几万人之多，三是广州是黄巢非常看重的城市；而这三个信息点都与广州的特殊地位相关联——它是古代中国的第一个设立市舶使（司）开放口岸。

唐代初设市舶使，人选也无定数，有朝官、宦官、监军等多种官员担任。据《唐会要》载，唐开元二年（715 年），广州已设有市舶使"岭南市舶使右威卫中郎将周庆立，波斯僧及烈等广造奇器异巧以进……"这里说的"岭南"是唐代十道之一的地名，它的管辖范围约为今广东、广西大部分和越南北部，开元时岭南道治就在广州。《新唐书·柳泽传》

中也有："柳泽，……开元中，转殿中侍御史，监岭南选。时市舶使、右威卫中郎将周庆立造奇器以进"。这是史料中，关于朝廷管里港口贸易机构市舶使的最早记载。"右威卫中郎将周庆立"也是目前可考的中国第一位口岸官员。

宦官任岭南市舶使的最早记载是唐人于肃所撰《内给事谏议大夫韦公神道碑》。这里的韦公，名某，碑载："开元十年解褐授内府局丞，典御府之藏，列内言之秩。勤愿慎密，肃恭矜庄。洵美可观，硕大且俨，事因绩着，官以课迁。寻充市舶使，至于广府，鳔飓纳贡，宝贝委积，上甚嘉之，每宣谕诸道，曾无宁岁，敷易诏旨，人皆悦服。天宝初，拜朝议郎。"由此可知，韦公任"广府""市舶使"在开元十年（722年），他掌管广府市舶贸易期间，进奉丰厚，"上甚嘉之"。

直接记录"市舶使"的文物有西安东郊出土《唐故军器使赠内侍李公墓志》（见图6.8），此为实证可考的唐代最后一任广州市舶宦官李敬实的事迹。据碑文载，唐大中四年（850年），内侍省"行人殿院役使"宦官李敬实出任"广州都监兼市舶使"，"才及下车，得三军畏威，夷人安泰。不逾旬月，蕃商大至，宝货盈衢，贡献不愆。颇尽巨节，袟满朝觐，献奉之礼，光绝前后"。可见，晚唐时，广州仍是"蕃商大至，宝货盈衢"。

唐代国力强大，四夷宾服，番商纷纷来华贸易。广州是南洋与印度洋蕃商来华停泊的第一站，因而成为中外贸易的核心港口。当时的舶来品有珊瑚、琥珀、琉璃、犀角、象牙、香药等，番商在中国采购的商品有茶叶、陶瓷、丝绸等，进出口生意十分红火。于是有了"广州刺史但经城门一过，便得三千万也"（《南齐书·王琨传》）之说。朝廷也正是看准了这一利益，在此设立了市舶使，这是古代中国海外贸易的划时代创举。

由于口岸开放，朝廷给予番商以种种优惠与保护，大食、波斯南洋诸国的商船，荟萃广州。据统计，广州每日有蕃舶十几艘入港贸易。走私盐商出身的起义领袖黄巢，自然知道广州的份量。在王仙芝战死，他独统十万农民起义队伍后，就以广州节度使为招安条件与朝廷谈判。朝廷也不是傻子："广州市舶宝货所聚，岂可令贼得之"。欲讨广州节度使而不得的黄巢，于乾符六年（879 年）攻打广州，并在屠城数日后，又北上杀向长安。这一切，似应了黄巢当年不第后的"赋菊"：

图 6.8 《唐故军器使赠内侍李公墓志》拓片

待到秋来九月八，我花开后百花杀。

冲天香阵透长安，满城尽带黄金甲。

大唐与阿拉伯世界的红红火火的海上贸易，因黄巢之乱而停止。中国与番商的海上贸易另一个春天，还要等"五代十国"半个多世纪的乱世过去，等到大宋王朝的到来。

赵匡胤建宋的第 11 年，即开宝四年（971 年），在消灭盘踞岭南的南汉政权后，随即恢复广州的口岸功能，建立了大宋第一个海外贸易管理机构——广州市舶司。紧接着，宋太宗灭掉割据江南的吴越政权后，又设立两浙市舶司；宋真宗继位，将两浙市舶司分为杭州和明州（今宁波）市舶司。至此形成宋初的广州、杭州、明州"三大市舶司"的格局。这三个贸易港中，广州贸易量最大，约占"三司"总收入的九成。

随着海上商贸活动的发展，海上来的番商越来越多，大家不可能都到"三大市舶司"去办理贸易手继，而设立市舶司显然又是一项重要的升财之道，于是北宋中后期，又建立了秀州、温州、阴州、澉浦、泉州、密州等市舶司。尤其是密州市舶司的建立，使北方沿海终于有了一个国家级的"海关"，形成从北到南的较完善的口岸布局。一千多年过去，这些古老的市舶司遗址多已湮没，唯泉州市舶司遗址的残存部分水仙宫尚在（见图6.9）。

唐代留给后人的口岸建设史料很不完整，连研究者也说不清，唐代的广州市舶使在职能上是否等同于宋代的广州市舶司。但宋代就完全不同，不仅市舶司一个接一个的建立，有着完整布局，还有相对完整的管理系统。

虽然，宋代没有全国统一的市舶制度，但其经济职能还是十分清楚

图 6.9　一千多年过去，这些古老的市舶司遗址多已湮没，唯泉州市舶司遗址的残存部分水仙宫尚在

的。如，阅货、抽解（征收舶税：通常是十分抽解二分）、禁榷（对某些商品实行专卖）、博买（收买舶货：官府抽买以后，剩余的货物，才可卖给商民。通常为抽买十分之三）等。此外，还有治理港口、接待和管理外商、组织祈风、剿灭盗贼等。

北宋前期的市舶长官和唐朝一样，也称市舶使，其职由所在地知州兼任；北宋后期，市舶司地位不断提高，改设专职提举市舶。不断升级的市舶司，都反映出宋代海外贸易的兴盛和朝廷对市舶贸易的重视。《宋会要》记高宗诏曰："市舶之利甚厚，若措置合宜，所得动以百万计，岂不胜取于民，朕所以留意于此，庶几可以少宽民力而。"

市舶制度拉动了海上贸易，当时与宋贸易的国家有 50 多个，中国商人主动出海贸易的国家也有 20 多个。口岸繁荣，也带起了都市商业，黄河沿岸的长安、洛阳及黄河与运河交汇之汴州、南方的扬州、广州、泉州、杭州等，都出现空前的繁荣景象。

◇第七章

元蒙扩张，东学东来

蒙元帝国的陆海扩张与国际视野

中国文化中的虚妄，至少有两点是对不起子孙的。一是乱认祖宗，或者说制造祖宗，君可见每年清明时，各地纪念人文始祖的乱象。二是替祖宗说话，比如"和平崛起"，本是一种当代追求，但为了迎合当下需要，一些学者把列祖列宗也归为"和平崛起"一族。在中原之内，通常不提秦灭六国；在世界之内，通常不提蒙元扩张。

古代与现代是两个完全不同的社会发展阶段，遮蔽历史、虚拟祖先的想法，是对历史与子孙的不负责任；而回避和遗忘蒙元王朝，就会丢掉中国最大的"开放"经历，使我们研究古代中国的天下观或世界观时，出现不应有的断层。所以，有必要回望一下古代真正屹立于世界之林的蒙元往事……

伏尔泰曾说过"蒙古帝国给欧洲留下的只有马粪"，蒙元与世界的关系确实是在铁蹄下展开的。这种扩张从"蒙"的时代就开始了，1206 年，经过铁血整合的蒙古各部族，推举铁木真为大汗，即成吉思汗，建立了奴隶制与封建制相混杂的蒙古汗国。从此，蒙古铁骑便以牧羊放马的姿态向西推进。关于这一段的历史，波斯历史学家拉施特丁（1247—1318 年）的《史集》，提供了比《元史》更加宽阔的视角，尤其是书中那些插画形象地记录了蒙古铁骑血腥扩张的历史（见图 7.1）。

图 7.1 《史集》是研究中世纪亚欧各国历史，特别是蒙古史的重要史料，书中插图描绘了蒙古西征中用木枷押送战俘的场景

　　经过 3 次大规模的血腥西征，蒙元帝国打出了自己的版图——如《元史·地理志》所言："自封建变为郡县，有天下者，汉、隋、唐、宋为盛，然幅员之广，咸不逮元。汉梗于北狄，隋不能服东夷，唐患在西戎，宋患常在西北。若元，则起朔漠，并西域，平西夏，灭女真，臣高丽，定南诏，遂下江南，而天下为一，故其地北逾阴山，西极流沙，东尽辽左，南越海表。盖汉东西九千三百二里，南北一万三千三百六十八里，唐东西九千五百一十一里，南北一万六千九百一十八里，元东南所至不下汉、唐，而西北则过之，有难以里数限者矣。"此外，蒙元帝国还在战争中将俄罗斯、地中海东岸、两河流域、波斯与印度西北收入自己的势力范围。

　　蒙古王国家底不厚，全靠自然经济生存，建立大元之前，甚至连商品交换都不懂。1271 年，忽必烈公布《建国号诏》，取《易经》中"大哉乾元"之意，正式建国号为"元"。建立大元后，蒙元政府极需强有力的经济支撑。所以，元蒙政权一方面不断扩大陆上地盘，建军立最大的陆路帝国，同时不断开展海上征战，企图建立海上帝国。

　　通过和亲的方式，蒙元先与高丽王建立了良好的朝贡关系，但日本则对新兴的蒙元王朝不理不采，并拒绝朝贡。1274年忽必烈命忻都挂帅东征，统蒙军2万、高丽军5 600、高丽水手6 700，计3.2万大军，从朝鲜半岛的合浦，攻过对马海峡。蒙元大军打败日本10万抵抗军后，不愿跨海恋战，很快撤回中国大陆。但日本并没因此而被吓倒，依然在高丽东南沿海不断袭扰。1281年，应高丽王请求，元世祖再次攻打日本，忻都统蒙汉及高丽军4万人，战船900艘，东路取道高丽，南路从庆元（宁波）跨海，两路进攻日本。但由于不善海战，又遇台风，这次攻打日本，终以失败而告终。

日本没有打下，但忽必烈海上扩张之心并没收敛，至元十五年（1278年），他诏行中书省唆都及蒲寿庚等："诸蕃国列居东南岛屿者，皆有慕义之心，可因蕃舶诸人宣布朕意。诚能来朝，朕将宠礼之。其往来互市，各从所欲"。但朝廷赴爪哇通款的使者，却被爪哇国刺面遣回。元朝遂派遣史弼等率海船五百艘征伐爪哇。

1292年，从福建、江西、湖广征集的战船，由泉州出发，直抵爪哇。爪哇国斯时正与邻国开战，他们利用降元为条件，请元朝大军帮助他们打败邻国。后又，巧妙施计，打败失去警觉的元军。最后，损失3 000人的元军，只好退回国内。这场跨海远征的海战以失败告终。

尽管忽必烈东征日本、西征占城（今越南）、南征爪哇都以失败告终。但从海洋战略的角度看，忽必烈以攻代守的策略，还是具有现代眼光的。同时，这里还藏着另外一份海洋经略：即打通中南半岛过马六甲至阿拉伯半岛的海上通道。

自忽必烈自立为汗，推行"汉法"以来，许多蒙古贵族拒绝归附忽必烈，并导致成吉思汗的儿孙统治着的"四大汗国"纷纷脱离蒙元中央政府的统辖，各自发展成为互相独立的国家。虽然，蒙元政权与这些汗国关系紧张，但它一直没有放弃通过几个汗国控制中亚的努力，在陆路因战乱而不便通行之时，从海上进入伊利汗国的航路就显得非常重要了。所以，开拓这条海上通道的政治、经济及外交上的意义，即现实又深远，更不是后来所说的"海上丝绸之路"所能涵盖的。

成吉思汗和忽必烈的许多不义之战，确实给邻国带来了巨大而持久的灾难。但它在客观上，扩大了帝国的"国际视野"和"国际声望"，也吸引了意大利的马可·波罗和北非的伊本·白图泰等人的东方旅行，进而通过这些海外旅行家，又将中国神话般地介绍给西方世界，再度放大了中华帝国在世界上的影响力。

或许，这就是蒙元王朝魔鬼般的魅力。

开发海道北运漕粮

虽然，蒙元一朝起家于马背之上，但却深知海上之利害。忽必烈定帝国京师于大都（今北京）后，朝廷需要大量的粮食来使这个新的中心城市运转起来，所以，一方面仍用传统的运河，北上运粮，另一方面紧急招募海运水师着手解决海运漕粮问题。因为海运比运河漕运节时省钱。这段重要的开发海洋的历史被详尽记录于《大元海运记》之中。

元文宗至顺元年（1330 年）朝廷命奎章阁学士院负责编纂大型政书《皇朝经世大典》（即《元经世大典》）。赵世延任总裁，虞集任副总裁，次年五月修成。全书八百八十卷，目录十二卷，附公牍一卷、纂修通议一卷。《大元海运记》即出自《皇朝经世大典·海运》。它是一部记载元代海运漕粮活动的专志，其中保存了许多有关海漕事业的原始资料。

《大元海运记》共二卷。上卷为分年纪事，收录有关海运漕粮的案牍文件之类。下卷为分类纪事，分为岁运漕粮数，江南及南北仓鼠耗则例，海运水脚价钞，海漕水程，航道设标、潮汛气象观察等项目。记述自长江口直达天津航道的水流、沙浅、岛屿以及全程所需时日。

《大元海运记》公正客观地记述了朱清、张瑄为海道漕运所做的贡献。为何说其公正，因为，朱清、张瑄皆为海盗。南宋将亡之时，宋将朱清加入了海盗张瑄的队伍，并被尊为军师。当朱清得知朝廷筹建海运队伍的消息后，就劝说张瑄改邪归正，降元为官。

朱、张二人降元后，至元十三年（1276年），丞相伯颜首次派遣他俩载运从南宋掠走的大量皇室库藏图书，从南方海道运抵京城。此时，恰逢朝廷决议海运漕粮，伯颜旋即推荐了朱清、张瑄二将，两位南宋海盗摇身一变成了元廷海运大员。元世祖至元十九年（1282年），朝廷命海道总管罗璧，偕同朱清、张瑄等，造平底沙船60艘，试运糟粮六万四千石。由此打破了700多年南北中国靠运河河运的历史格局，揭开了元代大规模海道运粮的序幕。

朱清、张瑄也不负蒙元冀望，很快就将年运粮4万石，提升至160万石。朝廷遂将朱、张提升为都督海运万户府事。此后，朱清因功又加官为江浙行省参知政事、江南行省左丞。张瑄也累官至骠骑卫上将军、淮东道宣慰使（1303年因犯行贿罪，朱清在狱中自杀，张瑄被处死）。

大元的海道漕运，除朱清、张瑄二位功臣之外，还有他们麾下的"五虎将"，即五位海运万户：黄真，官昭武大将军，海道运粮正万户，佩三珠虎符；刘必显，为信武将军，海运副万户；殷明略，始为海运千户，后升副万户；徐兴祖，为昭勇大将军，海运副万户，追封东海郡侯，谥宣惠；虞应文，朱清女婿，海运副万户。此中，要特别一提的是殷明略，他是大元海运新航线的真正开辟者。

海上运粮并非蒙元一朝开创，春秋战国时候就已经有了，那时的船只，仅来往于沿海各地之间，一般途程较近。唐朝时候，朝廷也曾调运南方的粮食到河朔和辽东，但海运航线仅是近岸海道。元代的海道漕运，北至直沽（俗语说，先有大直沽，后有天津卫），东至高丽，是远离大陆的真正的海洋运输。

据《大元海运记》所记，1282 年（至元十九年）由朱清等人的海运船队，开辟航线是：自刘家港（在今江苏太仓）北经崇明州入海，沿着海岸线航行，最后到达直沽。此为近岸航线，沿途曲折危险，航程长达 13 350 里，航期快则两个多月，慢则一年半载。1293 年（至元三十年），海运千户殷明略，在海运漕粮赴高丽的过程中，又探出了一条新的海道：从刘家港入海，至三沙、崇明后入黑水洋，在深水中越过东海（今黄海），再绕山东半岛尖端进入渤海湾。由于航道便捷，"当舟行风信有时，自浙西至京师，不过旬日而已"，顺风仅需 10 天，即可驶抵直沽码头（见图 7.2）。

从至元三十年（1293 年）起，元廷启用了殷明略所开辟的新航路，航程大大缩短，海道漕运也改为春、夏两季开运。为此，元廷曾下诏，命造"一千艘能涉大海，可载四千石"的海船。元代海漕船大致两类：一类是平底沙船，称为"遮洋船"，可载八百石；另一类是较大海船，称为"钻风船"，船之"大者五千料，中者二千料、一千料，小者四百料"。这种船大大提高了运力，所运粮食也从原来的年运数 10 万石猛增至 100 多万石。从 1309 年起，年运 200 万石以上。到 1319 年，每年运粮常在 300 万石以上。最多一年，自刘家港发运的漕粮高达 350 万石。

太仓港也因此成为百万海运仓，名扬天下。直到明朝，还有景泰年间的进士、监察御史高宗本咏诗赞叹：

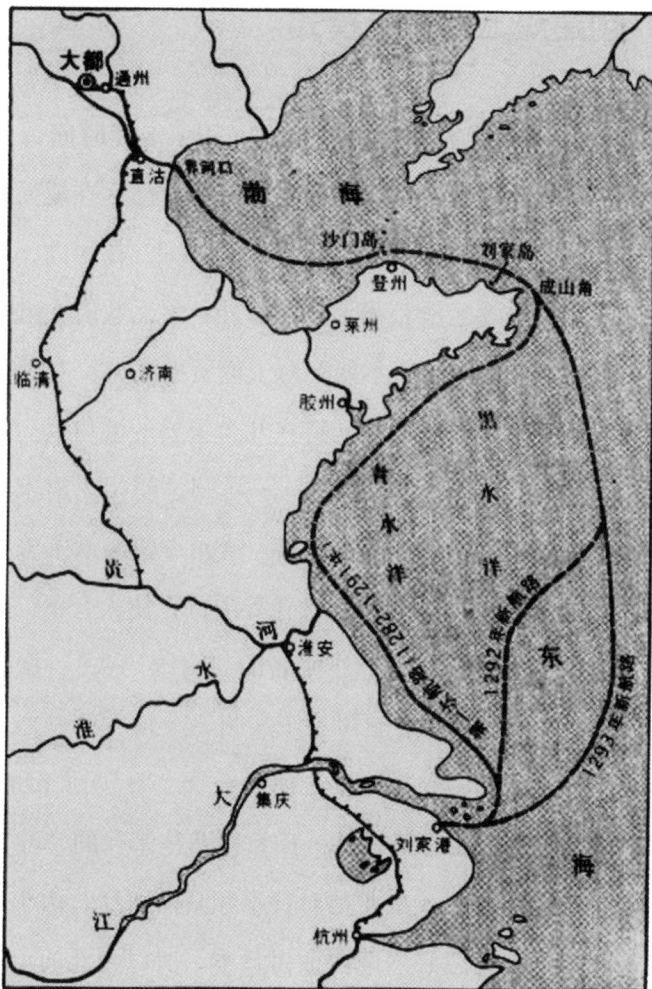

图 7.2　元代海运航线示意图：一条是自刘家港入海，沿着海岸线航行，到达直沽。一条是从刘家港入海后，入黑水洋，越过东海，再绕山东半岛尖端进入渤海湾。前者最快也要两个月到达，后者顺风仅需 10 天，即可驶抵直沽码头

雕甍接栋春何在，野草含烟绿更长。

戍鼓声乾逃雉兔，征旗影落下牛羊。

元戎功业难为继，独对寒潮酹一觞。

百万当年海运仓，可堪风雨变荒凉。

"官本船"创建海上商贸新模式

1271 年建元后，蒙元大军挥师南下，又用了 8 年时间，彻底消灭南宋。在占领浙、闽等地之后，漫长的南中国海岸，已尽在蒙元朝廷的掌控之中。于是，新王朝开始大举恢复和兴办海运事业：在国内，蒙元一朝开辟了有史以来最辉煌的海运漕粮事业；在海外，蒙元政府在继承大宋市舶司的同时，又创建了全新的"官本船"海上商贸模式。

宋代海上贸易已相当发达，朝廷特在几个重要的港口设立了相当于今天的海关的"市舶司"，其中尤以四州——杭州、明州（南宋称庆元，今宁波）、泉州、广州的四大市舶司为最盛。蒙元一朝继承了宋代海港开放的家底，又在此基础上开发了澉浦、太仓等港口，使太仓不仅成为海运漕粮的"百万海运仓"，而且成为中外闻名的"六国码头"。据《元史》卷《市舶》载"至元十四年，立市舶司一于泉州，令忙古解领之。立市舶司三，于庆元、上海、澉浦，令福建安抚使杨发督之"，四大市舶司的设立，使这些港口成为"远涉诸番，近通福、广，商贾往来"的"冲要之地"。

当时东部的庆元市舶司，主要是对日本和高丽贸易，由于日本不肯臣服大元，拒绝入贡，曾使忽必烈两次征讨日本。所以元廷的市舶司对日本商人多抬高税价，贸易不很畅顺。但蒙元与高丽关系相对好些，海上贸易也因此活跃。高丽运来的货物多以人参、红花、茯苓等药材为主，其次是虎皮、兽皮等。还有蒙古人喜欢的新罗参、高丽松子，商贸货物多属今天所说的"土特产"。而高丽从中国贩走的货物，则多是轻工产品，如瓷器、丝绸、文房四宝，最为重要的是高丽商人文益渐，在与太仓人做贸易时，偷偷带走了棉花种子，此举对解决高丽衣服穿着具有划时代的意义。

对西洋的贸易，以刺桐（今泉州）港名气为大，同埃及的亚历山大港，并列为当时世界两大港口之一。这一点，我们在西方最著名的中世纪世界地图——《加泰罗尼亚航海图》中可以看到。在这幅 1375 年的航海图上，中国被描绘成一片富裕的大地，大汗的京城（北京），南方的刺桐港，皆在其中，可见刺桐港当年在西方世界的影响。

国家在口岸城市设立管理商业船运及贸易的行政机构十分必要，但更重要的是还要有一套行之有效的出海贸易政策。了解世界航海史的人都知道西方大航海兴起的一个重要的经济条件是，皇家与商家合作出海探险，而后利益分成。它的第一个成果，就是 1492 年哥伦布为西班牙发现了新大陆。虽然，古代中国在世界航海史上没有任何发现可言，但官商合作出海的制度建设与实践，却早于西方两百多年。

在航海技术不发达的古代，海上贸易是高利润与高风险并存的，个人办海运，仅造海船一项，不是大户商家，根本承受不了。此外，还有易货资本、海上费用等等。如何化解风险，提高利润，中国的历朝历代都没拿出办法。没人能想到，最后解决这个问题的竟然是骑马打天下的蒙元王朝。1286 年（至元二十三年），元廷接受了中书右丞卢世荣的建议：朝廷银根吃紧，可依市舶贸易原则，实行"官本商办"的海外贸易"官本船"制度。

据《元史·食货二》记载："官自具船给本，选人入番贸易诸货，其所获之息，以十分为率，官取其七，所易人得其三""凡舟楫粮糗，物器之须，一出于君，不以烦有司"，这样"上可裕国，下不损民"。如是一来，出海船为"国有"，贸易本钱是"国资"；而其贸易所得，百分之七十归"国库"所有，百分之三十则为己所得，商船尽可放心拓展海上贸易了。这种"能救钞法，增课额，上可裕国，下不损民"的国有民营办法，唐、宋两代均未实行，实是元朝廷首创，在当时的国际海洋贸易上，也处于

"领先地位"。

"官本船"大多是"福船型"的远洋海船（见图 7.3），福船有多个分隔开来的密封舱，故能抗击远洋风浪。这种远洋大船在开放的经济政策鼓舞之下，把大批的阿拉伯、波斯与印度等地的香料、药材等货物运至中国，以至"来华商贾不绝于途"；而中国著名的丝绸、瓷器亦被大批地运往海外，甚至几经转运贩卖远及欧洲。

"官本船"政策由至元二十三年（1286 年）实施，至英宗至治三年（1323 年）颁布"听海商贸易，归征其税"而止。此后"官本船"制度再没有大规模推行过。但作为余波，元政府偶尔也以种种方式向海外派出官

图 7.3 "官本船"大多是"福船型"的远洋海船，福船有多个分隔开来的密封舱，故能抗击远洋风浪。图为日本人绘制的清初福船

方贸易船，如顺帝元统二年（1334 年）"十一月戊子，中书省臣请发两赊船下番，为皇后营利"。后至正二年（1342 年），有人试图恢复这种贸易，即遭到权臣的反对，"恐远夷得以窥中国，事遂已。"至此，官本船制度无论在形式上还是在实际操作上均告结束。

"官本船"制度实施不足半个世纪，但在元朝内政外交上，功高至伟。首先是它支持了国家经济，有史料记载，刚刚实行了几年官本船，至元二十六年，仅江淮行省的市舶税就达"珍珠四百斤，黄金三千四百两"，倘若汇总全国各大口岸，税银就相当可观了。再以明州港的进口舶货为例，宋代《宝庆四明志》记载的进口货物为 170 余种，而元代《至正四明续志》记载的舶货为 220 余种，比宋代增加了 50 余种。这两项差距充分说明元代贸易活动的范围已远远超过了前代。

"官本船"开拓的海上贸易，不仅影响了经济，也引领了"时尚"。由于打通了波斯湾的海上商路，波斯的地毯、波斯布和产于印度、东南亚的平纹细布等"西洋布"源源流入中国，使得富足人家皆以"西洋布"为馈赠佳品。元末著名隐士、诗人谢应芳曾有《全金宪自黄州以西洋布遣骑见惠，作诗谢之》一诗，形象地描述了他收到"西洋布"礼品的有趣情景：

> 十月北风方怒号，
> 故人西布似绨袍。
> 远劳使者传书信，
> 笑看家人落剪刀。

汪大渊 "中国的马可·波罗"

西方人不太了解，14世纪中国与世界的关系，或者说，不了解元代中国对世界的描述。西方人熟知的是，这一时期西方到东方的威尼斯商人马可·波罗和摩洛哥旅行家伊本·白图泰他们的伟大著述。相比较而言，世界对中国古代的旅行家，知之甚少，更令人遗憾的是中国对自己的古代旅行家，也是宣传得太少，大众只知道有个仅限于"国内游"的明代旅行家徐霞客，而不知道元代就有了"中国的马可·波罗"——汪大渊。

其实，蒙元一朝是中国历代王朝中，国际视野最宽的王朝。这一时期，西人东来创造了不曾有过的辉煌；而国人西去，也创造了不曾有过的辉煌。伊本·白图泰的《异境奇观》告诉我们，他到访过中国的泉州；同样，汪大渊的《岛夷志》也告诉世界，他曾访问过非洲，甚至，有可能到过伊本·白图泰的故乡摩洛哥。

古代中国把全部智慧都投入到"四书五经"的考据之中，不重视海外地理作品的研究。以至于今天，我们也找不到更多关于古代中国成就最大的旅行家汪大渊的资料，只有《岛夷志》序言与后记中留下的星星点点的生平线索。

出生在江西南昌的汪大渊，少年即有远游大志，足涉半个中国。元代的海外商业活动带来的海外信息，促生了他对海外风土人情的兴趣，苦于国内找不到介绍海外风情的书籍，于是，他毅然搭上商船出海旅行，去亲身感受真正的"西洋景"。

汪大渊于1328—1332年和1334—1339年，先后两次从刺桐港搭商船出海赴"西洋"旅行。"所过之地，窃尝赋诗以记其山川、土俗、风景、物产之诡异，与夫可怪、可愕、可鄙、可笑之事。皆身所游览，耳目所亲见。传说之事，则不载焉。"

汪大渊归来之后，又用 5 年的时间，校对前人的海外游记，整理自己的旅行记录，发现其中有许多描述与自己亲眼所见的"大有径庭"。大约元顺帝至正九年（1349 年）的冬天，汪大渊路过刺桐（泉州）港，适值泉州路达鲁花赤偰玉立莅任，乃命吴鉴编修《清源续志》，吴鉴认为泉州为对外贸易的大港，不能没有海道诸岛屿及诸国地理情况的记载，特请两次亲历海外，熟悉海道地理情况的汪大渊撰写《岛夷志》，附于《清源续志》之后。此后，汪大渊回到故乡南昌，又将《岛夷志》刊印成单行本，在至正十年（1350 年），正式发行于世。

汪大渊的原书名为《岛夷志》，清代之后改名《岛夷志略》。由于元、明抄本均已亡佚，所以，今人见到的多是清代的《岛夷志略》。此书共分100 条，前 99 条记载和涉及的地点总计 220 个，均系作者亲睹，其说可信；只有第 100 条"异闻类聚"，是摘录前人旧记《太平广记》等书而成。

《岛夷志》是一部开创性的海外交往文献，以往这种海外志，非亲历记录，多是传闻集萃。如，南宋周去非的《岭外代答》、赵汝适的《诸蕃志》，皆如《四库全书总目》中所说："诸史外国列传秉笔之人，皆未尝身历其地""亦多得于市舶之口传"，而汪大渊的书"皆亲历而手记之，究非空谈无征者比"。

《岛夷志》记录了的沿海国家和地区是 97 个，比赵汝适《诸番志》所载多出 38 个，包括菲律宾诸岛、印尼诸岛、马来半岛、印支半岛、印度半岛、巴基斯坦、斯里兰卡岛、波斯湾沿岸、阿拉伯半岛、非洲北部及东部沿海地区，对 14 世纪的东西两洋的政治、宗教，以及经济、航海和社会生活诸方面进行了考察。

《岛夷志》对各国各地的民情风俗有大量记载，如越南交趾"俗尚礼，有中国之风",其国民"戴冠、穿唐衣、皂褶、丝袜方履",民间俊秀子弟"八岁入小学,十五岁入大学,其诵诗读书,谈性理,为文章,皆与中国同";印尼东爪哇民风敦厚,社会秩序井然,"民不为盗,道不拾遗";印尼坤甸"敬爱唐人,醉也则扶之以归歇处",其民"每岁望唐舶贩其地";缅甸"民专农业,田沃稼茂","岁凡三稔,诸物皆廉";印度马都拉盛产珍珠,当地商人收购后,"求售于唐人";伊斯兰教圣地麦加"地多旷漠","人多以马乳拌饭为食"……诸如此类,不胜枚举。

《岛夷志》首次对外国的地理、地脉进行了分析,如"万里石塘"条就认为"石塘之骨,由潮州而生""一脉至爪哇,一脉至渤泥及古里地闷,一脉至西洋、遐昆仑之地。"如三岛(菲律宾马尼拉湾附近)"屿分鼎峙,有叠山层峦",麻逸(今民都洛岛)"山势平宽,夹溪聚落",琉球(今我国台湾岛,入明以后琉球则专指冲绳岛)"地势盘穹,林木合抱"。同时,还对各地的气候特征按照冷、暖、热、凉、温进行了分类,还就季节和降雨情况进行了记载,对各地土壤进行了三级二等的分类,对各地树木、农作物做了记录。

《岛夷志》记录的汪大渊下西洋,不仅比郑和早了70多年,而且其著作《岛夷志》也成为大明国家舰队下西洋的指导性文献。这一点在郑和下西洋硕果仅存的三部重要著作(马欢的《瀛涯胜览》、费信的《星槎胜览》和巩珍的《西洋番国志》)中可以得到证实。如,马欢在其《瀛涯胜览》自序中说:"余昔观《岛夷志》……所著者不诬";费信受汪大渊的影响更深,其《星槎胜览》许多记述是从《岛夷志》中直接抄录的;而巩珍的《西洋番国志》,又基本上抄录了《瀛涯胜览》;可见《岛夷志》对郑和舰队留下的三大著作的影响。

元蒙帝国的海外游历记录,不仅有汪大渊的《岛夷志》,还有耶律楚材的《西游录》、刘郁的《西使记》、李志常的《长春真人西游记》、陈大震的《大德南海志》、周达观的《真腊风土记》……虽然，这些地理著作的分量都不如《岛夷志》，但看得出元蒙已有很强的世界意识和海洋意识，仅从这些著作所涉及的空间来看，元蒙的天下观，可谓"洋洋大观"了。

当然，蒙元时期中国学者遍访天下，与元帝国的对印度洋地区几大汗国的统治密切相关，成吉思汗的子孙在这里作为统治者，同时也吸收了这里的文化与科学技术。如这幅现由柏林国家图书馆收藏的 14 世纪的波斯纸本水彩画（见图 7.4），就记录了在大不里士的蒙古王子在大帐里

图 7.4　这幅现由柏林国家图书馆收藏的 14 世纪的波斯纸本水彩画，记录了在大不里士的蒙古王子在大帐里研读伊斯兰经典的场景

学习伊斯兰经典的场景。这些海外信息直接影响了同时代的中国学者和地理学家，他们根据这些异域记录绘制了中国最早的世界地图《声教广被图》，遗憾的是这幅东方人最早的世界地图，传至明代就散失了，更为遗憾的是，元代海上渴望与追求，对世界的描述与认识，却被明清两代扭曲和抛弃了。

"东学东来"对蒙元帝国的影响

先讲一个西方的故事：

1483 年，德国纽伦堡的青年制图家马丁·贝海姆，为制作新海图来到航海经验丰富的葡萄牙搜集海上探险资料。此时，哥伦布正在向葡萄牙国王提出西航东方的"印度计划"。马丁·贝海姆受到论证西航中提出的"如果能在一个圆球上标明航海路线，一切就会更加清楚明白"的启发，立即着手制作地球仪。1492 年，即哥伦布发现新大陆的那一年，他完成了西方世界的第一架地球仪。这是西方地理学界关于"地球仪诞生"的标准版本。这个故事忽略了东方关于"地球仪诞生"的另一个故事。

再讲一个东方的故事：

大约在贝海姆制作地球仪的两百多年前，一个叫札马鲁丁的西域天文学家，从伊儿汗国马拉盖天文台带出七件天文仪器，来到元蒙初兴的中国。这七件仪器的原名音译、意译、形制用途皆载于《元史·天文志》。这七件天文仪器在元亡明兴之即，被从上都带至应天府为大明王朝服务，此后就消失了。后世，对于七件天文仪器的性质用途看法不一，但对于七仪中有一件是地球仪，大家都认可。这个仪器形象地展现了寰球这一科学概念，是中国第一架地球仪，比之 1492 年德国马廷·贝海姆制作地球仪的纪录早了 225 年。

这里讲述东西两个地球仪的故事，并非想说东方的地球仪领先于西方，而是说早在元蒙时代，中国就见到了世界的球形样貌。这种世界观比利玛窦带来全新的世界观，要早上 300 多年。

由此，我想说，东学东来要比西学东来，对中国的影响要早。为何要称阿拉伯、波斯之学为"东学"，因为此地区一直被西方世界指认为：东方或者中东；以此学对应欧洲之西学，称其为"东学"，似乎更加贴切。

由于西亚和中亚与元蒙帝国的特殊政治与地理联系，决定了"东学"先于"西学"进入中国，或者说，西学通过"东译"（阿拉伯、波斯的转译），进而影响了中国。不过，需要说明的是，"东学东来"也不是"一刀切"地皆由元蒙开启，以天文学为例，在河北宣化的辽代张世卿墓的壁画（1116 年）上，就已有了来自古巴比伦的黄道十二宫图（见图 7.5），图上有精彩的巨蟹宫、天蝎宫等十二星座的描绘。它证明早在一千年前，中外十二宫就已实现了历史性的交汇。元蒙一朝，因其特殊的历史背景使"东学"引进，成一代风尚。

成吉思汗建国时，蒙古还是一个没有文字的族群。不识字的成吉思汗，选择了由古粟特文发展起来的拼音文字畏吾尔文（古回鹘文）作为蒙古国文字。后来，虽请畏吾尔人八思巴创立蒙古官方文字，但民间的畏吾尔蒙古字仍行用不衰。元蒙和阿拉伯世界这种特殊的文化联系，及其对阿拉伯与波斯的领土深度侵入，使得元蒙有条件将这一地区的领先于世界的科学技术带入中国。

元蒙引进的"东学"有许多，但主要科目是阿拉伯、波斯的天文学和地理学。

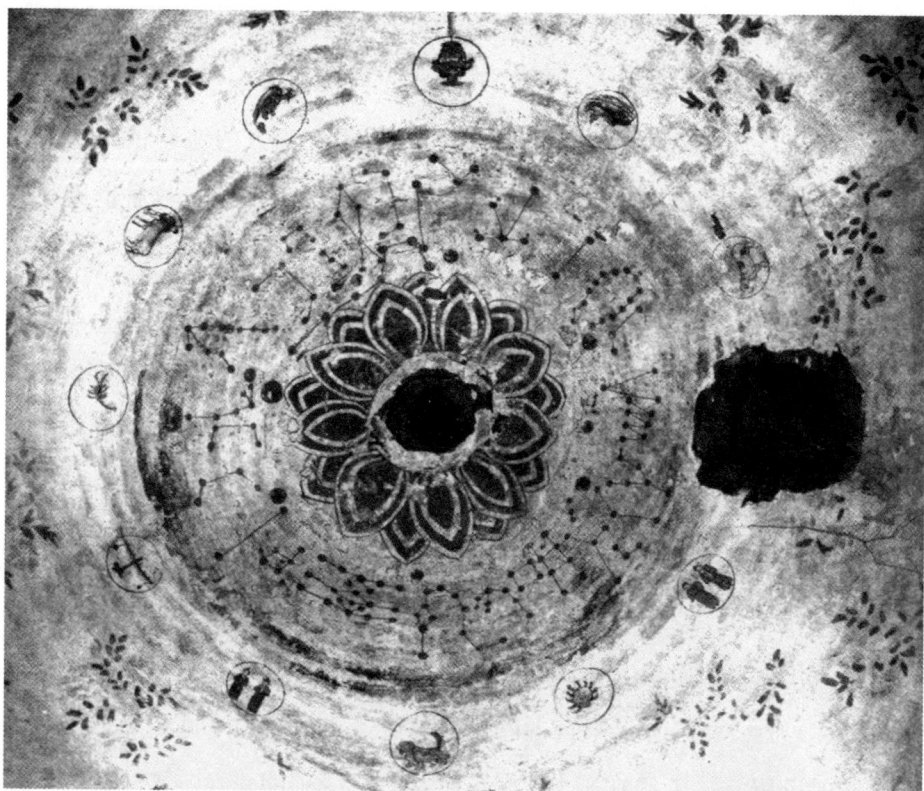

图 7.5　辽代张世卿墓的壁画（1116 年）上，即有来自古巴比伦的黄道十二宫，精彩的巨蟹宫、天蝎宫等十二星座的描绘，证明早在一千年前，中外十二宫就已实现了历史性的交汇

　　对星空的把握是每个王朝的大事：一要问命于天，以知运程；二要掌握四时，以定历法。至元八年（1271 年）建立大元之初，忽必烈就在上都建立了回族司天台，此后又在大都（今北京）设"汉儿司天台"。朝廷任命西域天文学家札马鲁丁为提点（台长），官从五品。札马鲁丁掌管七件从西域带来的天文仪，为大元观天测象：用浑天仪观测太阳运行轨道；用方位仪观测星球方位；用斜纬仪观测日影，定春分、秋分；用平纬仪观测日影，定夏至、冬至；用天球仪分析天文图像；用观察仪（星盘）研究昼夜时刻；用地球仪研究天地之关系。札马鲁丁在为元蒙朝廷观测天文

之时，还翻译了伊本·优努斯的《哈基姆星表》等天文学著作。至元四年（1267年），札马鲁丁还依据伊斯兰教历法撰写了《万年历》，由忽必烈颁行天下。

札马鲁丁不仅是将阿拉伯天文历法较全面介绍给中国的第一人。同时，他也是传授阿拉伯地理学的重要人物。至元二十三年（1286年），忽必烈任命札马鲁丁为集贤大学士，官位升至二品，由他主持纂修《大元一统志》。这是第一部由朝廷主持编辑的全国地理志，全书共600册，1300卷，附有彩色地图和一幅《天下地理总图》。此书后在战乱中散佚，残存的《大元大一统志》，仅剩《辽海丛书》等44卷，不及原来卷数的5%。

在阿拉伯、波斯的科学知识进入中国的同时，中国的科学研究也与阿拉伯、波斯的研究产生了良好的融合与碰撞。据科学史专家江晓原博士研究，元蒙虽是乱世，但至少有两份双语天文学文献传世：一份是保存在俄国普耳科沃天文台的两份手抄本天文学文献，文献的内容是一样的，都从1204年开始的日、月、五大行星运行表，书写年代约在1261年。两份抄本一份为阿拉伯文，一份则为汉文。中国古代科技史专家李约瑟曾猜测这两份抄本可能是札马鲁丁和郭守敬合作的遗物。另一份，双语天文学文献是阿拉伯天文学家撒马尔罕第于1362年为元朝一王子撰写的天文学著作，手稿原件现存巴黎。此件的阿拉伯正文旁附有蒙文旁注，标题页则有汉文。

中国学者王恂与郭守敬等学者，在反复学习、稽考外来的《哈基姆星表》及其他资料的基础上，结合在全国多地建立的河南登封观星台（见图7.6）的观测数据，于1280年编制完成一部全新历法——《授时历》。这是中国古代最好的一部历法，它以365.2425天为一年，与地球绕太阳一周的实际时间只有26秒的差距，其准确程度近于现行公历，却比公历使用早

图 7.6　河南登封观星台，郭守敬建

300 年左右。值得注意的是这种科学交流都是汉或蒙与阿拉伯或波斯的交流与文本互译，而不是与欧洲人或拉丁文的交流与文本互译，它再次表明这种交流是在"东学"文化圈之内。

元蒙一朝，战乱不断，又经元、明交替，使得元代地图传世的少之又少。但在存世不多的元代地图中，我们仍可以看到中亚地图学的清晰印记。其中，最为地理学界所熟知的即《元经世大典》中收入的地图。这部官修大型政书，又名《皇朝经世大典》。元至顺元年（1330 年）由奎章阁学士院负责编纂，全书近 900 卷。明初修《元史》时，还曾大量引用此书。但到万历年间，此书就失传了，仅剩一点点残本。所幸《元经世大典》的许多内容被明人收录《永乐大典》之中，一些内容借明人抄写得以传世。后来《永乐大典》也逐渐散失，现存《永乐大典》残本中，甚至找不到著名的《元经世大典地图》。今人所能见到的《元经世大典地图》，是晚清地理学家张穆从《永乐大典》中摘出，才得以传承。张穆是一位经学研究者，为防外敌从海上来犯，他特从《永乐大典》中选出《元经世大典地图》，摩绘后送好友魏源。此时，魏源正为"开眼看世界"而编撰《海国图志》，遂把这幅重要的元代地图收入书中。

这幅地图初看上去与宋代刻石地图《华夷图》一样，皆有方格，似中国传统的"计里画方"绘图法。但细读就发现这是两种完全不同的绘图方法。《元经世大典地图》采用的是经纬线方格画法，图中只标注地名与所在方位，没有地形描绘；因而，在伊朗北部没有画出里海，南部没画出波斯湾；在土耳其没有画出地中海，在埃及没有画出红海；它更似一幅坐标图，与中国传统地图相去甚远。所以，有人认为它是受阿拉伯绘图方法影响的中国绘制的地图，也有人认为它是阿拉伯"中国通"绘制的，总之，它不是传统的中国地图。

这幅阿拉伯样式的地图，其内容与功用完全是为中国所制。图中运用的地名，多是《元史·地理志·西北地附录》的官方地名，说明这幅地图相当"官方"。此图原名《元经世大典西北地图》，即"大元西北地图"的意思。此图东起"沙州界""别失八里"，即今甘肃敦煌和乌鲁木以东的吉木萨尔一带；西至"迷思耳"，即今之埃及。南至天竺，即今之印度；北方特别标注："月祖伯所封地即太祖长子术赤之后"。所谓"月祖伯"，即今之乌兹别克。它看上去，就是一幅小型的中亚和西亚"世界地图"。但在元蒙铁蹄之下，它只是元蒙帝国势力的"西北"而已。恰如《元史地理志》所言"元有天下，薄海内外，人迹所及，皆置驿传，使驿往来，如行国中"。

最后，我们再说回札马鲁丁制作的地球仪。据《元史·西域仪象》记载，地球仪"其制以木为圆球，七分为水，其色绿三分为土地，其色白。

画江河湖海，脉络贯舌其中。画作小方井，以计幅员广一道里远近"。它形象地宣传了"地圆说"，比之我国古代的"天圆地方"说是一大进步。在中世纪末期，中国能有反映大地形状的地球仪，是一件相当了不起的事。地球仪采用了经纬网络即"小方井"控制，也是中国地理史上最早的经纬度制图法的记载，比之西晋以来的"计里画方"是一大飞跃，比之利玛窦来华画经纬地图，早了几百年。

据说，这个地球仪是札马鲁丁依据 11 世纪的波斯花剌子模地理学家比鲁尼的理论制作的，因为在中亚天文学家与地理学家中，只有比鲁尼主张海洋的面积要远远大于陆地，而此前无论托勒密、伊德里西，还是巴里希都把陆地画得比海洋大。所以，这个地球仪传递的陆地海洋比是十分正确的。

"东学东来"带来了许多先进的科学知识和世界观，如我们今天仍在用的阿拉伯数字，就是从元朝开始引入中国的，还有那丢失的世界最早的地球仪。但它们到底被中国人消化吸收了多少，这种知识大融合对后世中国科学进步和世界观起到了多大的推动作用，还是一个值得我们进一步思索的问题。

◇第八章

恩威四方，西学东进

郑和开启东方的大航海

朱棣当上皇帝后，干了两件大事，一是编辑大型类书《永乐大典》，二是组织国家舰队下西洋。朱棣为什么要违背太祖海禁之制，组织声势浩大的下西洋活动。有两个历史文献，交代得一清二楚：

一是，至今仍立在南京静海寺的《御制弘仁普济天妃宫之碑》。这是朱棣在永乐十四年郑和四下西洋回国后，亲自为天妃宫撰写的碑文。朱棣对神言明：下西洋是"恒遣使敷宣教化于海外诸番国，导以礼义，变其夷习"。

二是，《明史·郑和传》中，"建文帝之出亡也，有言其在海外考，上命（郑）和踪迹之。且欲耀兵异域，示中国富强"——这就是最不受一些人欢迎的郑和下西洋之"追逃说"与"耀威说"。如果用一个现代词来概括朱棣的这个大动作，它应是大明政府的"形象工程"。因为刚刚夺权的永乐帝，需要得到国内外的认可，要建立高大的或强大的国内与国际形象。朱棣是借此告之天下，大明朝如今是朱棣的天下，大明是天下的老大。

虽然，《明史·郑和传》中确有"宣天子诏，因给赐君长"的记载，但不研究文献的人们，不知道这句话后面还明确指示"不服则以武慑之"。在郑和的列传里，还有不少动武的记载，如"俘旧港酋长""锡兰山国王"。这是明帝国的霸气，是中国当年历史地位决定的。

实际上，早在郑和下西洋之前，朱棣已先派人下了一次西洋，而且效果很好。1403年，朱棣夺权登基后，即派太监尹庆巡访南洋。尹庆到达马六甲时，拜里迷苏剌向尹庆倾诉自己深受暹罗的侵扰之苦，希望得到大明的保护。尹庆回国向朱棣报告，"其地无王，也不称国"。永乐三年（1405年）拜里迷苏剌派代表来大明朝拜，朱棣遂封拜里迷苏剌为马六甲国王，并赐诰印、彩币、龙衣盖等物——马六甲王国，就这样在大明的"委任"下诞生了。

这么好的西洋，何不多下几次呢？

于是，大明派郑和"下西洋"，请注意是"下"不是"上"，因为中央之国的大明高高在"上"，到哪里都是"下"。那么，明朝所谓"西洋"在哪里呢？基本上是南洋和印度洋，所以，严格地讲我们没有理由说"郑和是沟通东西文化的伟大使者"。郑和七次"西"行，前后28载，从来没有与任何欧洲国家打过交道。但在亚非之间，确是作了多次访问。现将郑和七下西洋的时间表和所到之地列在这里：

第一次，永乐三年至五年（1405—1407年），至古里、三佛齐国等国。

第二次，永乐五年至七年（1407—1409年），往爪哇、古里、暹罗、柯枝等国。

第三次，永乐七年至九年（1409—1411年），经锡兰山等国。

第四次，永乐十一年至十三年（1413—1415年），往苏门答腊国，忽鲁谟斯等国。

第五次，永乐十五年至十七年（1417—1419年），往忽鲁谟斯国、阿丹国、木骨都京国、卜剌哇国、爪哇、古里国。

第六次，永乐十九年至二十年（1421—1422年），往忽鲁谟斯等国。

第七次，宣德六年至八年（1431—1433年），往忽鲁谟斯国等十七国。

史载，郑和的船队各色舰船200多艘，共载官员、士兵、商人二万多人。

不论是从其船队规模之大，人员之多，航行之远，都堪称世界之最。完全可以说是当时的东方，甚至包括西方在内的，最了不起的大航海。

但有一点要说明白，从已知的史料看，郑和船队所到的地方，都不属于地理上的"未知领域"。所到"三十余国"，早在汉、唐、宋、元时期都有海上与陆上的友好往来。说到远及东非，比郑和早近百年，元朝的航海家、旅行家汪大渊就已到访，并有著作《岛夷志》传世。而远远晚于郑和的西方几大航海家，他们的海上探险规模都大大逊于郑和。迪亚士只有3条船；哥伦布也是3条船；达伽马是4条船；麦哲伦有5条船。但他们小小的船队，却给世界带来了前所未有的地理大发现。

郑和下西洋最可靠的原始有碑记和著作两种，现今已知的郑和立的下西洋相关碑记（有的石碑已佚，仅于文献中录有碑记）有七件：

《故马公墓志铭》永乐三年（1405年）立于云南昆阳；

《布施锡兰山碑》永乐七年（1409年）立于锡兰（今斯里兰卡）；

《御制弘仁普济天妃宫之碑》永乐十四年（1416年）立于南京；

《郑和行香碑》永乐十五年（1417年）立于福建泉州；

《静海寺郑和残碑》约永乐十九年（1421年）立于南京（已佚）；

《娄东浏家港天妃宫石刻通番事绩碑》宣德六年夏（1431年）立于太仓浏河（已佚）；

《天妃灵应之记碑》宣德六年冬（1431年）立于福建长乐。

与郑和下西洋相关的人，也在碑上留下了下西洋的印记。如《大明都知监太监洪公寿藏铭》宣德九年（1434年）立于南京牛首山；《新建赤湾天妃庙后殿记》天顺八年（1464年），立东莞赤湾天后庙;《明武略将军太仓卫副千户侯声远墓志铭》（声远即参加了郑和三、四、五、六、七次下西洋的周闻）成化六年（1470年）立于太仓浏河……如此算来，至少有十大碑记为郑和下西洋提供了可靠的实证。

另外，还有三部记录郑和下西洋的著作（见图8.1）：一是马欢的《瀛涯胜览》，二是费信的《星槎胜览》，三是巩珍的《西洋番国志》。

这些都是极宝贵的研究中国古代大航海的文献，但最为重要的皇家档案中，却找不到郑和的原始航海文献。郑和死后的半个世纪，宣德、正统、景泰、天顺四朝更迭，海禁政策一以贯之。至成化十三年（1477年），忽一日，明宪宗皇帝朱见深提起郑和七下西洋旧事，欲调档案看看。太监汪直请兵部尚书项忠即刻去找。但找了半天没有找到，愤怒的项忠把管档案的人一顿暴打后，兵部侍郎刘大夏才说："三保下西洋，费钱粮数十万两，军民死伤且万计，纵得奇宝而归，于国家何益，此特一时敝政，大臣

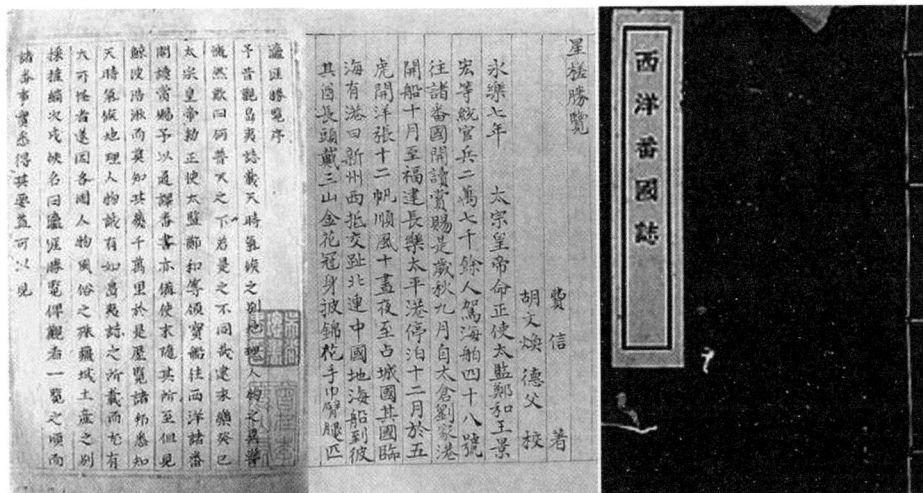

图8.1 郑和下西洋最可靠的原始文献有三部：一是马欢的《瀛涯胜览》，二是费信的《星槎胜览》，三是巩珍的《西洋番国志》

当切谏也。旧案虽存，亦当毁之，以拔其根，尚何追究其有无哉。"

这就是郑和下西洋原始文献失踪的著名公案。

此故事在明嘉靖严从简的《殊域周咨录》、陆树声的《长水日抄》和明万历顾起元的《客座赘语》等著述中都有记载。所以，后人都认为是刘大夏把档案烧了。但细查史料，这事在历史表述上，也颇蹊跷。兵部尚书项忠是军界最高长官，侍郎刘大夏本是下属，怎敢底气十足地以下犯上？另外，焚烧国家档案，是触犯大明律法的大事，怎能不了了之？《殊域周咨录》和《客座赘语》等"个人叙事"是不是有所夸张或传奇？更为奇怪的是，这等大事在官修的《明史》里，竟没有明确记载，"国家叙事"为何在此失语？

我不得不做这样的推测：如果《明史》在刘大夏"焚稿"一事上，像后人修春秋"三传"那样，一会儿是当"笔则笔"，一会儿是当"削则削"，一切皆"以史为鉴"，又皆"为我所用"。这事的真伪就无从考据了。给刘大夏定罪，真还有点"证据不足"。

更加奇怪的是，在郑和七下西洋的"第一档案"不明不白地消失后，在郑和下西洋二百多年以后，崇祯元年（1628年），天朝突然又冒出一张详述郑和七下西洋的航海全图。

刊载郑和航海图的是一本有关军事与边防的著作《武备志》，作者叫茅元仪。茅元仪的祖父茅坤是一位军事家，在兵部为官。其孙茅元仪承祖业，也是军人出身，官至副总兵。这部写于金陵的著作，运用了大量前朝的军事档案，所以，此中才出现了《自宝船厂开船从龙江关出水直抵外国诸番图》，后人简称为《郑和航海图》。

《武备志》里的《郑和航海图》，有一个142字的序言："茅子曰：禹贡之终也，详哉言声教所及，儒者曰，先王不务远，夫劳近以务远，君子不取也。不穷兵，不疲民，而礼乐文明，赫昭异域，使光天之下，无不沾德化焉。非先王之天地同量哉。唐起于西，故玉关之外将万里，明起于东，故文皇帝航海之使不知其几十万里。天实启之，不可强也。当是时，臣为内览郑和，亦不辱命焉。其图列道里国土，详而不诬。载以昭来世，志武功也。"但它是否就是郑和所用之图、出自何时、何人、是抄本还是改写本……皆没有交代。史家猜测，此图应是茅元仪的祖父茅坤，参加兵部尚书胡宗宪筹海图编时留下的地图。但茅坤的这张图又从何而来，又无从考证了。

《武备志》在辑录这幅自右而左的一字长卷海图时，将其分为书本式，自右而左，录图 20 页，共 40 幅，并附有两幅"过洋牵星图"。全图有地名 500 个，能考出的 350 个，150 个考不出。特别值得一提的是，这幅海图还注记了天体高度"指"，利用天文导航的方法来测定船位及导航。中国古代星图虽早，但专门用于航海的过洋牵星图，却仅见于《郑和航海图》（见图 8.2）。

虽然，《郑和航海图》的数学精度很低，出处不明，但它仍折射出了古代中国航海科技的伟大光辉。它不仅是世界上现存最早的航海图集；而

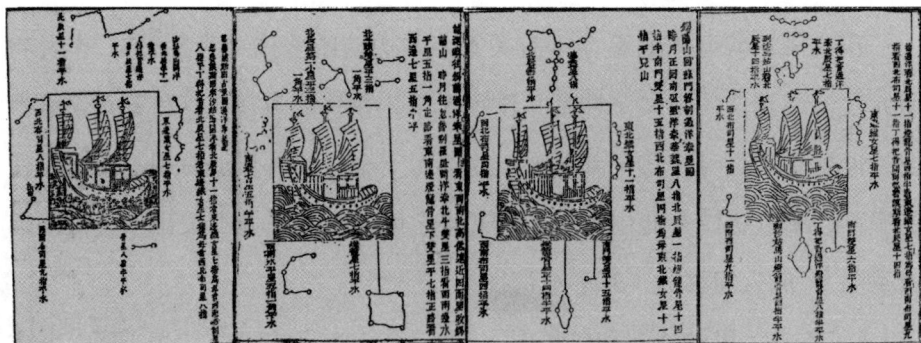

图 8.2 《郑和航海图》卷尾所附"丁得把昔到忽鲁谟斯""锡兰山回苏门答剌""龙延屿往锡兰""忽鲁谟斯回古里国"4 幅《过洋牵星图》

且与同时期西方最有代表性的波特兰海图相比，其制图的范围之广、内容之丰富，也都是天下第一的。

《郑和航海图》是以行船者的主观视觉来绘制的，遇山画山，遇岛画岛，突出了海岸线、离岸岛屿、港口、江河口、浅滩、礁石以及陆地上的桥梁、寺庙、宝塔、旗杆等沿岸航行的标志。航海者观海看图，只要依"景"而行，就可以到达目的地。中国古代的江河航行地图，大多是这种山水画式的绘法。

与西方的对位图不一样，《郑和航海图》是一种对景图。它不知道目的地的确切方向，但是利用航线各处的山形、水势、星辰位置可以判别船舶的位置，一步步地前进。"土办法"虽然不与世界上的海图"接轨"，但亦实用可行。如上水时上北下南，下水时上南下北等。《郑和航海图》的比例混乱，航程总图和山陆岛屿放大图绘在一起，但又采取了不同的办法，加以区分和说明，比如用虚线表示航线，在离岸较远的航线上注记了针位（航向、方位）和更数（航程、距离），有时还用文字注记出航道深度、航行注意事项，是中国最早不依附海道专书而能独立指导航海的地图。

图中外国地名约 300 个，大大超过元汪大渊《岛夷志略》所收的外国地名。从它所标注的亚非广阔海域来说，《郑和航海图》称得上是世界现存最早的航海图集。在世界地图学史、地理学史、航海史上也占有较为重要的地位。但是在绘制世界地图这一方面，未留下什么与西方"地理发现"可以抗衡的"发现"性成果。

从《郑和航海图》所列地点来看，全图以南京为起点，最远至非洲东岸的慢八撒（今肯尼亚蒙巴萨）——这也是多数学者赞同郑和远航最远到达东非肯尼亚的主要证据。图中列举自江苏太仓至忽鲁谟斯（伊朗霍尔木兹）的针路（以指南针标明方向的航线）共 56 线，由忽鲁谟斯回太仓的针路共 53 线。往返针路全不相同，表明船队在远航中已灵活地采用多种针路以适应和利用季风洋流，体现了高超的航海技术和较高的海洋气象科学水平。

郑和七下"西洋"（1405—1433 年）之际，真正的大西洋国家——葡萄牙，正在向非洲西海岸进军：1415 年，亨利王子随父王攻克北非城市休达（摩洛哥）；1434 年，葡萄牙人越过欧洲航海家的北非极限——博哈多尔角（西撒哈拉之西海岸），1445 年，航海家迪尼斯·迪亚士越过西非沙漠海岸，发现了佛得角——西方世界正式拉开了大航海的序幕。

但郑和下西洋的宝船，走到了东非就不往前走了。从郑和个人来看，他不是冒险家，也不是科学家，更不是商人。仅就个人而言，他没有"发现"的必要。从大明王朝廷来看，永乐皇帝朱棣，并不喜爱航海，朝廷也不缺外国的银子，帝国没有任何殖民与掠夺的愿望。所以，朱棣支持了郑和远航，但他的儿子朱高炽却废止了郑和的远航。宣德支持了最后一次下西洋后，也终止了这一伟大壮举。

郑和历二十八载，七下西洋，声威远扬。可在皇家的账本《明史》里，留下的仅是语焉不详的几百字。人们无法指出他：生于何年？死于何时？葬于何地？也就是说，郑和功绩再大，在封建帝王的政治体系中，仍是走卒而已。不过，有一点算是万幸，跟着明朝皇帝干大事的人，几乎没有一个有好下场。但郑和历三朝皇帝，下西洋也屡遭反对，却没有被杀掉，这实在是个奇迹。

郑和下西洋以郑和的消失而告终，大明再次进入海禁。正如开明的郑学研究者所分析的那样："此后，西方人完成地理大发现的 200 年，正好是明朝实行海禁的 200 年……在西方文明将国家政治扩张、军事征服、宗教传播与民间航海发现、贸易开拓、海外殖民有机结合起来，作为一种文明整体的力量走向世界进而称霸世界的时候，华夏文明却由于其内在机制的矛盾自残了向外发展的势力。郑和的远航，在这样的背景下进行，他的辉煌也恰是历史的悲凉。"

帝国是一样的，世界观各有不同。西方世界是这样解释封建中国的——"中国人转过身去背对海洋"（黑格尔语），而转过身去的中国没有想到，让这个民族遭受的灾难性打击恰恰是从海上袭来。

海商变倭患的历史脉络

说倭寇之前，先要弄清倭。"倭"不是一个古文字，甲骨金文都没有，大篆小篆中也没有。这个字的早期应用是在《诗经·四牡》中，其"周道倭迟"的"倭"，在此不单独显示意义，"倭迟"作为一个词，有逶迤之态。

用"倭"来指称日本或朝鲜等中国东方的古代部族，大约始于战国。"倭"字正式进入国家文献，大约在汉朝。《后汉书》中即有，"建武中元二年（57年）倭奴国奉贡朝贺，使人自称大夫，光武赐以印缓"的记载。可谓传奇的是，1784年日本志贺岛农民甚兵卫，在整修农田水沟时，竟然挖到"汉委奴国王"金印。从而印证了东汉光武帝赐日本倭奴国金印的历史事件。

从这颗明治时被定为日本国宝的汉赐金印来看，印上的"委"或者"倭"，似乎没有贬义。史料也能证明，当时的日本也接受这样的称呼。南朝刘宋（420—479年）时，日本贡使来华，自称为"百济、新罗、任那、秦韩……六国诸军事，安东大将军，倭国王"。直到唐代，这一"国名"才发生变化。据《新唐书·日本国传》载：咸亨元年（670年），日本派遣使者，祝贺平定高丽。使者说，学习中国文字后，不喜欢倭的名字，改名为日本，因为国家靠近日出的地方。但改称日本国之后，很长一段时间，"倭"之旧称仍在日本使用。连圣武天皇（701—756年）的宣命书里，仍用"大倭国"自称。

"倭"字产生贬义是与"寇"字相连之后。据专家考证，正史里出现"倭寇"一词是从《明史》开始的。最初"倭寇"中的"寇"字，是作动词使用的，表示"侵犯"。如，"倭，寇福州""倭，寇浙江""倭，寇上海"。如此往复，"倭寇"终于作为名词而被使用，成为"日本侵略者"的意思。"倭"也由此成为蔑称。

"倭寇"是一个复杂的历史现象。倭作为一个与中国邻近的岛国，汉唐以来就与中国有着密切的联系，有文化往来，也有商业往来。唐以后，国家重心从中原大陆向南方转移，海洋成为大宋朝廷的经济仓库。所以，大宋与日本、高丽海上交往频密。中国从日本进口的舶货以黄金和木材为大宗，还有一些工艺制品，尤以日本倭刀最受中国人喜爱。

> 日本大刀色青荧，鱼皮帖欐沙点星。
> 东胡腰鞘过沧海，舶帆落越栖湾汀。
> 卖珠入市尽明月，解绦换酒琉璃鲋。
> 当垆重货不重宝，满贯穿铜去求好。
> 会稽上吏新得名，始将传玩恨不早。
> 归来天禄示朋游，光芒曾射扶桑岛。

这是宋代诗人梅尧臣的赏玩日本刀的一首诗，名为《钱君倚学士日本刀》。据说，北宋欧阳修是最早写《日本刀歌》的，后来"日本刀"就成了诗家特定的吟咏题材。抛开诗家的故事不说，可见日本刀在宋代是一种时尚之物。

海上商贸活跃，走私与海盗也相伴而生。由于日本商业活动的快速发展，货币广泛流通，使得国内铜矿匮乏的日本，铜钱流通量严重不足。于是，日本市场交易干脆使用中国铜钱，虽然，南宋朝廷严禁走私中国铜钱，但日本海商铤而走险，并大获成功。这大约就是日本早期的海上走私。

虽然，《宋史·日本传》中有"倭船的火儿滕太明打死郑作"的记载。但宋代的中日海上走私，并没有形成武装贩运的规模。大规模的武装走私，兴起于朝代更替的特殊时期。比如，南宋灭亡时，一批宋末将领，先后下海为盗。有意思的是蒙元兴办海运时，这些海盗又被招安成为海运功臣。如，元代海运漕粮的万户朱清，就是下海为盗的宋末将领。元末明初时，海盗也多有蒙元军队的背景，这伙人不仅抢劫海上商船，还大举攻击海岸目标。这种朝代更替时的海盗现象，一直持续到明清交替之时。

所以，"倭"和"倭寇"对中国来说是很特殊的词，它不单单指日本，也不单单指日本的海盗，而是有中国人有日本人，有军人有商人的混杂的海上利益集团。

大明代替蒙元之后，以华夏正统自居的朱姓王朝，拒绝承接蒙元发展起来海外贸易联系，实行严厉的海禁政策，规定"片板不许下海"。虽然，永乐明曾有过郑和下西洋的壮举，但那也只是大明王朝的"形象工程"，为的是"耀兵异域，示中国富强"，而非为了开放海上贸易。所以，明廷在太仓造了那么多大船，那也只是供朝廷下西洋之用，老百姓是绝对不许造大船的。当然，从朱元璋开始就定下的大明海禁的基调，也有着海防的意思，因为大明初立，"倭寇"多为流亡海上的蒙元军水师旧部，如张士诚、方国珍等残余军队。东南沿海的岛屿与大陆之间，海防任务艰巨。所以，明代在东南沿海建立了有史以来最为密集的海防。这一点，我们从《筹海图编·广东沿海山沙图》可以看得很清楚。

其实，以对日海上贸易而论，中日的海上贸易，早在蒙元一朝就已结仇。

元世祖忽必烈曾因恼怒日本国不肯臣服，两度征讨日本。此后，日本与中国的往来，多以"入元僧"为主。这些"入元僧"归国以后，利用寺院空地，摹拟吴山越水，营造出日本独有的"枯山水"庭园。同时，倭商也利用僧侣往来之便，进行中日海上商贸活动。但蒙元朝廷的官吏对倭商深怀敌意，抬高货物进出关税，由此还引发了倭商焚掠庆元府衙事件。日本与蒙元的仇恨越结越深，倭商铤而走险的事也越来越多，日本海商慢慢沦为海盗倭寇。大明实施严厉海禁之后，穷途末路的中国海商，干脆和倭寇合流成为海盗。此外，还有趁机浑水摸鱼的日本浪人，以及真正的倭寇——流窜在外的日本国罪犯团伙，这些复杂的成分和在一起，构成了大明中国的"倭患"。

说到"倭患"，有一点还应明确：日本之倭寇，并无官方背景。日本朝廷非常支持大明朝廷海上剿匪。据明王忬《题本》载，永乐初，朱棣命太监郑和等招抚四番，日本独先纳贡，同时送来倭贼二十人。成祖让日本使节自己去处置倭贼。日本使节回到明州港，即在海边支起大铜锅，将这二十倭贼丢入沸水蒸腾的大锅中。

明代的海禁制度始于朱元璋，这在《明太祖实录》里记录得很清楚：洪武三年（1370年），"罢太仓黄渡市舶司"；洪武七年（1374年），罢唐宋以来就存在的福建泉州、浙江明州、广东广州三市舶司；洪武十四年（1381年），朱元璋"以倭寇仍不稍敛足迹，又下令禁濒海民私通海外诸国"；洪武二十三年（1390年），朱元璋再次发布"禁外藩交通令"；洪武二十七年（1394年），为彻底取缔海外贸易，禁止民间使用及买卖舶来的番香、番货等；洪武三十年（1397年），再次发布命令，禁止中国人下海通番。

《大明律》为海禁规定了严酷的惩处办法："若奸豪势要及军民人等，擅造三桅以上违式大船，将带违禁货物下海，前往番国买卖，潜通海贼，同谋结聚，及为向导劫掠良民者，正犯比照已行律处斩，仍枭首示众，全家发边卫充军。其打造前项海船，卖与夷人图利者，比照将应禁军器下海者，因而走泄军情律，为首者处斩，为从者发边充军"。

明朝廷的这一制度，本想是巩固海防，结果不仅没成为海防的有效手段，反而在沿海地区激化了矛盾。商人不许海上贸易，渔民"禁民入海捕鱼"。结果是"海滨民众，生理无路，兼以饥馑荐臻，穷民往往入海从盗，啸集亡命"，"东南诸岛夷多我逃人佐寇"。在长崎，明时曾住有二三万华人。可以说，明代的海禁从一开始就不得人心。但明朝廷，不仅没有调整这一制度，相反又不断升级海禁政策，倭寇非但没受到多少控制，相反越禁越多，到了嘉靖年间，倭患达到高峰（见图8.3）。

史载：嘉靖三十一年（1552年）秋，倭寇在当地贼首陈东引领下，突袭刘家港。三十二年，海盗汪直引倭船十一艘，掠宝山、闯浏河，登岸剽劫；此后，萧显又引倭寇两千多人大举登陆，沿娄江袭太仓、昆山，转而掠嘉定、青浦、松江，进犯上海；贼首徐海领倭寇数百人，直入青浦白鹤进犯太仓，还有一股倭寇700余人，在贼首何八带领下，直奔大仓，两股倭寇协同作战，合围太仓城……

图 8.3　这是绘制于 1558 年的《倭寇图卷》中的《出征图》，此部分表现了大明正规军出征场景，前有刀盾手、长枪兵为先导，后有肩扛斩马剑、蝎子尾……现藏日本东京大学

历史记下了，像俞大猷这样的南直隶兵备总兵，扫平倭寇的大英雄；同时，也留下了有识之士对海禁的批评与抗争。

明王士性在《广志绎》中指出："番人失利乃为寇""而王五峰、毛海峰等，遂以华人居近岛，袭王者衣寇，假为番寇，海上无宁岁矣""御史董威，乃复请宽海禁，是浙倭之乱，咸浙人自致之。"

明王世懋在《策枢》中说："商货之不通者，海寇之所以不息也""货贩无路，终岁海中为寇，曷能已也。"随后，王世懋建议说："莫若奏闻于朝，修复旧制。沿海凡可湾泊船处，及造船出海处，各立市舶司。凡船出海，纪籍姓名，官给批引。有货税货，无货税船，不许为寇。若是国则利其用，民乐其宜，皆唯利而不复敢为寇矣"。

但这些批评与建议，并未被明朝廷所采纳，海禁未止，倭患未绝。

在大明王朝三令五申地实施海禁之时，世界恰在这时，兴起了影响深远的大航海运动。一面方是西方世界，向海洋进军，一方面是大明中国，拒绝海洋文明。在封闭的大陆体系中，大明把自己关在了世界的门外。古代中国，从这一王朝开始，渐渐落后于西方世界，渐渐脱离了文明社会。

更为可悲的是，明朝的海禁制度，到了清朝不仅没有得到反省，反而升级为"闭关锁国"制度。这一次的中国，面对的已不是倭寇了，而是来自西方世界的"红毛夷"，历史由此变成了我们不愿看到的另一模样。

中国人最早绘制的世界地图

古代中国的先人们走出国门去认识世界的历史相当悠久。他们靠着古老的传说，靠着坚定的信念，在没有什么明确的标示，甚至连东西南北都无法准确定位时，仍然踏出了坚实的探索之路。这种最伟大的行迹，最初是由传经人一步步开拓的。

公元前2年，大胝国派使者伊存到长安，将佛教传入中国；公元67年，天竺高僧用白马驮着佛像、经书来到洛阳传经。这些从西方来的使者留下了佛像、经书，但却没给我们留下东行的地图。

公元56年，汉明帝派蔡愔、秦景等12人出使天竺取经；公元399年，东晋的法显和尚又带 9 个人西行天竺取经。中国取经人回国后，写出了著名的《佛国记》，却没留下西行的地图。

唐代以来，西游的中国人更多了，走得也更远了。大唐的杜环，大元的汪大渊，都远及非洲，但他们都没给历史留下可以一窥世界的地图。中国古代的地理大发现就这样定格在只留下文字未留下地图的遗憾之中。

《元经世大典地图》是一幅相当"官方"的世界地图。此图东起"沙州界""别失八里"即今甘肃敦煌和乌鲁木以东的吉木萨尔一带；西至"迷思耳"，即今之埃及；看上去是跨了大洲，但也仅是搭上非洲一个边。总体而言它仍一幅小型的中亚和西亚地图。

虽然，《大元一统图》算不上世界地图，但中国最早的世界地图，一定是出自元代，因为在《大明混一图》（见图 8.4）中，我们看到了元代世界地图的伟大身影。我是 2004 年去过南非之后，才知道南非有一幅在由中国复制的原大的《大明混一图》。此图是南非国民议会议长金瓦拉女士访问中国时，看到曹婉如等专家 1994 年编辑出版的《中国古代地图集》中印刷的此图，才恳请中国政府为 2002 年底在南非举办的"南非国民议会千年项目地图展"提供该图复制件。我是在不久后的一个电视专题片中看到《南非国民议会千年项目地图展》，电视里的非洲小姐说：地图上显示着明显的非洲大陆的形状，甚至详细地标出非洲南端的好望角海峡。这幅古非洲地图从未在世界上向公众展示过，南非政府获得特许，从这个相当精致的历史艺术品上获得了一个原样摹本。这幅名为《大明混一图》的地图，制作年代显然比西方探险家和地图绘制者最早抵达南部非洲的时间要早上 100 年。

这幅巨大的古地图原件一直藏在中国第一历史档案馆中，看过那个专题片后，我曾专门带着介绍信到这家档案馆，找到馆里的负责人，想看看

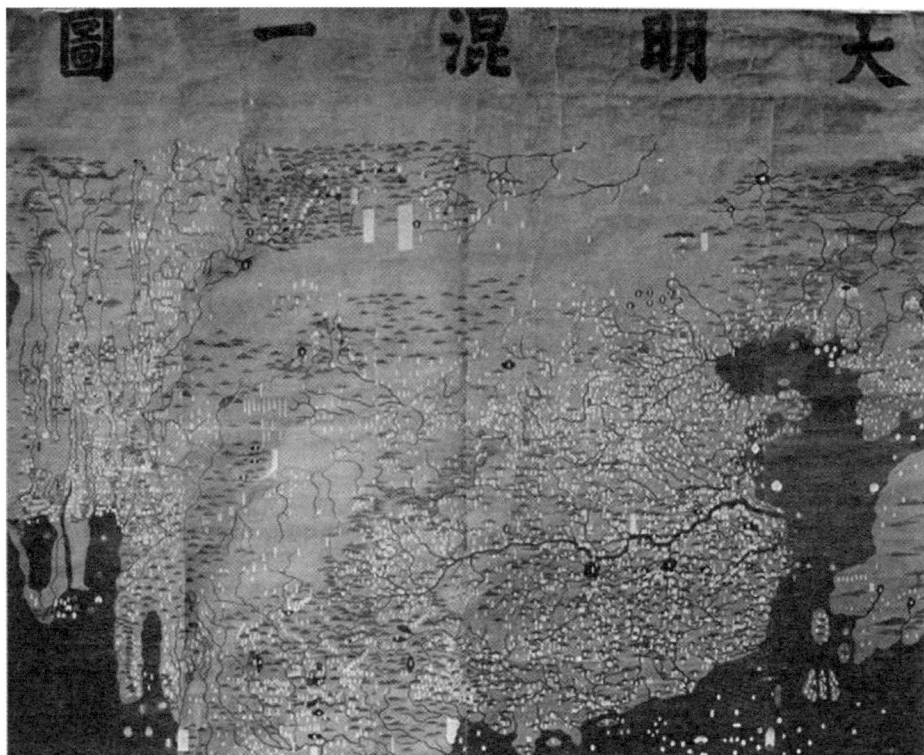

图 8.4 《大明混一图》（局部）所绘地理范围东至日本、朝鲜；南至爪哇；西达非洲西海岸、西欧；北至贝加尔湖以南。其中，对南非的完整描绘，是非洲的"第一次"，同时，它也是现存最早的中国绘制的世界地图

此图。但他摇着头说，此图从不给任何人看，也从未对外展出过。令人安慰的是 2012 年，我在新建的上海中国海事博物馆看到了《大明混一图》的原大可能是国内唯一复制件。《大明混一图》原图纵 3.86 米，横 4.75 米，彩绘绢本，是我国目前已知尺寸最大、年代最久远、保存最完好的"古代世界地图"，属国宝级珍贵历史文物。它所绘地理范围东至日本、朝鲜；南至爪哇；西达非洲西海岸、西欧；北至贝加尔湖以南。当然，南非人最感兴趣的是这幅图对南非的完整描绘。因为，对于非洲它是"第一次"，目前还没有发现比它更早的描绘南非的地图。在这幅明代地图上，还贴满

了密密麻麻的满文标签，是清政府取代明王朝后，将这幅图内 1 000 余个汉字地名，全部按等级贴盖上了大小不同的满文标签，表明满族人正统治着这片土地。

《大明混一图》上没有留下绘图的时间与绘制者的名字。专家们只能根据地名标注等对照分析来判定：此图约绘制于明洪武二十二年（1389年）。其中国内部分是依据元朱思本的中国全图《舆地图》绘成；非洲、欧洲和东南亚部分是依据元末李泽民《声教广被图》绘成；而印度等地可能是依据元上都天文台长札鲁马丁的《地球仪》和彩色地图绘制；北部还可能参照了其他地图资料。

因而，谁是欧洲与南部非洲的最早描绘者，成了千古之谜。

尚未"混一"的疆理图

与《大明混一图》同样受地理学界关注的还有一幅《混一疆理历代国都之图》。这幅地图也绘出了整个非洲，包括好望角。比《大明混一图》好些的是《混一疆理历代国都之图》（见图 8.5）上留有重要的跋文。

"天下至广也，内自中邦，外薄四海，不知其几千万里也。约而图之于数尺之幅，其致详难矣。故为图者皆率略。惟吴门李泽民《声教广被图》，颇为详备；而历代帝王国都沿革，则天台僧清浚《混一疆理图》备载焉。建文四年夏，左政丞上洛金公（即金士衡），右政丞丹阳李公（即李茂）爕理之暇，参究是图，命检校李荟，更加详校，合为一图。其辽水以东，及本国之图，泽民之图，亦多缺略。今特增广本国地图，而附以日本，勒成新图。井然可观，诚可不出户而知天下也……"

建文元年（1399 年），朝鲜贺使金士衡在中国看到了元代李泽民的《声教广被图》和清浚的《混一疆理图》，并将这两幅图的复本带回国。4年后，即公元 1402 年（比《大明混一图》晚了 13 年）经金士衡、李茂初步考订和李荟详细校对，后由李荟和权近补充朝鲜和日本部分。最后，在绢上绘制完成这幅纵 158.5 厘米、横 168.0 厘米的彩绘地图。从图的比例看，权近将朝鲜半岛画得比日本列岛大四五倍。

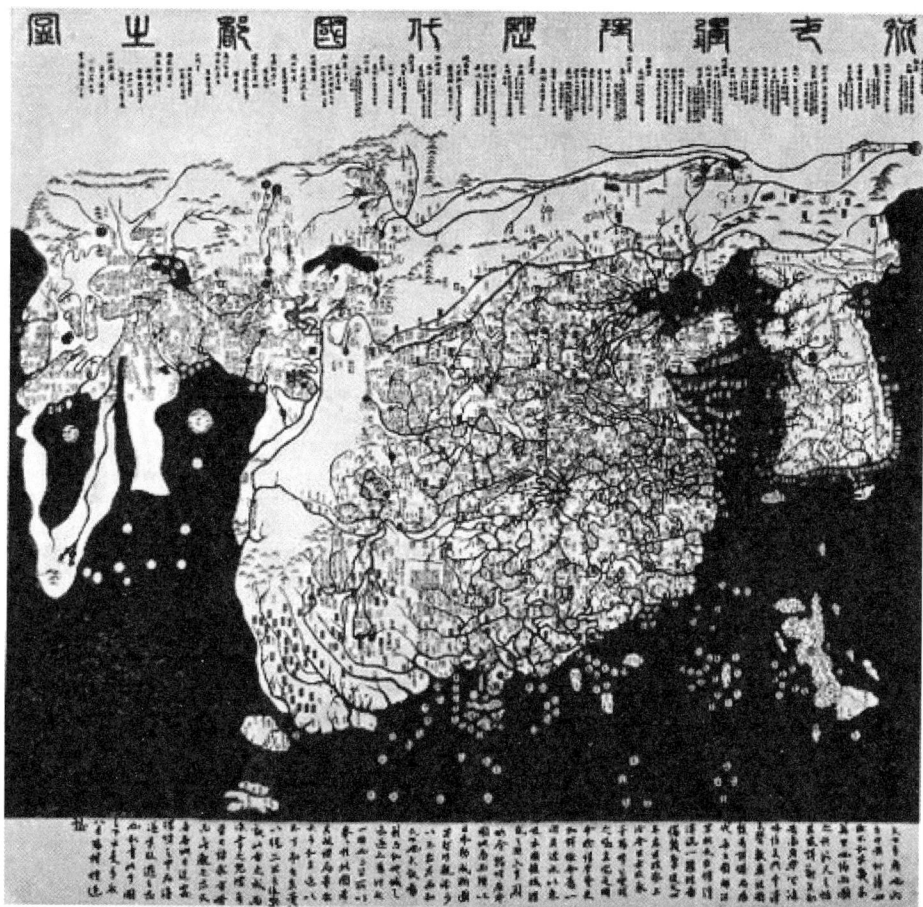

图 8.5　朝鲜贺使金士衡在大明看到了元代李泽民的《声教广被图》和清浚的《混一疆理图》，并将这两幅图的复本带回国。4 年后（1402 年）由李荟和权近补充朝鲜和日本部分，完成这幅纵 158.5 厘米、横 168.0 厘米的彩绘《混一疆理历代国都之图》

这幅地图的原图早已亡佚，现存的《混一疆理历代国都之图》，是公元 1500 年日本人摹绘的，先藏于日本的一古寺中，后被日本东京龙谷大学图书馆收藏。但据日本古代地图研究专家海野一隆重说，韩国国立汉城大学奎章阁图书馆有一幅更好的《混一疆理历代国都之图》复制版。这幅保存着元代绘图风格的《混一疆理历代国都之图》，描绘范围：东自朝鲜和日本列岛；东南绘出了麻逸（今菲律宾的吕宋岛）、三屿（今菲律宾的巴拉旺岛）等岛屿；西南绘有渤泥（婆罗乃），三佛（今苏门答腊岛）、马八儿（今印度的马拉巴尔）等；正西绘出了三角形的非洲大陆及北部地区；北面已绘到大泽（今贝加尔湖）以北一线。这幅地图同样告诉我们，早在欧洲人绘画的世界地图出现之前，元王朝就已对亚洲、非洲等地有了很清楚的认识。

现在的问题是，这幅地图的重要母本——元末李泽民的《声教广被图》中的非洲大陆是怎样绘图出来的？由于李泽民和清浚的舆图均已失传，史料中也没留下他们任何故事。关于这两幅图的详细内容以及李泽民和清浚是否有航海故事，也就无从得知了。日本地图学专家海野一隆认为：《声教广被图》应成于元代中期 1330 年前后，其对非洲东岸和南部海岸的描绘之底图，应取自伊斯世界的地图。因为古代印度洋毕竟是伊斯兰的世界，而那里的航海技术与地图知识也一直是世界先进水平。此外，中亚来大元的阿拉伯人札鲁马丁曾为元朝制作过一个地球仪（早已消失），或许对中国人描绘世界另有帮助。

但无论如何，首次描绘出南部非洲的《大明混一图》和《混一疆理历代国都之图》，在世界地图史上都有着极为重要的地位。但明朝的皇上从这张图中，也只能看到半个世界。当然，这时欧洲的君王也在蒙昧之中，他们看到了也是不完整的世界。

东方人在东方，画东方人的世界地图。

西方人在西方，画西方人的世界地图。

迪亚士 1488 年绕过好望角后，欧洲人才"发现"南部和东部非洲，并将这一部分"发现"并入欧洲的世界地图；再后是哥伦布 1492 年发现美洲，欧洲人又将这个"新大陆"并入他们的世界地图中；再后是麦哲伦环行世界，世界地图才算真正"混一"了。东方与西方的世界地图，才在激烈地历史大碰撞中融为一体，生成一个完整的世界地图。

完整的世界地图和全新的世界观进入中国，还要等待另一次东西文化的大碰撞。

利玛窦给中国带来世界地图

当大明中国停止远洋航行之际，西方世界正酝酿一股席卷世界的航海狂潮。1488 年葡萄牙的迪亚士发现好望角后，达·迦玛沿着他的航线跨过印度洋，在印度登陆。此后，以印度为基地，葡萄牙人展开了占领东方市场的宏伟计划：占领亚丁——控制红海通道；夺取霍尔木兹——控制波斯湾通道；攻占马六甲——控制东部通道。以老大自居的中国，对这一切竟浑然不觉。

据《广州通志·夷情上》载："佛郎机素不通中国，正德十二年（1517年），驾大舶突至广州澳口，铳声如雷，以进贡请封为名……"大明边境上的香山澳（今澳门），就这样生出一个"番鬼城"。葡萄牙人以修船为名赖在香山澳不走了，顺着葡萄牙人开出的航路，西班牙人也来了；意大利人也来了。这些洋人将东来第一站选在了肇庆。

肇庆位于珠江三角洲顶端的西江边上，江海交汇，水陆交通便利。早在西汉时，这里即立高要县；隋时，高要升为端州府；宋时，书法家皇帝宋徽宗赵佶，穿上龙袍之前曾为端王。后来，为纪念福之肇始于端州，遂将此地改为"肇庆府"，并亲题了三个瘦金字。嘉靖四十三年（1564年），两广提督吴桂芳正式开府肇庆。这里又成为两广政经中心，自然成为西洋人登陆南中国的首选之地。

1579年6月，36岁的罗明坚抵达澳门，他被称为首位来中国的意大利传教士（其实，1552年，西班牙的耶稣会士方济各·沙勿略就已抵达澳门。更早的元朝，也从海上来了不少洋教士）。1582年春天，通过当时最有话事权的葡萄牙驻澳官员疏通，罗明坚得以在肇庆落脚，并很快将正在印度果阿（葡萄牙东方殖民活动的中心）传教的玛提欧·利奇调来当助手。为融入中国社会，玛提欧·利奇给自己起了一个载入中西交往史册的中文名字——利玛窦。

师徒二人在肇庆落脚，仿照和尚的样子剃光了头发，改穿僧服；并请求地方官批一小块地，让他们建一座敬神的小房子。斯时正在西江边上兴建镇河宝塔的知府王泮，就在他的宝塔旁边，批给西僧一块土地。万历十三年（1585年），漂亮的小教堂与王泮的崇禧塔同时落成。不知这西洋教为什么宗教的王泮，亲题两块匾额送给教堂：一块"西来净土"，一块"仙花寺"。1588年，王泮升任湖广布政使，并离开了肇庆（同年，罗明坚回意大利）。临走的前一年，当地人为了纪念来自绍兴的王泮，在肇庆为官八年的贡献，特在崇禧塔西侧为他修了一座"王泮生祠"。这座建筑的后殿仍在，崇禧塔仍立在西江边上；但今天已无法找到利玛窦"故居"——仙花寺了。旧址上，而今只有一个石碑，上书"利玛窦仙花寺遗址。

有了仙花寺这个阵地，利玛窦便摆开了西洋文化的场子：西方书籍、自鸣钟、望远镜、地图……在这个图书馆、展览馆兼文化沙龙的寺院里，最引人注目的是他带来的那幅《世界地图》。利玛窦指着地图，讲述自己在哪里出生、从哪里来到中国、经过了哪些国家……饱读四书五经的中国书生，大开眼界。知府王泮是个精明人，即刻请利玛窦把这幅地图翻刻成中文版的世界地图。于是，利玛窦与中国朋友一起绘制了一幅比原图更大的，并且有汉字注释的世界地图。王泮为此图题了一个中国式的名字："山海舆地全图"。

肇庆就这样拥有了第一张中文版的世界地图。

外国人最擅长捕捉中国人的弱点，尤其是他们要进入中国社会的时候。利玛窦很快就发现，在中国人看来"世上没有其他的国家、朝代或文化是值得夸耀的。这种无知使他们越发骄傲，而一旦真相大白，他们就越发自卑……另一个结果也同样重要。他们在地图上看到欧洲和中国之间隔着几乎无数的海洋陆地，这种认识减轻了我们到来所造成的恐惧。"也就是说，利玛窦的世界地图在仙花寺出现，并非偶然。借助世界地图改变中国人的世界观，进而改变对欧洲人的看法，是利玛窦的文化策略；但他没有料到，地图中的中国位置会成为东西文化一次耐人寻味的碰撞。

《山海舆地全图》绘成后，王泮的目光在地图上扫了半天，才找到"我泱泱大国"，知府大人对"置中国于地图之极东一角"，表示了不满："世界唯中国独大，馀皆小，且野蛮"。刚刚落脚肇庆的利玛窦感到了主人的不快，决定以东方视角重新安排中国的位置与世界图景。

非常遗憾的是利玛窦绘制的《山海舆地全图》早就消失了，它到底是啥模样，没人能确切描述出来。2000年以郝晓光为首的几位地图学学者，根据史料加推理，复原出了一幅《山海舆地全图》示意图，使人们对最初的那幅地图有了形象的认识。而据地图史学家考证，最接近《山海舆地全图》的是明代的理学家九江白鹿洞书院山长章潢，1585 年编撰的《图书编》中的《舆地山海全图》（名字已经不一样了）。这张地图被认为是现存最早的利玛窦世界地图的仿制图。《舆地山海全图》将中国绘在地图的中央，这似乎证明了：除《山海舆地全图》外，利玛窦后来画的所有世界地图，全都是将中国置于地图中央的。400 多年过去，直到今天，这款"太平洋格局"的世界地图，虽经无数次修正，越画越准，但却从未走出"利玛窦框架"。

古代中国与世界的关系，也许被利玛窦改图而"事件"化了，但它确实是研究中国封建思想史的一个值得反复思索的"经典"。

1610 年利玛窦在北京病逝，他的学生游文辉为纪念引他入教的老师，很快绘出了布上油画《利玛窦肖像》（见图 8.6），画纵 120cm，横 95cm。画中利玛窦身穿汉服直裰（音 duō），这种衣服斜领大袖，四周镶边，因后背中缝直通到下面，故名直裰。这幅著名的利玛窦儒服肖像后来由传教士金尼阁带回罗马，现保存于罗马耶稣会总部 Chiesa di Gesu 大教堂。这幅画也被美术史学认定为中国第一幅油画。

作为耶稣会学习油画的信徒和利玛窦的学生，这幅肖像可看作游文辉两重的"反哺"吧。利玛窦去世后，1617 年游文辉转到杭州继续画画与传教，直到 1633 年逝于杭州。

新世界观并没改变中国

利玛窦的世界地图，不论是把中国放在中央的，还是置于一边的，都

P. MAT THEVS RICCIVS MACERATENSIS QVI PRIMVS E SOCIETAE
IESV E VANGELIVM IN SINAS INVEXIT OBIIT ANNO SALVTIS
1610 ÆTATIS 60.

图 8.6 利玛窦 1610 年在北京病逝，他的学生游文辉为纪念引他入教的老师，很快绘出了布上油画《利玛窦肖像》。这幅画也被美术史学认定为中国第一幅油画

是当时最先进的，也是中国人前所未见的世界图景。这是中国与世界亲密接触的极好机会，但机会并非变革的必要条件。

直到 1601 年，也就是万历三十年，利玛窦才等来了进京拜见万历皇帝的机会，此时四十岁当了三十年皇帝的朱翊钧，已经称病不朝。但这位"西洋陪臣"还是献上了系列礼品：天帝母图像、天帝经、自鸣钟、建筑绘画、铜版画、西洋琴、沙刻漏、乾罗经，还有一张被叫做《万国舆图》的世界地图和不久前在荷兰出版的奥特里乌斯编辑的有五十多种各国地图的《世界概观》地图册。万历皇帝是否看了世界地图集，我们不得而知。但那幅《万国舆图》万历皇帝非常喜欢，他令工匠把这幅世界地图分成 12 幅，做成屏风。世界地图就这样变成了一幅赏心悦目的图画。

利玛窦的世界地图中，最为我们熟知的为 1602 年利玛窦与李之藻绘制的《坤舆万国全图》，此图的李之藻原刻版，共有七件，都保存在国外）。国内保存有此图的彩绘摹本，为六屏幅，纵 168 厘米横 380 厘米，原藏北平历史博物馆，1936 年为避战火运至南京，现藏南京博物院。此图是当时世界的最接近于真实的地图，上面有 9 条船，15 头海洋动物，南极大陆有 8 头动物，还用中文记有各种传说和猜想。图称中国为"大明"。

以华夏为中心的世界观，并没像人们预想的那样在世界地图面前"崩溃"。虽然，此后的中国绘制的地图愈发精致，但对世界的知晓却依旧寥寥。至于，中国皇上的世界观，仍然坚挺得很，也固执得很。直到鸦片战争和八国联军进北京后，中国上上下下的世界观，才在枪炮声中"崩溃"。

不过，有一点必须指出：并非只有中国人把自己放在世界的中央，很多国家都是把自己放在地图的中央，欧洲的地理学也一直是以欧洲为中心。过去如此，现在也是如此。因为，从便于使用地图的角度讲，把自己的国家放在世界的中央，是合乎"情"，也合乎"理"的。

2010 年是这位伟大的西学传人，在北京去世 400 周年。从 1582 年澳门登陆到 1610 年病逝北京，利玛窦在中国生活了 28 年。在漫长的东方岁月里，利玛窦留下了大量的世界地图，据古代地图专家曹婉如考订其版本有十余种:《山海舆地全图》(王泮付梓，肇庆，1584 年);《世界图志》(南昌，1595 年);《世界图记》(南昌，1596 年);《山海舆地图》(赵可怀勒石，苏州，1595—1598 年);《山海舆地全图》(吴中明付梓，南京，1600 年);《舆地全图》(冯应京付梓，北京，1601 年);《坤舆万国全图》(李之藻付梓，北京，1602 年);《坤舆万国全图》(刻工某刻板，北京，1602 年);《两仪玄览图》(李应试付梓，北京，1603 年);《山海舆地全图》(郭子章付梓，贵州，1604 年);《世界地图》(李应试刻板，北京，1606 年);《坤舆万国全图》(诸太监摹绘，北京，1608 年)。

400 多年过去，如今在中国可以看到的利玛窦世界地图，仅剩下南京博物院收藏的彩色摹本《坤舆万国全图》(见图 8.7)、中国历史博物馆收藏的墨线仿绘本《坤舆万国全图》、辽宁省博物馆收藏的刻本《两仪玄览图》、禹贡学会影印的《坤舆万国全图》等少数几个版本。其他的版本流散于亚欧其他国家。所以，抛开其他不谈，就是仅仅从地理学来论，利玛窦都不愧为东西方文化交流的伟大使者。

2000 年，为与上一个百年，或上两个千年作别，北京修建了中华世纪坛，坛内雕刻了一百位对中华文明有贡献的历史名人，其中仅有两个外国人入画，一位是马可·波罗，一位是利玛窦。

马可·波罗把中国介绍给世界。

利玛窦则把世界介绍给中国。

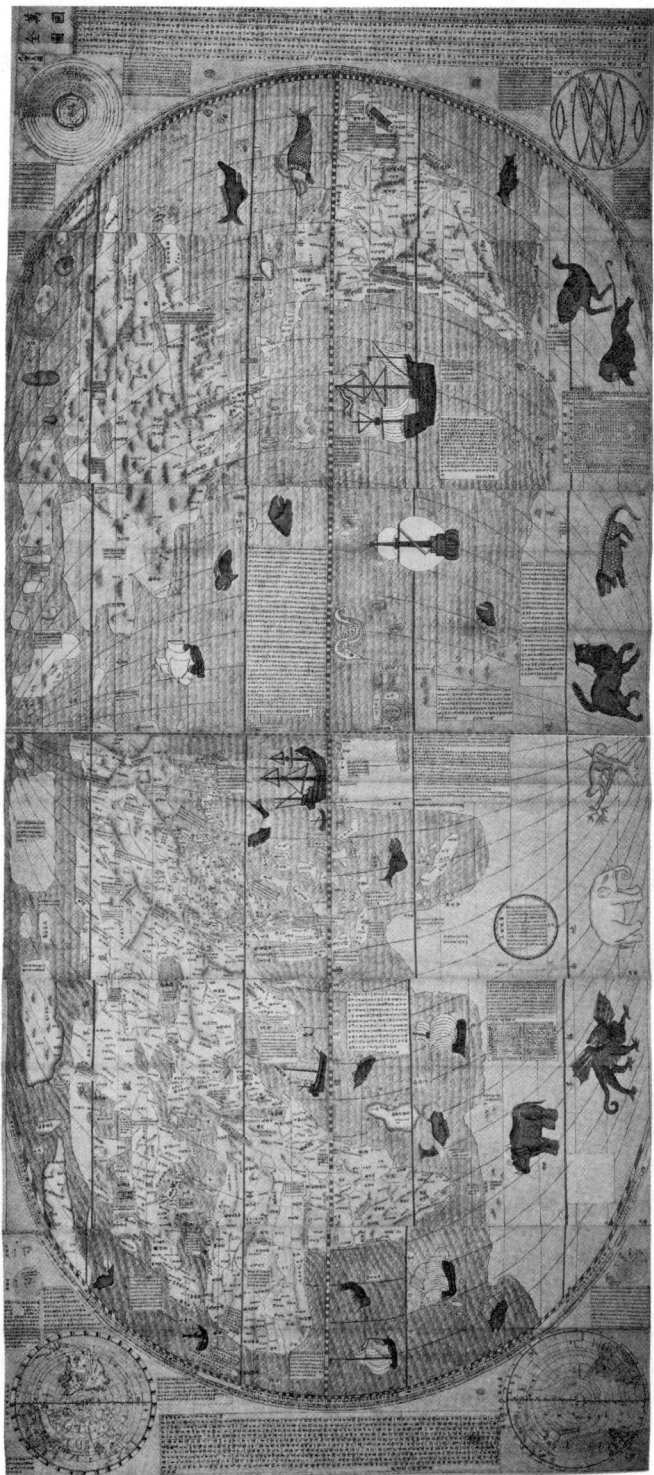

图 8.7 南京博物院收藏的彩色摹本《坤舆万国全图》

西儒送来第一部中文版《世界地理》

　　1610 年，给中国人送来"第一张世界地图"的意大利传教士利玛窦死在北京，同年年底，澳门岛上又来了一位意大利传教士，他就是为中国送来"第一部中文版《世界地理》（《职方外纪》）"的艾儒略（见图 8.8）。我不想说这是天主之意，但事实上，这两位死在中国的意大利人，确实用生命完成了一次载入青史的西学知识的大接力。

　　1582 年出生的艾儒略和利玛窦一样，都出生在贵族家庭，受过良好的教育。在威尼斯神学院毕业后，艾儒略加入了耶稣会，并由此踏上了异域传教的道路。1613 年经过三年的努力，艾儒略终于得已进入中国内地，为了讨好中国人，他为自己起了个"艾（爱）儒"的名字。

　　沿珠江口北上的艾儒略，先在利玛窦生活过的肇庆落脚，过了一段时间之后，他沿韶州、南京一线北上，顺利到达了北京。在北京他找到了利玛窦的老朋友，已经入洋教的徐光启。不久后，他跟随辞职返乡的徐光启到了江南。在杭州传教的过程中，他接纳了杨廷筠、李之藻两位重要人物入教，并开始用中文出版著作。从 1623 年到 1624 年，艾儒略在江南先后出版了他的最为重要的三部著作:《万国全图》

图 8.8　艾儒略版画像

《职方外纪》《西学凡》。

艾儒略的《万国全图》并非原创，或者说，它就是一部向利玛窦致敬的著作。这是一本他与杨廷筠联合编撰的"世界地图册"，其底本就是利玛窦的《万国全图》。艾儒略将自己的名字题于地图的左上角。

艾儒略的《职方外纪》说起来也不是他的原创，此书封面上印着这样一行字：西海艾儒略增译，东海杨廷筠汇记。这十几个字告诉人们它是一部书的译记。此中的意思有点复杂，要分头来说，才能把它说清楚。

先说什么是"职方"？"职方"是古代中国的一个官职。远在商周时期，便有"职方""外史"一类的官职，专司地理文献方面的管理及考编工作。接着说"外纪"又是一种什么"纪"？商周设"职方"之官时，也有"外史"之官。凡外出之史，记录的地理文献方面的文字，称之为"外纪"。这方面的早期经典，即晋释法显的"外纪"之书《佛国记》。此后，这类舆地志书，渐次盛行。

"西海艾儒略增译"，所谓"西海"是明朝对弄不清的西方来客的统一称谓。所谓"增译"，《职方外纪》的署名的多种，其中，广为人知的是《四库全书》中的署名"艾儒略撰"。但在最初的刻本上，写的就是"西海艾儒略增译"。当初刻上"增译"二字，艾儒略是想告诉人们这部书是有所本的。它是从西人庞迪我、熊三拔的西班牙底本上增扩而来的。

"东海杨廷筠汇记"，言明此书有中国杨廷筠的润色整理之功。事实上，没有护教骨干杨廷筠将身为传教士的艾儒略藏在杭州家中，艾儒略不仅无法完成《职方外纪》，或许，在那场声势浩大的教案中，连小命都搭进去了。所以，天启四年（1624年）此书初刻时，当然要署上杨廷筠的大名了。

现在，该说说这个西洋"职方"是怎么跑到中国写上"外纪"的了。

艾儒略和利玛窦的经历几乎是一样的，都是从澳门进入中国后一路北上，而后进入北京。在中国，一边传教，一边译介西方书籍，这是那一代的传教士的重要使命。利玛窦先后出版著作十余种，而艾儒略则是出版了二十二种著作。此中对中国文化产生重要影响的，即后来收入"四库"的《职方外纪》和《西学凡》。

《职方外记》全书共分五卷：卷一，亚细亚总说；卷二，欧罗巴总说；卷三，利未亚总说（非洲）；卷四，阿莫利加总说（美洲）；卷五，四海总说。附七幅地图——《万国全图》《北舆全图》《南舆全图》《亚细亚图》《欧罗巴图》《利未亚图》《南北阿莫利亚图》。

这是西方人地理大发现之后，最为全面的一部世界地理大全。它不仅记录了大发现之后，重新认识的非洲，和以前闻所未闻的新大陆美洲，还有欧洲人并不十分了解的远东。所以，它不仅是由"西方人编写的第一部中文版的《世界地理》"，同时，它也是"17世纪西方世界的最新版的《世界地理》"。

虽然，这部《职方外纪》有着"欧洲中心观"的视角，但它对世界的全面翔实的介绍，还是吸引了千百年来关门过日子的中国学者。杨廷筠在《职方外纪序》中说："《楚辞》问天地何际，儒者不能对……西方之人，独出千古，开创一家……考图证说，历历可据，斯亦奇矣。"而后学之人，更是称赞"兹刻之大有功于世道也"。杭州版刻过之后，艾儒略入闽，由于《职方外纪》深受欢迎，"闽人多有索者，故艾君重梓之。"

艾儒略的《西学凡》，虽然只有一卷，但却将西式学科第一次展现在中国学子面前。此本言西洋建学育才之法，凡分六科：文科；理科；医科；法科；教科；道科。其教授各有次第，大抵从文入理，而理为之纲。文科如中国之小学，理科如中国之大学，医科、法科、教科皆其事业，道科则彼法中所谓尽性至命之极也。

天启四年（1624年），明朝内阁首辅福建人叶向高退职归里，途经杭州，在杨廷筠寓所与艾儒略结识，便邀请艾儒略南下入闽传教。1624年12月29日，艾儒略与叶向高坐船到达福州，开始了在闽25年的传教生涯。

福州是耶稣会在中国刻印出版汉文著作的中心之一。这一时期也是艾儒略出书最多的时期，总共出版了《性学觕述》《三山论学纪》《涤罪正规》《悔罪要旨》《耶稣圣体祷文》《万物真原》《扬淇园园先生事迹》《弥撒祭义》《利西泰先生行迹》《几何要法》《出像经解》《天主降生言行纪略》《天主降生引义》《西方答问》《圣梦歌》等十五种书，涉及神学、哲学、数学、医学、地理等诸方面知识，因而该时期也成为了西学东渐的一个重要时期。

在艾儒略一心在福建传教之时，中国发生了改朝换代的大事变。大清灭明，"爱儒"的艾儒略介入了反清斗争，与史可法讨论在澳门筹备抗清之事，但史可法的军队才到浦口，清兵便已经进入北京。艾儒略只得折返福州。1645年，南明隆武帝于福州登基，赐匾予支持抗清的福堂。次年，清军攻入福州，艾儒略随反清人士逃亡，后因疾病缠身，至1649年6月10日在延平去世。其灵柩被移往福州，葬于城外十字山。但现在人们拜祭艾儒略时，那个墓园已不是当年的十字山了。1999年，因为福州房地产开发，土地开发商以莲花山墓园一隅辟作天主教公墓来与教会交换原有墓地的产权，艾儒略遗骨被火化后迁至新了墓园。还好，这位来华36年的西学传播者，总算留下了一个"安身"之地。

鉴于这位西来的"职方"尽职尽责地在中国写"外纪"，受其开眼之惠的中国儒生送给艾儒略一个极高的称号——"西来孔子"。

西文善本的中国传奇

2007 年首届香港国际古书展的记录网上还能查到：一页正反两面印刷的古登堡《圣经》，标价 45 万港币。哇——以前只知宋刻本是按页论价的，每页与金箔价格差不多，甚至还高。首届古书展我没赶上，2009 年的这一届总算赶上了。在香港展览中心展览馆，我有幸看到了传说中的西文善本。

进入古书展的展厅，我直奔那部 4 开的英文《圣经》。它的来历可不简单，当年亨利八世为与老婆离婚迎娶第三者为妻，毅然与罗马教廷断绝关系，成为英格兰僧俗两界的最高领袖，1536 年又下令用英文诵读《圣经》，进而成为一个独立的新教国家——而这里展出的即是 1611 年英国皇家"钦定版"英语《圣经》。从某种意义上讲，它就是最早的"雅思"教材，英格兰语文就是从这本英国的"书经"起步的，它对英语的普及与规范功高至伟。英国历史学家格林宣称，"英国人是一本书的民族，这本书就是《圣经》"，英国文学史家圣茨伯里则说，只熟读一部《圣经》就能成为文学家——这本标价 155 万港币的古书，"古"得不一般。

书展会上还有一半展品是中国的善本书，这些书有很多来自海外。有人把这些本子的流动解说为"中西文化交流"。但我提请大家注意的是：中国善本多是被殖民者以各种手段从我国以"文物"的目标掠走的（比如，敦煌经卷），那是流血一样的流失。而中国现有的西文善文则是当年西方殖民者以文化和科技输出方式进入中国，这种文明养料，味道复杂。

借此展览，我很想说一下中国的西文善本。

西学入华的历史，依我粗浅地划分，大体是两块：一是汉唐一脉，为首次西学东来，实是"东学"东来，因为此"西"多集中于印度与西亚；

二是明清一脉，为第二次西学东来，这一次的"西"则涉及整个欧洲。由于西方金属活字印刷诞生于 1450 年左右，所以印刷品意义上的西文善本，只能产生于第二次西学东来。西文善本于明代进入中国，具体讲是万历年间，我们就有了今天被称之为"西文善本"的宝贝。

利玛窦 1582 年来华，翻开了西学东来划时代的一页。其中最伟大的成果当是引入《几何原本》。这部在西方世界影响仅次于《圣经》的科学巨著，在 1482 年有了第一个印刷版本后得到了更加广泛地传播。利玛窦在印刷版本诞生百年之后，为中国带来的是它的 1574 年印刷版本，此书经过了利玛窦的老师克拉维乌斯的翻译整理。恰好是香港举办首届国际古书展之日（2007 年 11 月上旬），利玛窦的后裔利奇先生和徐光启、熊三拔（非直系后代）的后裔在上海相聚，纪念徐光启、利玛窦合译（熊三拔也参与了其中部分问题的研讨）《几何原本》400 周年——当年，正是利玛窦"科技开路，曲线传教"的思想和后来的那本《利玛窦中国札记》，在欧洲产生的巨大影响，才引发了又一个中西文化交流史上（今天看也是西文善本史）的重大事件。

似有冥冥中的承继关系，利玛窦在北京病逝的这一年（1610 年），又一位传教士在澳门登陆，他就是比利时的金尼阁。5 年后，他在回国的船上用拉丁文翻译了利玛窦以意大利文写成的回忆录《基督教远征中国史》。1615 年他以《利玛窦中国札记》之名出版了这本书，此书的出版引起了欧洲传教士到中国传教的热潮。正是这次回国期间，佛兰德的大画家鲁本斯，在 1617 年为金尼阁画了一幅油画肖像（见图 8.9），后世才得以知道这位伟人的模样。

1618 年的春天，金尼阁率领 20 余名新招募的传教士再次踏上来华旅途。海路遥遥，有 7 名传教士病死在路上，其中包括金尼阁的弟弟。同船

图 8.9　佛兰德的大画家鲁本斯，在 1617 年为金尼阁画了一幅油画肖像，后世才得以知道这位伟人的模样

来华的有邓玉函、罗雅谷、汤若望、傅泛际等学养深厚的传教士，他们都成了在中国传播西学的主力。

金尼阁二次来华负有一个重要使命，即为中国耶稣会建立一个图书馆。为此，他与同伴邓玉函从欧洲各地挑选了各个领域的经典著作，加上教皇所赠的500册书，共有7 000册书装船运往中国——如此规模，在当时的欧洲也算是大型图书馆。

明万历四十七年（1619年），金尼阁携书抵达中国澳门，由于此前发生过"南京教案"，这批西书只好分批运进大陆，并辗转被带到北京，但后来也只有部分运到耶稣会图书馆。耶稣会撤销后，这部分西书又进入北堂图书馆。

参观过首届香港国际古书展的人，将有幸见到1543年德国首次出版的《天体运行论》，标价150万美金。而金尼阁带入中国的7 000部西书中，恰好就有1566年的瑞士巴塞尔的第二版《天体运行论》。这部具有挑战性的科学巨著，在1616年曾被罗马教廷列为禁书，但它却能辗转进入中国，实在是万幸。不幸的是《天体运行论》没有像《几何原本》那样被翻译成中文，和那批东来的西书一样寂寞地躺在异乡，成为"没人读过的好书"。

事实上，金尼阁来华之初曾拟定庞大的翻译计划，并联系了艾儒略、徐光启、杨廷筠、李之藻、王徽、李天经等中外人士共同翻译出版这些书籍。但金尼阁在杭州早逝，最终除一小部分被李之藻和王徽等人翻译成中文外，绝大部分西文书籍不仅没发出华夏之声，而且不知所终，死不见尸了。

只为后世留下一个凄凉的名字——"金氏遗书"。

300多年过去，即使找不回"金氏遗书"，人们也想知道，金尼阁带来的 7 000 西书都是些什么书。我曾请教过一位正在英国攻读博士的小姐，请她查一查欧洲是否有这 7 000 部古书的书目。她没能找到这方面的东西，西方没有这些西书的答案。唯一能透露出一点"金氏遗书"信息的，只有那个著名的编目——《北堂书目》。它以书目的形式显示："金氏遗书"曾经"存在"，今且"活着"。

所谓北堂，其"堂"即教堂；北京当时有东、西、南、北四大教堂；北堂即后来的西什库教堂，坐落在旧北京图书馆的斜对面。所谓《北堂书目》，是北堂图书馆明清藏书的目录，是 300 多年西学东传的文献缩影，其中包括"金氏遗书"的部分遗存。

北堂藏书十分复杂，它有老北堂藏书和新北堂藏书之分。新北堂藏书是 1860 年英法联军进北京，天主教财产被归还以后，南堂藏书与北堂藏书正式合流以后的北堂藏书。由于老北堂藏书并没有一个明确的书目，所以，"金氏遗书"的书，就这样混入新北堂的书中，想《北堂书目》中分辨出来，实在不易。

中国是一个书国，即使是看不懂的西书，知识界也高看一眼。《北堂书目》就是应北京知识阶层的请求，于 1939 年启动的。此工程经燕京大学校长司徒雷登等人介绍，得到美国洛氏基金的支持，由辅仁大学负责编辑。1944 年出版了北堂藏书的第一部书目，即法文部分书目；1948 年又出版了第二部和第三部拉丁文书目和其他各国文书目。1949 年《北堂书目》交由教会出版社正式出版。

虽然，《北堂书目》中难辨"金氏遗书"，但它却是目录意义上的"西文善本大全"。找不到也摸不到"金氏遗书"的中国文献学家，只好把研究西文善本的热情投入到研究《北堂书目》的工作中，是他们的精细统计使我们得以知道：当年的北堂收藏了法文、拉丁文、意大利、葡萄牙文、西班牙文、德文、希腊文、荷兰文、英文、希伯来文、斯拉夫文和波兰等几乎所有欧洲语言的古书。其中数量最多的是拉丁文古书，而后是法文古书。据参与过1978年"北堂书"清点的专家说，其中至少有两种是1450—1500年的印本书籍，属于西善极品"摇篮本"。

"北堂遗书"名声极大，但绝大部分来自南堂所藏，大约1 300种；而东堂、西堂和北堂三堂的藏书加起来，才300余种。此外，还有镇江、济南、杭州、南京、上海、正定、武昌、开封等住堂的藏书，和几位主教的私人藏书近千种，加上来源不详的图书2 000千余种，共4 101种5 133册。但"四堂"总藏书量，仍不及金尼阁的"七千遗书"。

如果不做统计，人们很容易认为传教士带来的书都是宗教书。其实不然，《北堂书目》中的宗教类图书，仅占所藏的三分之一。计有圣经、教父学、神学教义及伦理学、辨证神学及神秘主义、教规法及民法、布道及教义问答、祷告书、禁欲主义等，共2 000余种。北堂藏书的三分之二，是自然与社会科学类。计有历史、自然史、哲学、文学、几何学及水文学、数学、天文学及日晷测时学、物理学及化学、机械学及工艺学、医药学、语言学、传记、杂类等，共3 000余种。

不能不叹惜：当年若把"金氏遗书"或"北堂藏书"全部翻译过来，我们的大明、大清将呈现出什么样的文化面貌？但历史不是游戏，历史是你不得不接受那个结局：明清一脉，中国人依然热考"四书五经"，不问科学，遑论民主。

"金氏遗书"显然是见不到"全尸"了，但还有北堂藏书。这么多身世复杂、价值连城的西文善本，而今，都在哪个"高阁"里"高就"？

据说，《北堂书目》及北堂所藏的西书善本，现存于国家图书馆古籍善本部，其中，至少有四种（五册）1450—1500年间出版的珍贵"摇篮本"，其次才是这里所说的那些西文善本，这些古书有的在西方已经失传。

据说，有人见过第二版的《天体运行论》，它静静地躺在国家图书馆善本特藏部里，蓝布函套，犊皮封面，扉页上有与金尼阁同船来华的传教士罗雅谷的拉丁文名字。

两年前，我曾拜访过国图善本部，原打算走"后门"拜见善本，结果是"没门"。不久前，见到上海交大的科学史博士江晓原先生，与他说起此事。他说，当年为做毕业论文也曾找过"北堂遗书"，结果也是见不到。他告诉我："此中说法颇多"。

公开的信息称，国图善本目录中收录了 1 953 种西文和日文书籍。但北堂藏书不包括此目录之内。由于"种种原因"吧，北堂藏书还不能对内或对外开放，"金氏遗书"的最终面目，仍无从揭晓。

我只能祝愿这些西文善本——大善存焉。

大明王朝拉开中国近代史的帷幕

范文澜先生说林则徐是"睁眼看世界的第一人"，这话并不一定错了，但却完全忽略了明朝——中国就没闭上眼睛。不说郑和下西洋后，《武备志》里展现了"郑和下西洋航海图"，单说万历朝，利玛窦给中国带来第一幅中文版的世界地图《山海舆地全图》，令大明知识界乃至皇帝都看到了全新的世界地图，大开眼界。

所以，仅从地图的角度看去，不仅说林则徐是"睁眼看世界的第一人"不够准确，连将中国近代史的起点划在鸦片战争，也值得商榷。我更倾向于将中国近代史的起点定位于明代，至少在与地理学的意义上是有依据的。

文艺复兴是西方历史的重要分水岭，它靠着两个致命的武器，终结了欧洲的封建社会，使欧洲开始向全新的社会形态过渡。文艺复兴并非如它的四不像的汉译命名一样是"文艺"的"复兴"，而是一种再生，是自由意识觉醒。它对人类最伟大的贡献：一是发现"人"；二是发现"世界"。前者是将神权的统治扭转到人文主义的轨道上来，解放了人的思想，推动了文化的进步，进而为资本主义发展做好了思想准备；后者是发现"世界"，大航海带来了地理大发现，使人类对世界有了全新的认识，东方与西方、旧大陆与新大陆，相互碰撞，世界格局因此而改变。

中国当然不能置身事外，恰恰相反，中国是一个重要的参与者。虽然，这种参与有着极大的被动性，但相对于西方而言，整个东方差不多都是被动的，被动地从传统社会中拉扯出来，加入到世界的"三千未有之大变局"。

此后的世界史，此后的中国史，已无法再简单地归入各自的独立的编年史中，世界史、世界近代史与各国的国史紧密相连。中国历史也是如此，从此刻开始，已不能再单独书写，它将进入到世界近代史的大格局中，重新定位这一段的中国史和中国的近代化。

虽然，中国以自己为世界，已有上千年的历史，但将中国图景绘入世界地图，一直是西方的一项伟大地理工程。

在西方地理学先师托勒密公元2世纪描绘的最早的世界地图中，中国是不存在的，印度是世界的最东边。这样的认识在西方足足持续了一千年，直到1375年一幅全新的世界地图——《加泰罗尼亚航海图》的诞生。在这幅细密画风格的地图上，中国被描绘成一片富裕的大地，大汗的京城（北京），南方的刺桐（泉州）港，皆在其中；但元蒙帝国的边界完全不准确，比例也和实际相差甚远。这是马可·波罗东方旅行之后，最清晰地描绘了中国的西方世界地图。不过，此时离新大陆的发现，还有一百多年，世界仍是残缺的。直到 1492 年哥伦布发现了新大陆，1507 年德国教士瓦尔德西缪勒绘制并出版加入了美洲的全新世界地图——世界终于成为一个整体。

奥特里乌斯《世界剧场》，即《世界概观》的世界地图集 1570 年首次出版后，大受欢迎，此后，这部地图集经过多次增补，在 1584 年荷兰安特卫普版的《世界概观》中，出现了西方世界第一幅单张中国地图，并以"CHINAE（中国）"作为图名（见图 8.10）。这幅中国地图由葡萄牙地理

图 8.10　奥特里乌斯 1585 年在荷兰安特卫普出版的《世界概观》地图集，它收录了一幅葡萄牙地理学家乔里奥所绘制的《中国地图》，这是西方世界的首张单幅的中国地图

学家路德维科·乔里奥（Ludovico Georgio）绘制，他的另一个名字叫乔治·德·巴布达（Luiz Jorge de Barbuda）。

此图是欧洲人绘制中国地图的奠基之作。自 16 世纪初，葡萄牙人打通马六甲航线后，有机会自南海接触到中国和中国地图。据信，明嘉靖年间刻印的古今形胜之图已于 1574 年传入西班牙。这些因素直接影响了 10 年后，乔里奥的这幅中国地图。这幅中国地图也是一张中国分省地图。它标出了明朝当时 15 个省份中的 13 个省份的位置及名称，这些省份有：广西（QVAN CII）、广东（CANTAM）、福建（FOQVIEM）、浙江（CHEQVIAM）、南京（NANQVII）、山东（XANTON）、京师（QVINCII）、贵州（QVICHEV）、陕西（XIAMXII）、山西（SANCII）、云南（IVNNA）、河南（HONAO）、江西（FVQVAM 抚州）。四川和湖广则没有标出。其中，广西、广东、福建、浙江、南京、山东等沿海省份的相对位置大致正确，一些港口城市和海岛也标注得较为清楚，如：澳门（但误为珠江口东岸）、厦门、宁波、海南岛、台湾岛等。这幅地图的另一贡献是，第一次在西文的中国地图上绘出了长城。

1584 年，西方通过《世界概观》知道了中国的图景与位置，这一年，中国也首次拥有了西方人绘制的世界全图，即利玛窦在广东绘制的《山海舆地全图》。1585 年，中国与世界，世界与中国就这样连在一起了。

海洋外交引领大明跨入近代史

现在，我们换一个视角，从海洋外交来看大明朝。

虽然，1500 年到 1700 年之间，中国与西方的贸易是在平和中进行的，甚至，一直到 1840 年前，中国社会一直与西方世界都没有大的正面冲突。但是这不等于，中国人没有同西方人打外交战，甚至小的战争。恰恰相反，晚清的屈辱，在大明时已留下了伏笔。

西方人对中国的兴趣，很大程度上是被马可·波罗的游记所激发。在 1492 年哥伦布西行寻找中国撞上美洲之后。葡文的《马可·波罗游记》也在里斯本出版。虽然，1502 年这个葡文版比 1307 年的法文版，晚了二百年，但它激起的到东方去的欲望，却非同凡响。葡文版的前言中说："向往东方的全部愿望，都是来自想要前去中国。航向遥远的印度洋，鼓动对那片叫做 Syne Serica（中国）的未知世界的向往，那就是要寻访 Catayo（契丹，古欧洲人对中国北方的称呼，一度代指中国）。"

中国与西方世界相遇，只是早一天晚一天的事了。

1508 年，葡萄牙人塞戈拉（Diogo Lopesde Sequeira）自里斯本率六艘船只远航满剌加（马六甲）。葡萄牙国王特颁指令，要求他汇报在满剌加的中国人的情况："要弄清中国人的情况。他们来自哪里？距离有多远？到马六甲贸易的间隔时间有多长？携带什么商品？每年来往商船的数目和船的规模如何？是否在当年返回？他们在马六甲或者其他地方是否设有商馆和公司？他们是否很富有？性格怎么样？有没有武器和大炮？身穿什么服装？身材高矮如何？此外，他们是基督徒还是异教徒？他们的国家是否强大？有几位国王？国内有没有摩尔人和其他不遵行其法律及不信仰其宗教的民族？如果他们不信仰基督教，他们信仰和崇拜什么？风俗如何？国家规模以及与什么国家接壤相邻？"

1517 年，已经拿下了马六甲的葡萄牙，派出特使皮瑞兹沿南中国海北上，先后到达广州和北京，要求通商，但被大明政府拒绝了。1553 年葡萄牙人不再提通商要求，而以修船为借口，在澳门"借住"，一住就是

446 年。

利玛窦在广东绘制的《山海舆地全图》，和此后艾儒略神父编成《职方外记》等著作，天朝中国总算有人明白，天外有天，如万历朝进士谢肇淛在他的博物著作中《五杂俎》所言："天主国，更在佛国之西，其人通文理，儒雅与中国无别。"此时的国人，不仅借地理学开阔了眼界，而且，将西方文化与中国文化并列而谈，没有摆出"华夷"的鄙视外来文化的大架子，表现出一种进步的全球化心态。新的地理学为大明开启了一个融入世界的良机。

1604 年大举进入南太平洋的荷兰人，首次占领了澎湖岛，1624 年二次占领此地失败后，转而占据了南台湾。以制作地图名闻天下的荷兰人，很快画出了荷兰版的台湾地图。

西班牙人，在荷兰人占领南台湾的第二年，也就是 1626 年，以保护吕宋的中日贸易为名，率几艘大帆船侵入北台湾，随后在基隆建起了港口，定名为特里尼达德。

1661 年 4 月 30 日，郑成功亲率 25 000 将士，战船数百艘，从金门出发，经澎湖，突进台湾西南部的台江内海，于第二年元月，攻打大员（今台南），收复台湾。瑞士阿尔布列·赫波特 1669 年出版的《爪哇、福尔摩沙、印度和锡兰旅行记》中，刊载了这幅《郑成功围攻热兰遮》插画，它也是郑成功 1661 年攻打台湾的纪实海战图（见图 8.11）。

这一切，表明早在 16 至 17 世纪，大明政府已经在主权、军事、贸易、文化、宗教诸问题上与世界展开了正面交锋，包括直接与海上进犯澎湖台湾的洋人开战。

同时，西方列强，如西班牙与荷兰的战争也打到了中国南部海域。

中国的外交，从此不再是昔日的西域式"和亲"外交，南洋式的"朝

图 8.11 《郑成功围攻热兰遮》原载于瑞士阿尔布列·赫波特 1669 年出版的《爪哇、福尔摩沙、印度和锡兰旅行记》。它是一幅精美的插画，也是郑成功 1661 年攻打台湾的纪实海战图

贡"外交；不论你愿意不愿意，它都已进入了世界的视野与纷争之中。不过，此时的大明王朝，尚以帝国的姿态雄霸东方。不仅周边邻国多听命于大明王朝，连刚刚介入东方纷争的西方列强，也对大明敬畏三分。所以，大明直到垮台，也没有遇到来自西方的太大的挑战与威胁。

可以说，明代的中国与世界，是在温和中握手。由于没能完全融入新的世界之中，中国又在温和中与世界分手了。

◇第九章

认识世界，师夷长技

三朝《职贡图》固化的"天下观"

古代中国存世的有三大《职贡图》，前文说到两个，一是南朝梁元帝萧绎所绘职贡图《职方图》，二是唐代阎立本所绘《职贡图》，另一个就是清乾隆谕旨绘《职贡图》。

中国古代政务与外交文献中，有两个"职"被常常提及，一是职方，即古代职掌方面之官，是古官名。同时，也代指版图，泛指国家疆土。二是职贡，是指藩属或外国对于朝廷按时的贡纳，这两个词先秦就已存在了。

最早的《职贡图》已不可考，存世最早的是南朝梁元帝萧绎（约508—554年）所绘《职贡图》，南朝梁都建康（今南京），宋、齐、梁、陈先后在此建都，所以，此画顺理成章地收藏在南京博物院。不过，此画已是宋代摹本，今存残图为，纵25厘米、横198厘米。原图共绘有25国使，残本仅为12国使，即滑国、波斯、百济、龟兹、倭国、狼牙修、邓至、周古柯、呵跋檀、胡蜜丹、白题、末国等使臣像。反映了南朝与各国友好交往。

唐代阎立本所绘《职贡图》为手卷，绢本，设色，尺幅为，纵61.5厘米、横191.5厘米。现藏台北故宫博物院。大唐强大的国家，长安已是国际性都市，是欧亚大陆上的一个活动中心。阎立本的《职贡图》描绘的是唐太宗时期，此画主要表现的是南洋的婆利、罗刹，与林邑国的国使来大唐朝贡及进奉各式珍奇物品的景象。唐代存世的还有中唐画家周昉的一幅《蛮夷执贡图》，现藏台北故宫博物院。残画上有一胡服贡使，手牵一剑羚。画上有金章宗的题签，职贡，误题"执"贡。

宋元的《职贡图》存世的极少，北宋有李公麟的白描《五马图》，是西域向宋朝贡马的实录，也可算为《职贡图》。原画二战后失踪，珂罗版藏于北京故宫博物院图书馆。元末有画家任伯温的《职贡图》，绢本设色，纵 36.2 厘米，横 220.4 厘米，现藏美国旧金山亚洲美术馆藏。此图描绘的也是游牧民族入元朝进贡宝马的情景。

按理说，明代有郑和下西洋，应留下一批《职贡图》，但实际上，明代《职贡图》极少传世，仅有仇英的《职贡图》手卷，绢本设色，纵 29.8 厘米，横 580.2 厘米，现为北京故宫博物院所藏。此图绘边疆少数民族进京朝贡的情景。此外，苏州昆山昆仑堂美术馆还藏有一幅明代佚名《职贡图》。

现在说说大清，乾隆可以说是一位关心国际事物和世界科技的皇帝，1751 年（乾隆十六年），乾隆帝颁降寄信谕旨："我朝统一区宇，内外苗夷，输诚向化，其衣冠状貌，各有不同。著沿边各督抚于所属苗猺黎獞，以及外夷番众，仿其服侍，绘图送军机处，汇齐呈览，以昭王会之盛。各该督抚于接壤处，俟公务往来，乘便图写，不必特派专员。可于奏事之便，传谕知之。钦此。"清廷以此开始编绘《皇清职贡图》绘卷，于乾隆二十六年（1761 年）编辑而成《皇清职贡图》一书（见图 9.1）。

《皇清职贡图》共绘制有各类男女服饰图像 99 幅，图像后附有简要的说明，扼要介绍了各该民族的史略、生活习俗以及与清王朝的关系。全书共 9 卷，卷 1 为域外各国，卷 2 为西域各族，卷 3 至卷 8 基本上为清朝版图内的少数民族，卷 9 则为补遗。

《皇清职贡图》排列顺序来看，朝鲜被排在第一位，其后，依次为琉球国、安南国、暹罗国、苏禄国、南掌国、缅甸国、大西洋国、大西洋合勒未祭亚省、大西洋翁加里亚国、大西洋波罗尼亚国、大西洋国黑鬼奴、大西洋国夷僧女尼、小西洋国、英吉利国、法兰西国、日本国、马辰国、汶莱国、柔佛国、荷兰国、鄂罗斯、宋腒朥国、东埔寨国、吕宋国、咖喇吧国、嘛六甲国、苏喇国、亚利晚国、巴勒布大头人并从人即廓尔喀、哈萨克、布鲁特、拔达山、安集延、爱乌罕、霍罕、启齐玉苏部努喇丽所属回人、启齐玉苏部巴图尔所属回人、乌尔根齐部哈雅布所属回人……共计40处。

从图说的表述看，与大清关系最亲密的是"庆贺大典俱行贡献礼"的朝鲜国，其次是"屡赐匾额"的琉球国，其后是"十年一贡"的南掌国，再是"朝贡惟谨"不知几年一贡的暹罗国，而后是"五年一贡"的安南国和苏禄国，然后是"贡市不绝"的荷兰国，及"朝贡贸易每岁或间岁一至"的鄂罗斯，接着是只进贡过一次的缅甸国和大西洋国。研究此图的专家们特别指出：清朝将"鄂罗斯"也纳入在朝贡"国家"。其实，清朝与沙皇俄

图9.1 《皇清职贡图》中的《荷兰国夷人》

国之间，自康熙二十八年（1689年）签订《尼布楚条约》前后起，即已是平等的近代外交关系了。但大清仍强调朝贡。关于西方的小西洋国、英吉利国、法兰西国等，有些强调朝贡，有的丝毫没有记载朝贡，有的以前朝贡，到了清朝什么关系都没写，只描述了其风俗习惯和服饰等。而且没有关系的"国家"比有朝贡关系的还多得多。

由此可以看出，清初的国际视野比较宽阔了，不是为了强调"朝贡、献贡"的上下关系而编绘，其真实用意还在于认识和了解国内外诸多"民族"及"国家"的现状，以及这些"国家"，及其与清朝间的关系，但除了"朝贡、献贡"的传统意识，天朝似乎也没想出能与世界接轨的"平等"方式。

《皇清职贡图》，后来又有多次增补，至乾隆五十八年（1793年）才最终完成。这一年恰有重要的贡使来朝——英国首次向中国派出的国家使团，由马戛尔尼率队来到中国，由此引发了"礼仪之争"的著名外交公案。

闭关锁国的"鸵鸟"策略

满清帝国的建立与北方部族的支持有很大关系，尤其是满蒙联合，使东方之满与北方之蒙形成合围之势，最终灭了大明。此后，康熙一朝，又经过10年的努力，平定三藩，统一台湾，完成了一统江山的霸业。若以版图最大化和结束北部边疆分裂局面而论，"康乾"足以称为"盛世"。

话说回来，满清帝国大陆版图的出色经营，并不能遮盖它的海洋策略的失败。如果说，明朝的"海禁"失去的只是海上贸易的利益，那么，满清朝廷的"闭关锁国"则直接导致了这个帝国走向灭亡。

清初的"海禁"基本上是对内不对外的,在东南海域主要是应对郑成功及其子孙的海上反清势力。所以,1683年统一台湾后,大清又放松了海上贸易限制,不断有外国商船来中国做生意,并商讨通关事宜。正是在这样的背景下,才有了著名的英国马戛尔尼使团访华引发的"礼仪之争"事件。后来,英国画家吉尔雷还专门绘制了一幅颇有讽刺意味的《乾隆会见英使马戛尔尼》,嘲笑大清帝国的傲慢(见图9.2)。

马戛尔尼访华与马可·波罗到大元完全不同:马可·波罗是来大元游历的商人,不代表威尼斯政府;马戛尔尼则不同,他是代表英国来华的国

图9.2 英国画家吉尔雷绘制《乾隆会见英使马戛尔尼》的漫画,以讽刺笔法嘲笑了大清帝国的傲慢

家使臣；这是中西外交史上一次国与国的正式接触。所以，"国礼相待"成了接待与访问双方都很看重的事情。许多史料讲，中英冲突始于跪与不跪的"礼仪之争"。其实，那只是表面现象，事实是，有英使远隔重洋而来给清皇祝寿，已让乾隆很有面子了。真正令乾隆不高兴的是马戛尔尼使团带来的礼物和礼物背后的通商条件。

如果说利玛窦给万历皇帝带来的世界地图和自鸣钟，表达的是一种全新而温和的"世界观"，那么马戛尔尼的礼品所体现的则是海上强国的强硬的"方法论"。在马戛尔尼使团近 600 件的丰厚礼品中（清王朝本着"薄来厚往"的原则，还礼 3 000 多件），不仅有天文地理仪器，更有最新的军火样品：长短自来火枪 12 支；还有双管火枪；除了各式枪支外，还有铜炮西瓜炮数个，有意思的是英使团，随团还带来若干炮兵，准备在御前试演；作为新兴的海上强国，英使团还献上了一个高 5 尺余、长 5 尺余的装有一百门铜炮的风帆木质战舰模型。

英国人显然有炫耀武力之意，但也透露了当时最重要的国防与军备信息。可是乾隆帝却撑着面子，硬把这些当时的高科技成果，看作奇技淫巧。并让宫中的戏班子为英国使团演了一场昆剧《四海升平》的"朝贡戏"。戏中的唱词和乾隆后来写给英王的信，表达的是一个意思："国王陛下，尔虽远隔重洋，却以谦卑之心，求学我之文明，并遣特使呈上信函，表尔对我天朝有敬仰之意，诚愿得我之文化，然我国之风俗习惯与尔截然不同，难以移植贵国享用，即使贵国特使有能力接触我国文化之毛皮……朕对贵国物品无有需要。我天朝物产充裕，在国土以内并无匮乏之忧。无必要以我之物从蛮荒之国交换贵国物品。然而，天朝生产的茶叶、丝绸和瓷器，如若欧洲各国和尔邦极有需要，则可于广东进行有限交易。"

但英使团所提要求，可不是乾隆想得那么简单：①英国在北京开设使馆。②允许英商在舟山、宁波、天津等处贸易。③允许英商在北京设一货栈。④请于舟山附近指定一个未经设防的小岛供英商居住使用。⑤请于广州附近，准许英国同获得上述同样权利。⑥由澳门运往广州的英国货物请予免税或减税。⑦请公开中国海关税则。

乾隆龙颜不悦，即令送客。送走了英国人，乾隆仍不放心，于是颁发谕旨，关闭除广州以外的其他通商口岸，并且颁行严格约束外国商人的条例和章程。由此形成了后世所说的"闭关政策"，其具体内容有三：限定一口（广州）通商；严格约束外商活动；限制中国商民出海。与明代的"海禁"相比，清代的"闭关锁国"，更加"反动"。

明代的"海禁"只是禁止了私人出洋从事海外贸易，但通过"朝贡"和官办的方式仍可进行海洋贸易；而清代的"闭关锁国"，不仅是不与外国商贸往来，还严格限制对外的政治、经济、文化和科学等方面的交流。这种"闭关锁国"的政策自乾隆起，一直延续到道光时鸦片战争前夕。

当然，从自我保护的角度讲，满清一朝的"闭关锁国"政策，在当时对抗西方殖民者的入侵有一定的国防作用，它防止了中外反清势力的联系，和西方殖民主义的渗透。这种策略也不止中国一个国家使用。1600年德川家康统一日本后，即开始驱逐在日本的欧洲人。除了中国人和少数向日本提供西方商品的荷兰商人外，禁止外国和日本通商。从1615至1854年，日本经历了250年的"闭关锁国"，也维持了250年的内部和平与经济繁荣。

中国和日本的"鸵鸟"策略，完全能自给自足，但却丧失了对外贸易的主动权，拉大了与西方的差距。1840年鸦片战争爆发，清朝政府与英国签订了丧权辱国的《南京条约》。乾隆时期英国使团想得到而没有得到东西，半个世纪后，英国军队用坚船大炮都得到了：

开放广州、厦门、福州、宁波、上海等五处为通商口岸。

将香港岛割让给英国。

中国海关税应与英国商定……

魏源的"师夷长技以制夷"

即使 150 多年过去，魏源的经典意义仍被后人不断提起，他那部大书像一根隐身于历史暗影中的古藤，只需轻轻扯动就会发现，那些具有某种暗喻的枝枝蔓蔓……1840 年英国人打到大清的门口时，道光皇帝尚不清楚英国在什么地方。奉旨南下禁烟的钦差大臣林则徐，也不清楚生产鸦片的土耳其是否归美国管。正是在这样的背景下，魏源受林则徐之托，根据梁进德等人翻译的《四洲志》《澳门月报》和《粤东奏稿》等资料，编写出划时代的大书《海国图志》。

1794 年生于湖南邵南的魏源是怎么与福建侯官林则徐一起成为"开眼看世界"的一代宗师的呢？话还得从魏源父亲说起。林则徐早在江苏任布政使时，就与魏源的父亲魏邦鲁相识。魏邦鲁当时是其门下的一个九品小吏，由于清廉能干，深得林则徐的敬重。1830 年，林则徐服阕抵京，在京逗留 3 个多月，与在京会试的魏源和龚自珍相遇。林则徐因为与两位才俊的父亲相识，所以相处十分愉快。两年后，林则徐赴江苏接任巡抚，遂延请已近不惑之年的魏源入幕，共议政事。正当魏源一心在江苏整顿盐务、兴办河工之时，海上事端突起，大清天下一片乌烟瘴气。此后，林则徐赴广州禁烟，魏源赴杭州参与定海抗英。不想，分手两年后，再见面时，林则徐已是革除官职的戴罪之人。

1841 年，57 岁的林则徐被朝廷以"办理殊未妥协，深负委任"及"废弛营务"等罪名，革除四品官职，发往新疆伊犁充军。这年 7 月，负罪北上的林则徐在京口（今镇江）与魏源相遇。二人把酒浇愁，百感交集，彻夜长谈之后，林则徐把在广州组织梁进德翻译的《四洲志》手稿，和美国人裨治文用中文撰写的《美理哥国志略》及其他资料，郑重地交给魏源，嘱托进一步搜集华夷资料丰富此书，编出一部能令国之上下了解世界的大书，即《海国图志》。魏源接过这一历史重托，想到英雄末路，想到家国天下，挥泪赋诗：

> 万感苍茫日，相逢一语无。
> 风雷憎蠖屈，风月笑龙屠。
> 方术三年艾，河山两戒图。
> 乘槎天上事，商略到鸥凫。

　　次年 7 月，魏源挟《圣武记》不了之情怀和林则徐之嘱托，展开《海国图志》这一前无古人的宏大书卷。在梁进德翻译的《四洲志》基础上，历时 5 个月，编出皇皇五十卷的《海国图志》，并于当年 12 月排出木活字本，即《海国图志》第一个版本（现藏于湖南图书馆）。

　　《海国图志》是一部划时代的巨著，其叙言开宗明义："是书何以作，曰：为以夷攻夷而作，为以夷款夷而作，为师夷长技以制夷而作。"全书 57 万字，文字比《四洲志》增加了 5 倍之多。其内容大致可以分为几大部分。

　　第一大部分为魏源亲自写的《筹海篇》。从议守、议战、论款三个方面，总结鸦片战争的教训，系统论述了"师夷长技以制夷"的战略对策，实为全书之纲。第二大部分为世界各国的地理位置、历史沿革、政治制度、物产矿藏、宗教信仰、风土人情、中西历法、中西纪年对照通表等等。突破了"中国是天下的中心"的陈腐观念。第三大部分为鸦片战争的有关档案材料及国外情报资料和武器的制造图样、西洋技艺、远镜做法资料、用炮测量方法及测量工具等等。第四大部分为《地球天文合论》，系统介绍了地球形状、运行规律，哥白尼太阳中心说等近代自然科学知识。

1842年底刻印第一版后，在道光二十七年（1847年）和咸丰二年（1852年），魏源两次大规模修改《海国图志》，将50卷扩充至60卷，最终增至120卷。《海国图志》打破了传统的"夷夏"文化价值观，首次将西学纳入到中国学问中来，摒弃陈旧的世界观，开辟了向西方学习的时代新风。

从未走出国门的魏源，通过整理资料，在这部巨著中，提出了很多"制夷"的具体对策：

在国防建设上，他主张：大力发展军事工业，置造船厂、火器局，按西人之法养兵练兵，还要建立情报部门，要悉夷情、师夷技，以抵制其殖民扩张。

在经济建设上，他主张：迅速发展海运，应对海上列强。同时，基于鸦片贸易，造成国库空虚，提出发展金融业，按照西法铸造银钱，以充实国库。支持林则徐提出的"互市"政策，在平等基础上公开进行海外贸易。允许商民开矿。要像西洋强国那样"以商立国"。

在政治体制上，魏源认为英美的议会体制体现了"公"和"周"：每四年选举更换总统，可谓"公"；民主选举，议事听讼，可谓"周"；这些都值得我们学习。

魏源说："呜呼，八荒以外，存而不论，乌知宇宙之大哉？"显然，他强调要用开明的心怀，开通的脑筋，开放的眼光来对待真正的"天下"。因而，魏源是比他的同代人站得高看得远一代先师。

对于当时的大清国来讲，《海国图志》是一部极具现实意义的奇书。它不仅辑录了世界地理概况，而且突出介绍了各国的政治与法律，并不时插入批判的声音。在《外大西洋墨利加洲总叙》中，魏源指责英国为"无道之虎狼"，颂扬美国独立战争的胜利，赞扬了美国的总统选举任期制。这在中国近代对西方的认识史上可以说是前所未有的，极具先觉意义。

然而，魏源的济世泽民、拯救国家危亡的先进思想，并未被大清所采纳。虽然，我们说它宣告了我国闭关自守时代的结束，而实际上，新的时代久久没有来临……更为可叹的是，这部为中国写的醒世救世之书，没有引起大清的重视。相反，《海国图志》迅速进入日本，引起了佐久间象山、吉田松阴、桥本左内等有识之士的重视。中国在鸦片战争中的失败，引起日本的高度警惕。日本的盐谷世弘在《翻刻〈海国图志〉序》中，甚至为魏源鸣不平："从前，汉人以华自居，视外番不啻犬豕。间有《异域图志》《西域闻见录》《八荒史》之类，大率荒唐无稽之谈。此编……名为地理，实为武备大典，岂琐琐柳书之比哉……呜呼！忠智之士，忧国著书，其君不用，反而资之他邦。吾固不独为默深（魏源，字默深）悲，抑且为清主悲也去！"《海国图志》的思想，促进了日本由"尊王攘夷"转向"倒幕开国"的明治维新运动。从这个意义上讲，说《海国图志》是一部影响世界历史进程的辉煌巨著，也不算过格（见图9.3）。

道光二十五年（1845年），经六次会试已经52岁的魏源，在儿孙满堂之时，终于考取进士第三甲，分发江苏。次年，魏源母亲过世，按礼守制三年后，补受高邮知州。一直在幕府为朝臣议事的魏源，终于有了实实在在的官职。但世道变化，时年58岁的魏源，也难有更大作为……1853

图 9.3　中国在鸦片战争中的失败，引起日本的高度警惕。所以，《海国图志》进入日本后，引起了日本知识界的高度重视，促进了日本由"尊王攘夷"转向"倒幕开国"的明治维新运动。图为日本早稻田大学藏古本《海国图志》

年，太平军攻克扬州，魏源因"玩视军务"，"著即革职"。两年后，虽有人保荐他复职，但年逾 60 的魏源心灰意冷无心仕途，转而向佛到杭州避世潜修。

1857 年，在一个雾色迷茫的日子，久病的魏源似乎感到生命已至尽头，晨起洗濯之后，他凝坐僧舍，在太阳西沉之际，喀然仙去。让我们以大事记的形式，简单记下近代史上两位重要人物相继离世时间，算作"开眼时代"的一个小结：

1850 年，林则徐死于潮州普宁。

1857 年，魏源死于杭州僧舍。

变法维新的思想家和一代新学领袖梁启超，还要再等上十几年，才会在广东新会降生⋯⋯

大清的翻译班底与西学东来

古代中国的国际交流，依地理特征可分为两个部分：一是陆路交往，这个交往至少在秦汉时就开始了。二是海上交往，这个交往没有陆路那么方便，但在秦汉时也开始了。不过，真正与世界进行广泛接触的主要通道还是海上。

大量的、鲜活的外国语，都是从海上飘来。比如，明代人称香烟为"淡巴沽"，这个词就是从荷兰占领的南洋传来，是荷兰语香烟的音译。16 世纪，打开东方海上通道的葡萄牙人率先在广东澳门登陆，各色西洋话随着西方列强的东侵，涌入了中国南方。最先与广东人打交道的是葡萄牙人，这一时期岭南的通事，也就是翻译，基本以口译为主，葡萄牙语、拉丁语作为对华交往的重要外语，这种局面一直持续到 18 世纪上半叶。

1793 年马戛尔尼率英国第一个官方使团访问中国，此团的副使（老）斯当东的只有十一岁的儿子（小）斯当东，作为马戛尔尼的见习侍童，随团访问中国，这个小童极具语言天赋，跟船上的华人传教士学习汉语，使团到达中国时，他已成为团中唯一会说汉语的英国人。小斯当东随使团拜见乾隆时，因会听中国话，深得皇帝的宠爱。后来，他进入英国东印度公司广州商行服务，1808 年任中文翻译。1810 年他将《大清律例》翻译成英文在英国出版，这是第一本直接由中文翻译为英文的书。1816 年当亚美士德率英国第二个官方使团访问中国时，小斯当东已成为使团的副使，担当翻译的是（老）马礼逊。后来，他在马六甲办了一个英华书院，是中英文译介的引路人。他的儿子（小）马礼逊出生在澳门，长大后继任东印度公司的中文秘书及通译员。1840 年第一次鸦片战争爆出时，小马礼逊随英国将领义律直接参与了战争与谈判。中英交涉的英方文件全由他经手翻译成汉语。

正是由于英国对华交往增多，和英国"日不落"的势力范围不断扩张，中国的英语翻译开始替代澳门葡语翻译，以及拉丁翻译，而这些中国通又带出一批懂英文的中国翻译，中国和英国都有了可以参与交流的翻译。

19 世纪，中国这个不想开放的封建帝国，不得不应对来自海上的"红毛夷"的挑战。广东作为中国的南大门，首先应对的是一场语言的备战，于听说读写中体味这个世界的刀光剑影。

林则徐有两顶后世送他的帽子，一是禁烟英雄，二是"睁眼看世界的第一人"。前一个，毫无疑义。后一个，其说不一。如果说林则徐是"睁眼看世界的第一人"，那是因为前朝大明的眼睛从来就没闭上。至少徐光启等人是见过利玛窦为大明绘制的第一代中文版世界地图的。不过，这个命名是由范文澜先生提出的，他是新中国初期的史学界头牌，这说法也就定了下来。今天看，也无修改的必要，毕竟林则徐是中国第一代翻译工程的组织者。

不过，在说林则徐之前，要先说一个人。他叫梁廷枏（音：南）（1796—1861年）。他曾担任粤秀书院监院及两广总督林则徐幕僚，以献策抵御外侮获内阁中书衔。1834年（道光十四年），中副榜贡生，次受聘入海防书局，编纂《广东海防汇览》。1836年梁被任命越华书院监院。在越华书院的红云明镜亭编纂《粤海关志》。两年后完成此书。1839年（道光十九年），林则徐来广东禁烟，梁廷枏为之出谋划策，大力协助禁烟工作。1844年写成《合省国说》等，后刊行为《海国四说》。

梁廷枏的《海国四说》，即《耶稣教难入中国说》《合省国说》《兰伦偶说》《粤道项国说》，分别介绍了西方宗教、美、英法、意等国的概况，历述了西方各资本主义国家相继东来，以商品和宗教打开中国大门的情况，反映了中国社会向近代化转变中对世界的认识过程。他至少是比魏源还早的，看世界第一人。但晚于《海国四说》的《海国图志》，影响更大，主旨更明确，所以，我们还是说它吧。

翻开最终完成于1852年的《海国图志》，首先看到的即是著名的《海国图志原叙》："《海国图志》六十卷何所据，一据两广总都林尚书所译《四洲志》，再据历代史志……"叙接下来说了那句重要的"师夷长技以制夷"。这里我想说的不是"师夷"之事，而是想说清楚，《四洲志》并非"林尚书所译"。《四洲志》是他指派梁进德由英国人慕瑞所著的《世界地理大全》摘译而成。按今天的说法，林大人应算是"出品人"。

那么，梁进德又是何许人，怎么会得到林则徐的重用？话还要从梁进德之父亲梁发说起。梁发至少有两个"名号"是载入中国近代史的。其一是"中华第一报人",其二是"中华第一位基督教传教士"。其故里就在广东佛山高明荷城区的西梁村。

算是托了改革开放的福,梁发隐身于西梁村居民区中的破败老宅,在他逝世100多年后的2004年得以复建,现作为"梁发纪念馆"对外开放。那段尘封的历史,从退色的图片中渐次显影⋯⋯

梁发1789年出生在一个务农人家。由于家境贫寒,11岁才入村塾读书,15岁时又因生计所迫辍学。读不起书的梁发,只好离开西梁村,在广州十三行求得一份制毛笔的工作,后来改为雕版印刷工。1810年,以东印度公司中文翻译身份进入广州的英国传教士马礼逊,看中已有些印刷手艺的梁发,请他秘密刻印传教读物。由于清廷禁止传教,马礼逊和米怜两位传教士改赴马六甲发展,并把梁发带出了国门。

梁发一生除了跟随几个重要的传教洋人之外,还见过或者说影响过两位近代史上的重要人物:

一位是洪秀全。梁发1821年回故乡成亲时,因印布道书和私自离国出洋旧案,被当地政府判了30大板。在家养伤期间,编写《劝世良言》一书。1836年到广州参加童试的洪秀全,在逛街时邂逅正在散发《劝世良言》的梁发。梁发和他的《劝世良言》深深地影响了洪秀全。

另一位是林则徐。1839年,奉命到广州禁烟的林则徐,与两年前就曾写出《鸦片速改文》的梁发结识,两人相谈甚欢。林则徐不仅认真阅读了梁发的《鸦片速改文》,并且采纳了其中许多禁烟建议。

战事初起之时,道光皇帝不知贩烟夷人来自何方,林则徐也是一头雾水。所以,奉命到广州禁烟的林则徐,一到广州,即刻寻找通译人才,收集"夷邦"的情报。

最先加入林则徐翻译队伍的翻译叫袁德辉。此人也有留洋背景，曾在马六甲天主教会学校学习，因成绩出众而获得马六甲英华书院奖学金。不到20岁时，即编译过《英语与学生辅助读物》。1827年回国后进入北京，被清廷聘为理藩院通译，曾两次奉命到广州收集西书。袁德辉第二次到广州收集西书时，被林则徐收为幕僚，随后与美国传教士伯驾一并翻译了瑞士法学家华达尔的《各国律例》。这是林则徐翻译工程的第一个学术成果，其译文不仅为林则徐谈判时使用，后来还被魏源收录在《海国图志》第八十三卷夷情备采部分中。

随后加入林则徐翻译队伍的就是梁发的长子梁进德。曾跟美国传教士裨治文学习过英文的梁进德，经父亲介绍进入林府，不仅每天要为林则徐翻译澳门、印尼、马来西亚出版的英文报纸和商务信函，还翻译一些世界地理、科技文化资料，让林则徐对国外有更多了解。后来成为《海国图志》母本的《四洲志》，就是这一时期梁进德为林则徐翻译的。

据史料记载，林则徐在广州搭建的"翻译班子"，共有四员大将，除袁德辉、梁进德之外，还有亚林和亚孟。其中，亚林比号称"中国留学第一人"的容闳，还早20年赴美留学。这个强有力的"翻译班子"相继编译了《各国律例》《四洲志》《华事夷言》《中国人》《在中国做鸦片贸易罪过论》等西洋著作，成为中国近代最早译介的外国文献。也正是有了这些通晓西文的人，才使林则徐和魏源等不识洋文的大人物得以成为"开眼看世界"一代领军人物。

中国人学习洋文，少不了要有洋师傅，也少不了要有洋教材。

对于外国人来讲，中国的文字好比天书，所以，西洋人进入中国后，要解决的第一个难题就是语言问题。在荷兰东印度公司的纽霍夫1665年出版的《荷使初访中国记》一书中，我们可以看到书中刊出的"中国文字

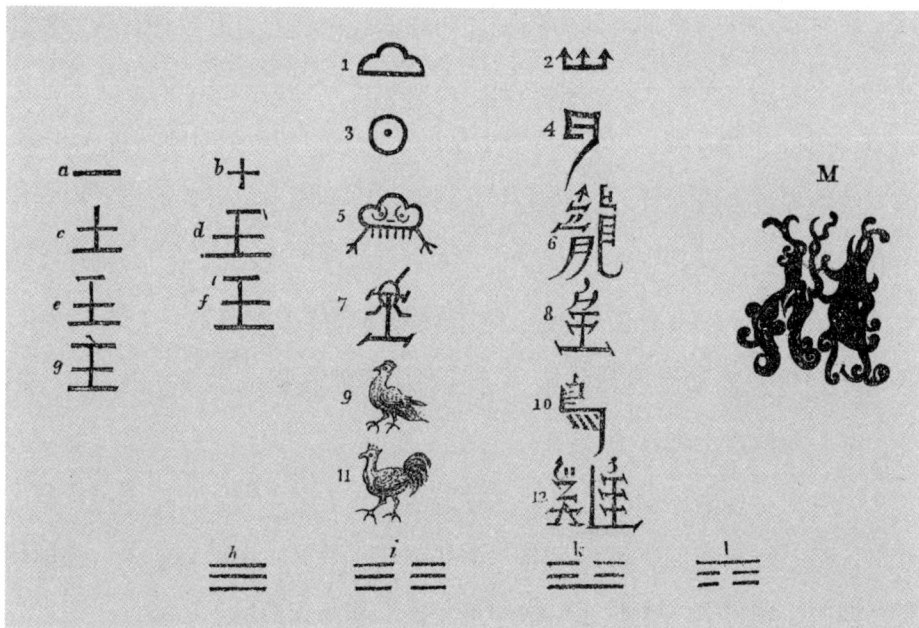

图9.4 西洋人进入中国后，要解决的第一个难题就是语言问题。这是荷兰东印度公司的纽霍夫1665年出版的《荷使初访中国记》一书中刊出的"中国文字符号"，简要介绍了汉字的笔画添加，汉字的形义变化

符号"（见图9.4），简要地介绍了汉字的笔画添加，汉字的形和义就发生变化。同样，习惯了象形文字的中国人，也把洋字母视为天书，而帮中国人打开中文与洋文的译介通道的首要功臣当属明万历朝来华的意大利传教士利玛窦。

利玛窦进入中国后，深感语言沟通之重要，1584年，他就与罗明坚神父合编了《葡华字典》；此后，又于1589年编辑《中西字典》、1605年编辑《西字奇迹》；最为重要的是，他与郭居静神父合作，用拉丁字母和中文读音对照的方式编成了一部《西文拼音华语字典》，开创了汉语拼音化的先河。这些工具书的编写与出版，为后世翻译打开了一条便捷的西文汉译之路，说其功在千秋，也不为过。

清代中后期，世界上最有影响力的西洋语言，已由西班牙语和葡萄牙语，转向了英语。所以，英国传教士自然充当了通译的角色。对于大清来说，第一位英语老师当属基督教新教最早到中国传福音的教士马礼逊（1782—1834 年）。由于满清政府不仅禁教，而且严格控制洋人进入中国。为了能够取得居留中国的合法身份，25 岁的马礼逊接受了东印度公司的聘请，成为该公司的中文通翻译员，并以此身份进入了广州。

马礼逊具有很高的语言天分，他不仅很快学会了中国官话，而且还会说一口流利的粤语。在翻译人才奇缺的年代，马礼逊的年薪高达 500 英镑。但马礼逊毕竟精力有限，无法完成大量的传教"教材"的翻译，和中英贸易中的商务翻译。于是，萌生了建立宣教士训练学校的念头，由于清廷禁止传教，马礼逊在马六甲建立了宣教士训练学校，随他一起到马六甲的梁发，因此成为第一代英文翻译人才。他的儿子梁进德，后来也成为了一位出色的翻译。

1817 年，马礼逊因成功编写《华英字典》，获得了苏格兰格拉斯哥大学授予神学博士学位。1834 年律劳卑勋爵被派到中国，任英国驻华商务总监，马礼逊为他的中文文书与通译员，此时，他的年薪涨到了 1 300 英镑。

华洋合一的现代报刊

自 1450 年德国古腾堡发明了金属活字印刷后，西方的印刷与出版业便步入高速发展的轨道。一般认为世界上第一份印刷报纸是以 17 世纪初出现的欧洲国家报纸为标志。如荷兰的安特卫普的《新闻报》（1609 年）、德国的《通告报》（1609 年）、英国的《每周新闻》（其全名为《来自意大利、德意志、匈牙利、波希米亚、莱茵河西岸地区、法兰西与荷兰的每周新闻》1621年），以及法国的《报纸》（1631年）。所以，当西洋人进入东方后，现代的传播手段也被带入东方，为其所用。

1815年，随罗伯特·马礼逊来到马六甲的梁发，加入苏格兰传教士米怜创办的《察世俗每月统计传》中文期刊编辑队伍（见图9.5）。这本后来被史家认定为"世界第一本中文期刊"，登载各种宗教故事、地理知识和文学作品。没有新闻专栏，只在第二期登载过一篇题为《月食》的预告性新闻，是中文近代报刊上的第一条消息。

《察世俗每月统计传》为免费赠阅，传布于南洋群岛、泰国、越南等东南亚华人聚居区，"中国境内亦时有输入"。此刊每期6至7页（1张两面），每期初印500册，第五期起印1 000册，后增至2 000册。1822年，37岁的米怜患肺结核病故，这份历时7年，共出7卷的期刊亦停办。研究者从所刊文章中对文言文的熟练运用判断，梁发当时不仅是一名编辑，还是一个"记者"的雏形。所以，马来西亚官方出版的《华人志》中，称梁发为"第一位华人记者"。中国人民大学编写的《中国新闻事业通史》中，尊梁发为"中华第一报人"。

在马六甲出版第一份华语杂志《察世俗每月统计传》之后，传教士郭实腊等人编撰的《东西洋考每月统记传》期刊就在中国境内出版，成为中国大陆的第一份近代中文期刊。郭实腊在创刊意见中，明确提出创办这份期刊的目的是"要让中国人了解我们的工艺、科学和原则，从而清除他们那种高傲和排外观念。刊物不必谈论政治，也不要在任何方面使用粗鲁的语言去激怒他们。这里有一个较为巧妙的途径以表明我们并非'蛮夷'，这就是编者采用摆事实的方法，让中国人确信，他们需要向我们学习很多的东西。"

图 9.5　1828 年绘制的表现罗伯特·马礼逊与他的中国朋友办报的版画

据研究近晚中国思想史的学者统计：从 1815 年到 1842 年鸦片战争结束，外国人在南洋和华南沿海一带共创办了 6 家中文报刊和 11 家外文报刊；而到了 1860 年二次鸦片战争时，外国教会和外国传教士在中国出版的报刊已达 32 家；而到了 1890 年，外国教会在中国出版的报刊达到 76 家之多。

西洋人在中国扩张出版业，有他们的政治经济目的，但也为近晚中国知识界送来的世界的先进文化。中国的维新派、洋务派领袖无不受到西学的直接影响，中国也由此进入了一个大变革的时代。那个两千多年来以中国为核心的"世界秩序"将被彻底改变，新的世界正在阵痛中降生。

向内视野创造了最先进的大清版图

西方大航海浪潮没有拍击中国大门之前，大明王朝如处"不知有汉"之境；自万历朝利玛窦来华之后，不仅一些书生与官员见识了世界地图，连皇帝都知道世界有四个大洲，中国只是世界的一部分。但这个重要的世界观启蒙，没走出多远，甚至，从进入清朝那一刻，它就被有意识地回避和消解了。

清代与明代完全不同，清廷不是不了解世界，它明明知道世界不是以中国为核心的世界，世界是由东方和西方共同构成的世界，而东西方的文化也是各有所长，但是，大清依然对西方文化采取了一种"西学为用"的器物层面的接受和世界观上的选择性拒绝。比如，下面要说的清初三朝实测中国全图，不仅技术上采用了西洋绘图法，甚至，请洋教士来主理这一重大工程，可以说，在技术层面上已"全盘西化"了。

大清建国于极特殊的历史时期，若将这一时期放到世界历史的大环境中看，西方的军事势力虽然还没有强力介入这个封建王朝，但西方的文化影响已经进入了帝王的生活。大清第一个皇帝顺治的身边就有几位传授西学的洋教士，传说德国汤若望还间接地指定了大清帝位的继承人。

　　清初天花病流行，帝王家的金枝玉叶也难逃此劫。顺治的6个女儿，有5个夭折，她们甚至都没活过8岁；而8个儿子，也有3个夭折。汤若望告诉顺治得过天花而活下来的人将在下一次天花降临时免于染病。于是，顺治选择了得过天花而幸存下来的三儿子为太子，他就是后来的康熙帝。顺治在24岁时，没能逃出天花的魔爪，继位的康熙，延续先帝对西洋传教士的重视，专请了比利时传教士南怀仁为西学之师。

　　中国皇帝虽然没有明说西方文化是先进文化，但在"术"的层面上，还是很推崇西学的。1678年，当了17年皇帝的康熙，请南怀仁代皇上给欧洲耶稣会写信，请耶稣会派人到中国传授西方算学。10年后，6位被冠以"国王的数学家"称号的法国耶稣会士张诚、白晋等人来到清廷，为康熙建立了蒙养斋算学馆。

　　康熙是在位最长的皇帝，但8岁继位的他，不可能在少年时做出政绩，直到康熙八年，也就是康熙十六岁时，才赢得了与顾命大臣鳌拜的斗争，走向亲政。康熙执政后，做了许多大事，撤除吴三桂等三藩势力（1673年），统一台湾（1684年），平定漠西蒙古准噶尔汗噶尔丹叛乱（1688—1697年），签订了中俄《尼布楚条约》（1689年）……故土新地稳定之后，康熙开始整理这份巨大的"家业"，历史上最大版图工程《皇舆全览图》，由此拉开序幕。

　　《皇舆全览图》不仅名字中强调了皇权，实际上，它也确实是由皇帝还有皇子挂帅指挥的工程。但最初的动议，则是在中俄进行尼布楚边界谈判时，由传教士提出的。当时被聘为中方翻译的法国传教士张诚借准备边界谈判地理资料之机，绘出了最新的亚洲地图；他在向清廷进献谈判所用的地图时，不仅指出了中国东北部地理资料很不完善，而且建议清廷进行一次全国性的大地测量。此后，他又借入宫议事的机会，当面向康熙提出这个问题，最终引发了这项影响深远的测绘工程。

1708 年，在皇帝宝座上坐了 47 年的康熙，启动了重绘中国全图工程。这支由洋教士领导的测绘队伍，抛弃了中国传统的"计里画方"绘图法，运用了西方刚刚使用的三角测量、经纬线，及投影法等先进技术，花了 10 年工夫，先绘制出各省地图。1718 年，由白晋将各省分图总绘制成一幅全国地图。它就是著名的《皇舆全览图》——古代中国第一幅实测全国地图，也是当时世界上最大实测地图，成为后来大清绘制全国地图的母本。

康熙时的大清疆域，东起大海，西到葱岭，南至曾母暗沙，北跨外兴安岭，西北到巴尔喀么湖，东北到库叶岛，版图面积大约有 1 300 万平方公里。但《皇舆全览图》由于战乱等原因，一些地区没有完全靠实测表现出来。所以，雍正与乾隆二朝，又在此基础上，分别测绘和制作了《皇舆十排全图》和《皇舆十三排全图》。

有一则引人思索的国际新闻恰好与《皇舆全览图》密切相关，这里不妨说上一说。

2014 年 3 月 28 日，中国国家主席习近平访问德国，德国总理默克尔此间到总理府访问习近平，并向习近平赠送了一幅 1735 年德国人绘制的中国舆图（见图 9.6）。此新闻播出后，地图史专家们通过对现场新闻图片的多方考证，确认这幅舆图为《Regni Sinae vel Sinae propriae mappa et descriptio geographica》，汉译为："传教士所绘康熙时中国本土舆图"，它

图 9.6　德国总理默克尔 2014 年 3 月 28 日送给中国国家主席习近平一幅 1735 年德国哈斯绘制的中国舆图，即是这幅地图。图纵 224cm 横 200cm

的作者是德国制图家约翰·马蒂亚斯·哈斯（Johann Matthias Hase），此图于雍正十三年（1735 年）在德国出版。

早期欧洲绘制中国地图有 3 个里程碑：一个是 1584 年出版的葡萄牙人路德维科·乔里奥的中国舆图；一个是 1655 年比利时人卫匡国绘制中国新

地图集；一个是1735年法国人唐维勒按照康熙朝丈量成就绘制的中国舆图。

1718年《皇舆全览图》编成后，虽然秘藏大内，但它毕竟由法国传教士白晋完成绘制，其资料很快流入欧洲。法国皇家地理官唐维尔（D'anville）1734年即根据这些信息完成了中国舆图，并于1737年将《皇舆全览图》出版，经增补修订，改名《中国新地图集》。此书是康熙时中国大地测量后最早公开的成果，包括彩印总图两幅，分省图十五幅，边外二十五幅，计42幅。德国制图家约翰·马蒂亚斯·哈斯（Johann Matthias Hase）的中国舆图，基本上就是参考了唐维勒1734年作品的德国修订版中国舆图绘制了自己的中国舆图。

据专家们分析，哈斯绘制的这幅中国舆图，其内容仍是康熙初年的汉地15省：图中只绘制了秉承明代的汉地，不含边疆满蒙藏青疆等军辖区和盟旗，所以，从区划上来说算不上中国全图，而只算大清汉地十五省图……此图纵224cm横200cm。据新华社的报道称，习近平主席赠送给默克尔一套瓷器花瓶，彭丽媛赠送给默克尔一套中国民族音乐CD。他们随后在总理府共进了晚宴……

这个故事并没到此结束。同年，6月9日，在中国科学院第十七次院士大会、中国工程院第十二次院士大会上，习近平专门讲了大清舆图的话题。据公开的报道称，习近平说："我一直在思考，为什么从明末清初开始，我国科技渐渐落伍了。"随后，他运用康熙和《皇舆全览图》的例子，巧妙解答了这个"大问题"：康熙曾经对西方科学技术很有兴趣，请了西方传教士给他讲西学，内容包罗天文学、数学、地理学、动物学、解剖学、音乐，甚至包括哲学，光听讲解天文学的书就有100多本。时间不谓不早，学的不谓不多，但问题是其时固然有人对西学感兴趣，也学了不少，却并没有让这些常识对我国经济社会成长起什么感化，大多是坐而论道、禁中清谈……清朝当局组织传教士们绘制中国舆图，后用 10 年时间绘制了科学程度空前的《皇舆全览图》，走在了世界前列。然而，这样一个重要成就恒久被作为密件保藏内府，社会上看不见，没有对经济社会成长起到什么感化。反倒是参与测绘的西方传教士把资料带回了西方，使西方在相当长一个时期内对我国地理的了解要凌驾中国人。这说明了一个什么问题呢？就是科学技术必须同社会成长相结合，学得再多，束之高阁，只是一种猎奇，只是一种雅兴，甚至看成奇技淫巧，那就不能对现实社会发生感化。

这是中国国家最高领导人罕见地讲起古代地图故事和其中的道理。

康雍乾三代绘制了最为精确的中国版图，这不过是运用西方传教士带来的现代制图法，炫耀版图辽阔，昭示吾皇威仪。但对于世界以及新的世界秩序，大清一代仍以"皇朝威仪"的封建观念看待世界。所以，乾隆八年（1743 年）完成的《大清一统志》中，仍认定西洋国在印度洋附近，也可能在西南大海中，而佛郎机、荷兰与苏门答腊、爪哇相邻。乾隆五十四年和珅等奉旨编修的《钦定大清一统志》，仍然将外面的国家都列为"朝贡"之国，而西方国家，也仅记录了荷兰、西洋、俄罗斯、佛郎机等少数几个国家。

精确的国家版图与完全糊涂的世界图景，成为大清与世界的最终认识格局。

大清王朝为拒绝和惧怕西学

古代中国，否定西来世界观的并非是"愚昧"的老百姓，而是著名的学界巨擘。

乾隆一朝，最聪的人除了皇上，就是纪晓岚了。依纪晓岚的智慧与眼光，他完全可以理解舶来之西学，也完全可以将西学文本收入到他主持编撰的超级类书《四库全书》之中，但事实恰恰相反，他对当时已有一定影响的艾儒略的《西学凡》评介却是"皆器数之末""支离怪诞而不可诘"，以一副"华贵夷蛮"的姿态，仅将这部重要的著作收录在《四库全书总目提要》之中，以"提要"的形式，聊备一格。而在提要中，艾儒略的《职方外纪》，也被贬低为：前冠以万国全图，后附以四海总图，所述多奇异，不可究诘，似不免多所夸饰。然天地之大，何所不有？录而存之，亦足广异闻也。

嘉庆朝大学士阮元（1764—1849年），虽然，能编著《十三经校勘记》这样的学术巨著，但对地球说却竭力否定，认为这种理论"上下易位，动静倒置，则离经叛道，不可为训，固未有若是甚焉者也"。

晚清大学者皮锡瑞留学美国的儿子皮明举，为了普及地理知识，曾编了一首诗歌，其中谓："若把地球来参详，中国并不在中央。地球本是浑圆物，谁居中央谁四傍。"这本是常识。可是晚清的大藏书家叶德辉却勃然大怒："地球虽圆，无所谓中央、四傍之分，但总有东西之分吧？亚洲在地球的东南，而中国又在东南之中，四时之序先春夏，五行之位首东南，中国当然就是位居地球之首。外国人笑中国人自大，你怎么不把这个道理讲给他听？"明朝以来传入中国的西学与世界观，转眼落入了一场历史大倒退。

大清学人为何要在新知面前，设置古怪的文化屏障？不是他们不明白其中的道理，而是这些新知将粉碎那些传承了两千年的旧识，那是他们安身立命的东西。

古代中国的"自大式自信"，也不是没有来由的，它因独特的地理背景而生，也因独特的文化背景而复杂多变。中华帝国背靠大陆，海上没有大的岛国对其构成威胁，这一特殊的地理现实使这个帝国，自先秦"九州"之说开始，就形成了以内外文野的天下观。那时中原人强调的"华夷之辨"的"夷"，指的是中原之外的少数民族；随着秦统一集权国家的建立，这个"夷"进一步扩大到凡与中央政权相邻的地区；明清以来这个"夷"多指的是海外诸国，或者西方国家，如"红毛夷"。一直以内陆视野来面对世界的中国，构建起自成一体的"天下观"和能够自我掌控的"小世界"的格局。而地理知识贫乏与国际交往的局限，也客观上促成了中国人的"天朝即天下"的唯我独尊的世界观。

所以，明代以来，西学进入中国后，一直没有得到应有的地位，不是西学不高明，而是古代中国自作聪明的心理过于强大。这种自大的心理甚至到今天仍有回响，仍有当代学人在说"至清以前，西方文化并不比中国先进"，完全无视欧洲文艺复兴与启蒙运动，还有大航海给整个欧洲带来的科技层面与政治层面的天翻地覆的变化。

除此之外，我们应当看到，每一种自大的背后必然隐藏着一种心虚。大清上下对西方和西方传教士带来新世界观，有着一种更深的恐惧藏在这个古老国家的文化深处。

康乾盛世，三代皇帝接受西方传教士带来的地学天学，不仅任用传教士主理中国全图的测绘工作，而且还任用传教士编定新历主理天文工作，对西学的尊崇可见一斑。但是，这只是清朝接受西学的表象。据法国传教士张诚的日记透露：康熙不准传教士在有汉人和蒙人的衙门里，翻译任何科学文献。很怕这些先进的学问传到"外族"手里。研究过这一切的梁启超等进步学人曾指出：康熙在位时对西方科技很感兴趣，并且还掌握了很多，但他却严禁自己之外的人学习，因为他担心先进的西方科技一旦传开，将会极大地动摇以骑射起家的满清的统治。梁启超说，康熙的西学是用来打击他人的一个工具，"就算他不是有心窒塞民智，也不能不算他失策"。所以，梁启超说，"今日中国欲自强，第一策，当以译书为第一事。"此言一语道破中国翻译的目的与取向。

梁启超的说法是给皇朝留面子，他应该看出大清是存心"窒塞民智"。大清朝廷不接受新世界观，在维护帝国的旧世界观。朝廷看得清楚，这不是简单的西学东来，不是简单的天地之学，而是一种摧毁旧世界与旧秩序与旧王朝的世界观。天朝、天子，以及他们的"家天下"都不喜欢，甚至是害怕全新的世界和世界观。

西学大举进入中国时，经历了文艺复兴与大航海的欧洲，不仅在科学上显示出它的进步性，而且，在人文理念与国家建设上，走上了更高的层级，已发展出许多主权平等的民族国家，而各个国家之间的权力平衡，也慢慢进入到有了相对统一的国际秩序之中。这一切，与大清的中央集权，皇权至高无上，完全是两个世界。

如果中华帝国认可西学观念，就要接受这种地理格局所展示的世界政治格局，这就等于否定了帝国的旧知识系统，而天朝的旧知识系统，完全是君君臣臣父父子子的家天下系统，那必是"君将不君""国将不国"的结局；大清"一姓天下"的封建王朝就将为"民主共和国"的"民族国家"所取代。大清王朝已经紧张地感受到，整个中国正由地理新知入手，接受重新构筑的新世界秩序。这便是大清王朝被迫开展"洋务运动"时，所采取的"中学为体，西学为用"策略的背景。

所以，明清之际的中国，并不是没有获得世界知识的条件，而是没有接受世界知识的心态，更重要的是没有开放的意识形态。

鸦片战争给大清带来不得不接受的"世界"与"秩序"。急操"洋务"的大清，没能挽救"甲午"败局。面对亡国之危机，终于有人从天朝大梦中醒来。以康、梁为代表的维新党人，可以说是中国第一批现代意义上的"公共知识分子"。他们站在民众立场敢于叫板于天朝，提出"开议院""废科举""兴学校""设报达聪"等颇具西方立宪政治制度特色的主张，使中国近代化历程，超越器物层面，进入到制度层面。

康梁变法有它的历史局限性，但我们更要看到它的历史突破性。康有为的《欧洲十一国游记》（见图9.7）、梁启超的《新大陆游记》，都对当时

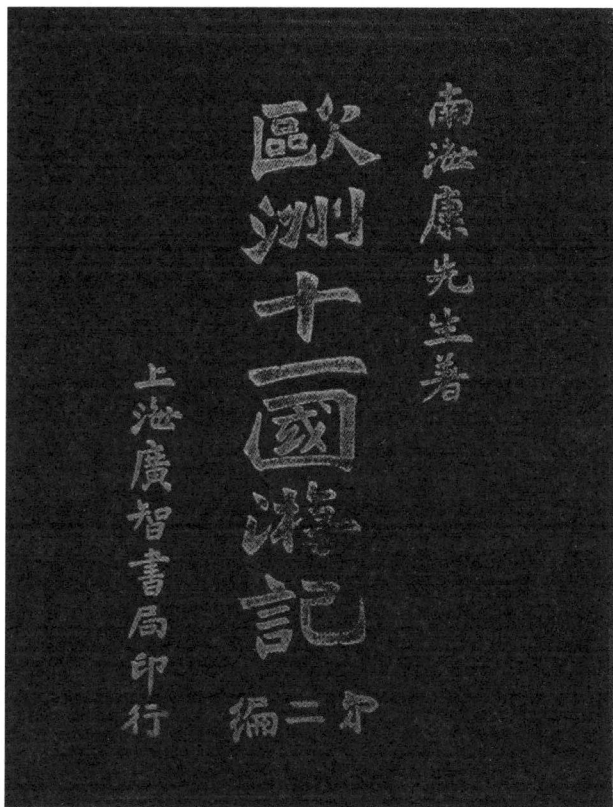

图9.7　康梁变法有它的历史局限性，但我们更要看到它的历史突破性。
此为康有为所著《欧洲十一国游记》，清光绪广智书局初版

的社会产生了巨大影响。他们的限制皇权，或抛弃皇权的现代意识，使在"王即天下"的暗影里生活了上千年的国人，第一次看到了"宪政国家"的曙光。这是西学对中国传统思想的一次历史性冲击，它颠覆了几千年的封建集权观念，这当然是封建皇朝不愿看到的。

既然，皇权是现代国家的死敌；自然，宪政也是皇权的死敌。康梁要变"法"；朝廷要灭维新。历史用血的事实证明：这个封建帝国根本不需要新的世界观，更不需要西洋的宪政。在这个意义上，大清的态度是——"知识越多越反动"；而对待这群新生的"公共知识分子"，帝国只用一个字来回答——"杀"。

新知在血泊中被扼杀，又在血的教训中重生。

走出国门认知世界

1840 年后，大清政府不得不睁眼看世界，学习如何与世界交往，1851年首届世界博览会在英国召开时，大清商人也来到英国参加了盛会，还受到了英国女王的接见。英国画家亨利·塞鲁斯的《女王在开幕式上接见各国使臣》前排的中国商人，据考证就是"广东老爷"希生（见图 9.8）。这一时期，大清不仅是有人出国看西洋景，还做了一些"体制改革"：1861年大清成立总理衙门，1862 年开办同文馆，1866 年朝廷派官员出国游历……西学、西风，就这样再一次进入中国。

紧锁的国门被迫向世界打开，林则徐被称为"开眼看世界的第一人"，其实，仅是坐而论道的"开眼"人，真正走出去看世界的另有其人。比如，人们常说"近代留洋第一人"容闳。1834 年容闳父母送他到澳门洋

图 9.8　英国画家亨利·塞鲁斯的《女王在开幕式上接见各国使臣》前排的中国商人，据考证就是"广东老爷"希生

人办的小学读书，最初的想法，只希望他学会几句英语，以后到外国人那里当个听差，混个洋饭碗就可以了。但是容闳的聪颖好学，得到了几位外国朋友的赏识，大家资助送他赴美留学。1847 年容闳赴美留学。

　　和容闳的留学一样，林针出国也是一次偶然。清道光二十七年（1847年），在厦门给美国商人当通事（翻译）的林针，有了一个随"花旗"商人赴美商开展务活动的机会，遂使他成为"近代出国考察第一人"。1849年林针返回厦门，在福州刻印了他的《西海纪游草》一书。此书用古诗加注和骈文的形式，介绍了访美所见。如美国于 1842 年架设的第一条电报线路的情况。书中还写到了欧洲刚发明不久的照相机，称之为"神镜"。不过，赞叹之余，林针仍不放弃"华夷"之分，蔑视"蛮貊"和宣扬"节孝"的思想，溢于言表。

真正代表大清出访西方"开眼"的是斌椿。这位官员似乎觉得也有标示"第一"的必要，所以，在他的多首记游诗中都有"第一"的表述："书生何幸遭逢好，竟作东来第一人。""愧闻异域咸称说，中土西来第一人。"令人玩味的是，近代中国官员走出国门的建议，却是洋人提出的。这个洋人就是时任大清海关总税务司的英国人赫德。在他的提议下，清同治五年（1866 年），北京第一所外语学校——同文馆有 3 名学生，踏上了游历欧洲的旅程，其领队就是 63 岁的满族官员斌椿。

容闳的出国留学是一次洋人的恩典，这一点容闳很清楚，所以，他在感恩的同时，也想到了更多的学子应当走出国门，官派留学应当成为一种制度。于是，有了 1872 年到 1875 年间，由容闳倡议，在曾国藩、李鸿章的支持下，清政府先后派出 4 批共 120 名学生赴美国留学的壮举，从而跨出中国走向现代化的重要一步。

第一批幼童于公元 1872 年 8 月 11 日由上海出发，跨越太平洋，在美国西海岸旧金山登陆。幼童们被分配到新英格兰地区 54 户美国家庭中生活。从此开始了他们长达 15 年的留学生涯。这批学生差不多都是应募而来的平常人家的子弟，他们皆能吃苦，勤敏好学。据不完全统计，到 1880 年，共有 50 多名幼童进入美国的大学学习。其中 22 名进入耶鲁大学，8 名进入麻省理工学院，3 名进入哥伦比亚大学，1 名进入哈佛大学。幼童在美国接受西方的教育，随着时间的推移，不少幼童索性把脑后的长辫子剪掉。幼童学习西方教材，不但学到了许多新的自然科学知识，而且也接触了较多的资产阶级启蒙时期的人文社会科学文化，这使他们渐渐地对学习四书、五经等儒家经典失去了兴趣，反而对个人权利、自由、民主之类的东西十分迷恋……所有这些新变化都被清政府的保守官僚视为大逆不道，一场围绕留美幼童的中西文化冲突不可避免。

1881 年，原定 15 年的幼童留美计划中途夭折，有 90% 以上的出洋幼童未能完成学业，绝大多数被召回国。当时，耶鲁大学的 22 位留学幼童中只有詹天佑和欧阳庚二人顺利完成学业。容揆和谭耀勋抗拒召回，留在美国完成耶鲁大学学业的。李恩富和陆永泉则是被召回后，重新回到美国，读完了耶鲁学业。

容闳学人倡导的幼童留美计划，就这样在顽固守旧势力的打击下夭折。但毕竟这是一份中断了的伟大壮举，得失之间，人们感受到的是民族崛起之痛。

从"洋务"考察到"走向共和"

闭关政策被炮舰政策打败后，大清王朝中的"先进分子"终于逐渐认识到：不能不研究外国的政治，不能不引进外国技术，也不能不跟外国打交道。这就是从 1861 年起逐步形成的"洋务运动"，和大清派员出国考察的"大背景"。

如果说，1866 年的斌椿只是初赏"西洋景"，那么，1868 年，大清派出了第一个出访西洋的外交使团，则是更深入地观察西方。但从这个使团的人员构成，依然可以看出大清的外交粗糙与人才的紧缺。这个中国使团"办理中外交涉事务大臣"首席代表竟是一位前任美国驻华公使，此时受聘为中国政府服务的美国人蒲安臣，另两位是总理各国事务衙门章京、花翎记名海关道志刚；总理各国事务衙门章京、道衔繁缺知府、礼部郎中孙家谷（见图 9.9）。

大清使团巡回访问了美、英、法、瑞典、丹、荷、普、俄、比、西等

图 9.9　1868 年大清派出的首个中国使团的首席代表，竟是一位前任美国驻华公使蒲安臣，副使才是两位中国人。这是当时的《伦敦画报》的报道大清使团访问英国的版画。图中间站立者为蒲安臣，左一为副使志刚，右一为副使孙家谷

国，随大清使团志刚一起出访的张德彝，津津有味地叙述了他在各国的见闻，如在法国，亲闻亲见了普法交兵、法国投降、巴黎起义、凡尔赛军队攻占巴黎，以及对革命者进行大规模镇压等历史场面，他以一个目击者的身份，写下了《随使法国记》，及出使"述奇"的系列著作。

　　这一时期，大清出访或出使西方的中国官员，亲眼见到了传说中的西方世界，对西方的印象与看法大大改观。1876 年，原来主张"内中国而外夷狄"的驻英副公使刘锡鸿，到伦敦两个月后，就在《英轺私记》中写道："经过详细考察，我觉得除了父子关系和男女关系两个方面以外，这里的风俗和政治都可以算得很好，没有不勤于职守的官员，也没有游手好闲的百姓，人民和政府之间比较融洽，法律并不暴虐残酷，人们的性情也

很诚恳直率。两个月来，我出门的次数很多，见到居民的表情都很安详快乐。可见这个国家不仅仅是富足和强大而已，我们不应该再把它看作过去的匈奴、回纥了。"

1877 年 1 月，郭嵩焘专为马嘉理案（1875 年英国驻华使馆翻译马嘉理，擅自带领一支英军由缅甸闯入云南，开枪打死中国居民。当地人民奋起抵抗，打死马嘉理。英国借此事件，强迫清政府签订了《烟台条约》）而赴英。郭嵩焘不仅超越了"天朝帝国"朝廷交给他的使命，而且还能够超越几千年封建专制主义形成的观念和教条，从而作出了西方不仅有"坚船利炮"，而且在"政教""文物"等方面都已经优于当时的中华，中国若要自强，就必须向西方学习的这样一个极为重要的结论。

郭嵩焘认为推行西法，关键在于要有通西学行西法的人才。因此他除了建议"通商口岸开设学馆"外，还建议"各省督抚多选少年才俊……而后遣赴外洋，分途研习"。他特别反对李鸿章迷信"坚甲利兵"，只许出洋学生学习军事的做法。他认为枪炮谈得再多，也是"考求洋人末务而忘其本"。

但是，就在郭嵩焘等人倡导西学之际，大清的守旧派大臣也不甘示弱，并也以游历西洋的身份，来反对西学。如曾赴英国考察的刘锡鸿，就是在前往英国前就做好了对一切"用夷变夏"的尝试都给以迎头痛击的充分准备，而且还准备努力去"用夏变夷"，克尽一个大清臣子的职责。如在参观《泰晤士报》时见到印刷机器，刘锡鸿却认为不如用中国式手工印刷方法为妙。他算了一个账，七万份报纸的报费及洋银四千余元，足可以养活这二千八百个工人及其八口之家："是二万数千人之生命托于此矣，何为比用机器，以夺此数万人之口食哉？"刘锡鸿还说英国书籍是"倒起来读"的，由此证明，中国的一切都是对的，洋人的一切则和中国相反，不可理解的。对于西方的发达与强大，他则认为"外洋以富为富，中国以不贪为富；外洋以强为强，中国以不好胜为强"。愚昧到了荒谬可笑的地步。

古代日本一直是向中国学习的纳贡国。西方人打开东方航路后，中日两国的遭遇是一样的。但日本在"黑航事件"被迫开放后，立即维新变法，向西方学习。短时间内便建成了一个"西化"的资本主义现代国家，转而成了中国接受西学和认识西方的一条主要渠道。

日本维新以后，中国和日本的交往逐渐多了起来。因为地理和历史两方面的原因，在中国慢慢地走向开放以后，知识分子到日本去的，要比到欧美去得多。在这些人中，有由清廷特派出使和游历的官吏，有地方当局为了办理洋务推行新政资遣参观考察的人员，也有自费出游的士子。到了东洋的中国人，看到了许多西学的成果，许多感想与见闻散见于他们的各色笔记与游记中。如较早出使日本的何如璋，就著有《使东述略》，较为详细地介绍日本的基本情况。例如长崎及附近地方的地理、历史、民俗、国政个方面的基本情况都涉及了。此后，经历日本各地描写莫不如此。

所有赴日的中国人，都看到了东洋的进步，觉得中国应该急起直追；思想保守的人，也感到了外国的威胁，觉得不能泰然处之。

但在近代中国，第一个对日本有真正了解，其关于日本的研究在国内产生真正大影响的人，应该算是黄遵宪。黄遵宪不仅是一位诗人，更是一个维新运动家，一个启蒙主义者，一个爱国政治人物。他是第一个把明治维新的经验教训介绍到中国的。他的著作《日本国志》（1887 年成书），可以称为中国研究日本的空前著作。除了系统介绍日本人的天文地理国通的基本情况外，其价值尤在邻交、职官、学术、食货、礼俗诸志。它是中国人写的第一部日本通志，叙述了日本古往今来各方面的情况。但书的核心是想达到让中国人了解日本，特别是了解日本的明治维新，这是一次自上而下的改革，使维新之后的日本发生了巨大变化。从某种意义上来说，它也是一部名符其实的"明治维新史"。后来事实证明，黄遵宪的这部书在中国近代史上产生了重要的启蒙作用。

但黄遵宪的书生之言，并没能引起清政府的重视，中日关系一步步走向紧张，学习日本经验，甚至成为忌讳的话题。最后，没能打败西洋人的清政府，又在鸭绿江边和黄海海上败给了东洋人。

受戊戌变法影响，戊戌九月，梁启超开始了政治流亡的生活。走出国门的梁启超，对世界形势的认识与康有为比较起来，还是有很大的进步。他有了一个比较明确的进步历史观，肯定了"凡在天地之间者莫不变"这个前提，认为"大地万国，上下百年间，强盛弱亡之故"，完全在于能否自觉地适应"变"的规律。他向整个知识阶级大声疾呼，让大家都来看清"地大万国"的历史和现状。从中得出中国必须变法才能自强的结论。

清政府在戊戌、庚子事件及孙中山的革命运动兴起之后，为巩固人心，确保清朝基础，特派出五位大使出访外国，寻求现代治国之道。光绪三十一年（1905年），清廷发出《派载泽等分赴东西洋考察政治谕》，谕旨"分赴东西洋考求一切政治，以期择善而从"，当时慈禧太后说过："立宪一事，可使我满洲朝基础永远确固，而在外革命党亦可因此消灭。候调查结局后，若果无妨害，则必决意实行。"

五大臣都是深得清廷宠信的官僚。他们从来不能代表中国士大夫阶级中那些倾向进步的力量，但也并非特别昏庸，不算极端顽固。他们看到革命的危险，看到了政治不"善"是革命"逆说横流"的根本原因；同时也知道"方今各国政治艺术，日新月异。进步正速"。其中就包括了实行君主立宪制度的日、德、英、奥、意、比等国家，只有"实行其因革损益之方"，才能"收富国强兵之效"，从而"杜绝乱源"防止革命。

五大臣的考察立宪的结论，可见戴泽领衔的《奏请以五年为期改行立宪政体摺》。五大臣一出洋，考察政治的谕旨一发表。清廷中顽固守旧的一派突然觉得，纲常名教，世道人伦，国恩家庆，利禄功名，随着宪政即一定程度的民主制度的建立，都将毁于一旦。因此，他们不能不誓死力争。因此，五大臣说：唯有立宪，才有可能避免革命。反对五大臣的人说：唯有不立宪，才有可能制止革命。

这样的情形下，慈禧太后又一次运用了平衡的驭下权术。于光绪三十二年（1906 年）发出一通"宣示预备立宪，先行厘定官制"的上谕，一面表示"仿行立宪"；一面强调"目前规制未备，民智未开，若操切从事，涂饰空文，何以对国民而昭大信"。所以只能先做预备，"俟数年后"查看情形，"妥议立宪期，再行宣布天下"。两年以后，又宣布了一个"九年预备立宪"的计划，比五大臣奏请的期限实际上推迟了七年。但进步的世界不会等了，中国人民不会等了。另一种人，另一种思想，像风暴一样引发了一场更大的变革，那是一场摧毁旧世界的革命。

面朝大海，一曲悲歌

中国发明了火药，是世所公认的事实，但说中国是大炮的故乡，还有不同的看法。现存最早的中国火炮是元朝至顺三年（1332 年）的铜制大炮。但意大利的古老交易文件显示：1326 年佛罗伦萨城订购了铜制大炮和一些铁质炮弹。折中的说法是：中西火炮是相互独立发展起来的，大约同一时期出现在中西战场上。但最能展示近代军事实力的"坚船利炮"，无疑是西方世界所独有的。

关于大炮在舰船上的应用，西方最早的记载是：在1340年英格兰与法国在斯普鲁斯港的海战，弱小的英格兰率先在船上中使用了火炮，海战由此进入了热兵器时代。1522年，葡萄牙的5艘战舰企图占据珠江口一岛屿，被大明守军击败，两艘战舰和20余门舰载大炮被缴获。按当时大明对葡萄牙等西洋国家的称呼，中国人遂将这些舰载大炮称之为"佛郎机"。这种大炮当时的有效射程，已达500~600米，45度仰角发射的时候，最大射程可达1公里。"佛郎机"大炮不仅是后装炮的祖先，而且是近代金属定装弹药的原型。

大明王朝完全没有意识到西洋人的海上扩张，仅仅把他们当成了武装海商，只要"海禁"就万事大吉了。而此时的英国航海家罗利，则将航海与国策的关系说得十分明白："能控制海洋的人，便可以控制世界贸易，而能控制世界贸易的人，便能控制陆地资源和陆地本身。"事实上，英国也正是靠着"坚船利炮"攻开中国大门的。

1860年，工业革命为英国提供了铁制战舰"勇士"号，它标志着钢铁战舰的时代拉开了大幕。有着悠久造船传统的中国，此时，已无法在造船这出戏里唱主角了。1861年《北京条约》签订后，清廷请英国买办为中国购买战船。人们很容易这样想：大清是从鸦片战争汲取了教训，才想起打造帝国舰队的。事实上，当时急切需要战舰的大清，并不是用战舰来抗击外国侵略者，而是要用它来镇压太平天国。所以，英国人在卖船的同时，提出《英中联合舰队章程》，规定这支舰队要由英国人任司令，这个洋司令还将是中国海军的总司令，他甚至有权不执行清政府的命令。

清廷断然拒绝了将兵权移于国外的合同，进口外国战舰组建中国海军的第一次尝试就这样破灭了。而此时，在美国炮舰的威慑下，日美签订了

《日美和好条约》，由此打破了日本延续 200 多年的锁国状态。1868 年借"明治维新"之新风，日本从美国购入铁甲舰，迅速建立起自己的海军。

在外族侵略和日本建立海军的双重压力下，1875 年由李鸿章牵头，掀起购买外国军舰的浪潮。大清把用 7.6 万两白银从英国买回的第一艘军舰，命名为"龙骧号"。此后，清廷又从英、德等国订购了大量战舰，其中就有国人所熟知的德产"定远号"和"济远号"。

当时的大清与日本舰队装备都达到了世界先进水平，但待遇优厚的大清海军，管理混乱，实战功夫差，更重要的是清廷愚腐且无能，注定了中国海军的悲剧命运。在 1894 年 7 月爆发的中日甲午海战中，日本巡洋舰"浪速丸"，以不宣而战的方式，在朝鲜牙山口外击沉了大清租来的英国运兵船"高升"号。此后，黄海海战（见图 9.10），威海海战，大清连败。中国近代海军史上第一位舰队司令丁汝昌服鸦片自杀。几天后，日本联合舰队正式占领威海卫港，俘获北洋海军的"镇远""济远""平远""广丙""镇东""镇西""镇南""镇北""镇中""镇边"等 10 艘军舰。

奇怪的是，海上战败的清廷不去总结海洋策略的失误，却把北洋营建海军当成了错误。战败后，清廷不仅放弃了对朝鲜的宗主权，而且下令撤销了大清海军衙门。至此，辉煌一时的中国海军覆灭了。

为大清管理海关的英国人赫德，对大清的认识似乎更加清楚，他说："恐怕中国今日离真正的改革还很远。有时忽然跳起，呵欠伸腰，我们以为他醒了，准备看他做一番伟大事业。但是过了一阵，却看见他又坐了下来，喝一口茶，燃起烟袋，打个呵欠，又朦胧地睡着了"。

"睡着的中国"后来被形象地绘入那幅今天中学生所熟知的《时局图》中，那是一个令人警醒的"时局"：此图最早版本刊于 1898 年 7 月的香港报纸《辅仁文社社刊》，当时的名字叫《时局全图》，当时正值戊戌变

图 9.10　日本在日清战争间，出版了大量浮世绘，宣传日本海军的胜利。此为画家小国政描绘黄海大战的《日清海战之大孤山冲大激战》

法，国内外形势极为复杂。1900年沙俄乘八国联军侵华战争之机，出兵侵占了中国东北全境。中俄两国于1902年4月8日在北京签订中俄《交收东三省条约》，按规定1903年4月8日，是沙俄第二期撤军的期限，俄军不仅没有退兵之意，反而想要独吞东北三省。为唤起国人对东三省前途问题的关注，1903年12月底，蔡元培、章士钊等人在上海创办了一份以抗俄为主旨的《俄事警闻》期刊。并在创刊号上推出了一幅漫画地图——《时局图》，它是《时局全图》最早的内地版本（见图9.11）。

依时间算，它应是中国第一幅近代报刊漫画和漫画地图；而到了1903年底蔡元培等人主编《俄事警闻》刊出时，《时局全图》已变了模样。首先它比原图多出了5个中国人的形象：一个手举铜钱的贪官；一个醉生梦死的人；一个倒在地上的大烟鬼；一个文状元和一个武状元。新加入的人物形象多了一份自我批判的意识。此外，5个动物也有了一点变化：原来代表英国的犬，换成了老虎，近珠江口香港的位置上有爪痕；德国的肠不见了，似乎被老虎尾巴所代替；代表日本的太阳，其光线不只延向台湾，更延伸至辽东半岛、福建及中国内陆。

回望历史，我们会发现：时间深处总藏有我们错过的"峰回路转"的节点——在大清重臣痛苦思索来自海上的种种危险与应对策略时，远在地球的另一边，却有人给出了指导当下并影响未来的答案：1890年美国出版了海洋史专家马汉的《海权对历史之影响：1660—1873》，它和此后接连出版的《海权对法国革命和法帝国的影响：1793—1812》和《海权与1812年战争的联系》，构成了"海权论"三部曲。

但不论是在1894年甲午海战之前，还是在此后，清廷都没有关注到：凭借海上力量控制海洋，以实现国家发展的战略构想的海权理论。相反，那时的海上列强则都以海权为立国之本：英国对马汉之海权思想推崇备至，

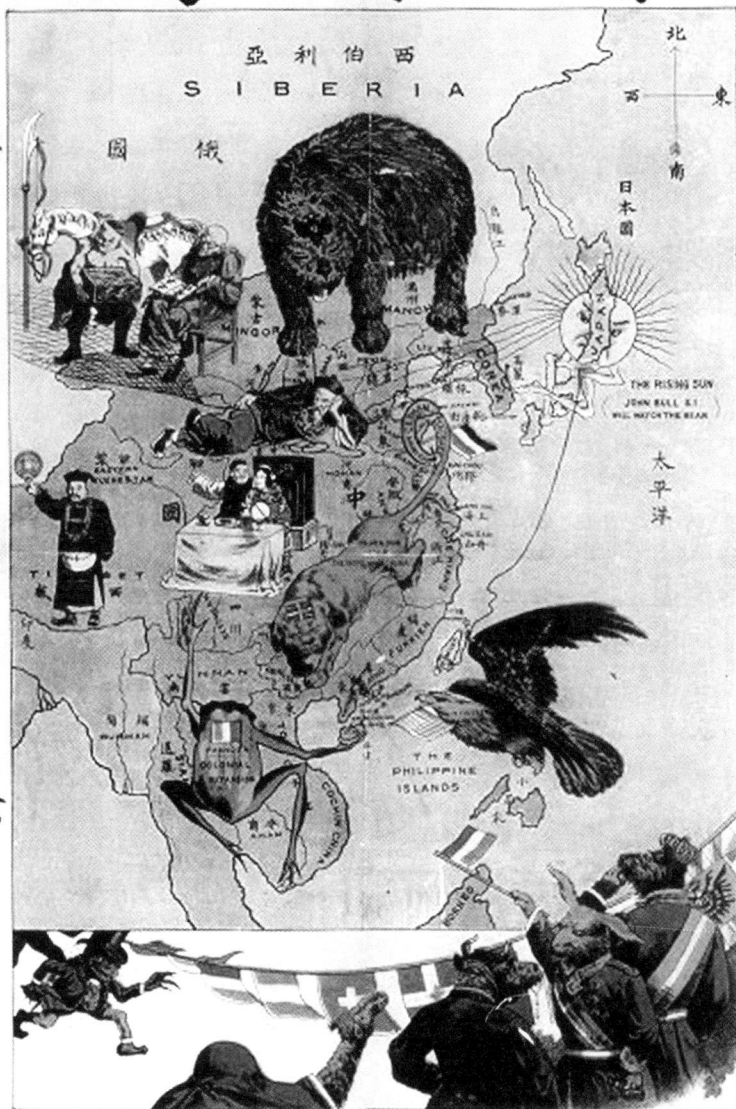

图 9.11　1903 年 12 月底，蔡元培、章士钊等人在上海创办了一份以抗俄为主旨的《俄事警闻》期刊。并在创刊号上推出了一幅漫画地图——《时局图》

在 1889 年英政府提出海军扩充计划时，海权理论成了最强力的辩护理由。美国高度重视马汉的海权思想，突破传统近岸防御思想，相继吞并了夏威夷、威克岛、关岛等一连串"踏脚石"，走上了大洋扩张之路。在海权论的直接影响下，日本上下形成了大力发展海军的统一意志，在短时间内建成了远东一流舰队，相继打赢了甲午战争、日俄战争这两场具有重大意义的海战，一举成为西太平洋上的海洋强国。

马克思曾说："不能想象一个伟大的民族能够与海洋相隔绝"，而我们这个伟大民族却不幸被言中。古代中国与大海结缘就是几个短暂的好光景，又都好景不长。生于黄土败于大海的帝国，至死都没有看清楚大洋与国家的关系，没有树立起正确的海洋观。

那么，我们还为它的命运哀叹什么呢？